ちくま学芸文庫

交易の世界史 上

シュメールから現代まで

ウィリアム・バーンスタイン

鬼澤 忍 訳

筑摩書房

A SPLENDID EXCHANGE

How Trade Shaped the World

by

William J. Bernstein

Japanese translation rights arranged with LEIGHCO, INC.
through Japan UNI Agency, Inc., Tokyo

Maps by Matthew Ericson

ジェーンへ

目次

下巻目次

交易の世界史　上

シュメールから現代まで

はじめに

こんな話はいまでは珍しくもない。九月のある朝、ベルリン中央にあるホテルのロビーでのことだ。私はフロント係と、たがいにぎごちないドイツ語と英語で礼儀正しく挨拶を交わしながら、カウンターに置かれたボウルから何気なくリンゴを手にとってバックパックに滑り込ませた。数時間後、腹が減ったのでティーアガルテン公園でリンゴを食べることにした。この広大な都市公園の景色とざわめきに身を委ねていると、リンゴに貼られたちっぽけなラベルを見落としてしまいそうになる。そのラベルは、私のリンゴが「ニュージーランド産」であることを示していた。

台湾製のテレビ、メキシコ産のレタス、中国製のシャツ、インド製のナイフやフォークといった品々がいたるところにあふれているため、こうした貿易の奇跡がごく最近の出来事であることは忘れられやすい。グローバルな交易史を描くにあたって、地球の裏側から運ばれてきたリンゴ以上に象徴的なものはない。なにしろ、それをかじっているまさにそのとき、ヨーロッパでは熟れたリンゴが収穫の真っ最中だったのだから。

数千年前、大陸間を運ばれるものといえば、絹、金や銀、スパイス、宝石、磁器、薬といった、きわめて貴重な商品に限られていた。それらの商品は遠い土地からやってきたというだけで、神秘性、ロマン、ステータスなどを帯びていた。時代を三世紀、場所をローマと限定すれば、ひときわ贅沢な輸入品は中国製の絹だったろう。歴史上で最も偉大なローマ皇帝を称えるとすれば、その際に評価の基準となるのは、広大な征服地、都市の建造物、土木工事、法制度などである。ところが、西暦二一八年から二二二年までローマを統治したヘリオガバルスが記憶されているのは——そもそも記憶されていればの話だが——その非道な振る舞いに加え、少年と絹を溺愛したことによる。ヘリオガバルスはその治世中、悪意のない悪ふざけから気まぐれな子供殺しに至る恥ずべき振る舞いの数々で、この古代世界の首都のしらけきった民衆をぎょっとさせた。しかし、とりわけ目を引いたのは（また羨望をかきたてたのは）、彼の衣装と、そのあまりの誇示ぶりだった。彼は体毛をすべて剃り、顔に白粉を塗って口紅をつけていた。お気に入りの布地「セクリム」にはリネンが混ざっていたこともあったが、それでもヘリオガバルスは西洋の指導者としてはじめて、すべて絹で織られた衣服を身にまとった人物だった。[1]

　東アジアの産地から古代ローマの最終目的地に至るまで、ちっぽけな無脊椎動物である蚕《かいこ》の排出物を買うことができたのは、支配階級だけだった。安価でなめらかで、肌触りのいい化学繊維に慣れきっている現代の読者は、主に三つの原料からつくられる衣類を想像してみる必要がある。値段は安くても暑苦しく重い獣皮、ちくちくする羊毛、しわしわの白リネン（綿はインドやエジプトから入手できたが、絹とくらべてもつくるのが難しく、さらに高価だったようだ）。衣服の原料がこれほど限られている世界で、軽くてやわらかい絹で素肌をなでられれば、誰もがその虜になっただろう。最初の絹商人たちが各地の港や道中の隊商宿で袋から色とりどりの絹の見本をとりだし、狡猾な目つきで女主人にこんなふうにささやいただろうことは想像にかたくない。「奥さま、ぜひともこの布の手触りをお確かめください。きっと気に入っていただけるはずです」

詩人のユウェナリスは一一〇年頃、贅沢好きの女性のことを次のように嘆いている。「女たちはとびきり薄いローブでも暑苦しすぎると気づく。その繊細な肌は、極上の絹織物にこすれて擦りむけているのだ」(2)。神々もその魅力にあらがうことはできなかった。女神イシスは「ときには黄色、ときにはバラ色、ときには炎の色、ときには（それが私の魂の古傷をうずかせたのだが）暗くぼやけた色といった光沢を持つきめ細かい絹布《けんぷ》」をまとっているといわれていた(3)。

ローマ人は中国製の絹を知っていても、中国自体は知らなかった。絹は桑の木にじかに生えるものだと信じており、その葉が蚕の住処であり餌にすぎないことなど知る由もなかった。

中国からローマまで絹織物はどうやって運ばれたのだろうか？　大変な危険をかいくぐ

りながら実にゆっくりと、困難な道のりを一歩ずつ運ばれていったのだ。(4) 中国の貿易商は船に絹織物を積むと、南部の港から海岸沿いの長旅に出た。インドシナ半島沿岸を下り、マレー半島を回ってベンガル湾を渡ると、スリランカの港に入った。そこで落ち合ったインド商人が、今度はインド南西岸にあるタミル族の港――ムツリス、ネルシンダ、コマラ――に絹織物を運んだ。ここからギリシア人とアラブ人の大勢の仲買人が旅を引き継ぎ、ディスコルディア島（現在のソコトラ島）へ向かった。この島は、アラブ、ギリシア、インド、ペルシア、エチオピアの事業家が行き交う活気あふれる刺激的な場所だった。ディスコルディア島を出ると、船荷はギリシア船に積み替えられ、紅海の入口であるバブ・エル・マンデブ海峡（アラビア語で「悲しみの門」の意味）を抜け、エジプトの主要港ベレニケへと進んだ。それからラクダに移された荷は砂漠を横断してナイル川へと至り、つづいて船で川を下ってアレクサンドリアへ達した。そこから、ギリシア系ローマ人とイタリア系ローマ人の船で地中海を渡り、最終目的地であるプテオリ（現在のポッツォーリ）とオスティアというローマの大都市に到着した。一般的にいって、中国人がスリランカより西へ、インド人が紅海の入口より北へ、イタリア人がアレクサンドリアより南へと冒険の旅をすることはめったになかった。最も多くの荷を運んでいたのはギリシア人で、彼らはインドからイタリアまでを自由に行き来していた。

この長く危険な旅で絹織物の運び手が変わるたびに、価格はどんどん跳ねあがった。中

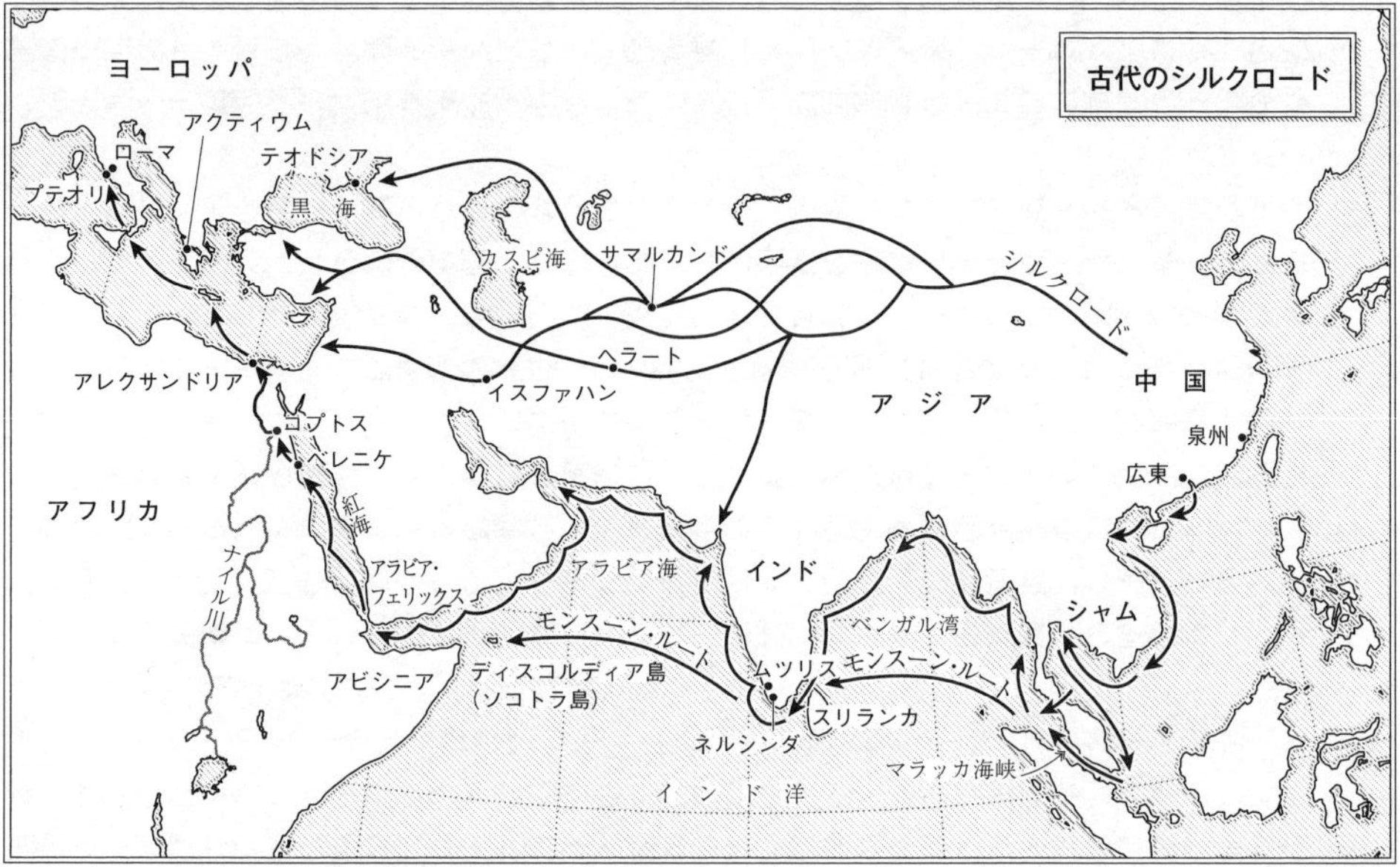
古代のシルクロード
ヨーロッパ
アクティウム
ローマ
プテオリ
テオドシア
黒海
カスピ海
サマルカンド
シルクロード
ヘラート
アレクサンドリア
イスファハン
アジア
中国
泉州
広東
コプトス
ベレニケ
アフリカ
紅海
ナイル川
アラビア・
フェリックス
アラビア海
インド
ベンガル湾
シャム
モンスーン・ルート
アビシニア
ディスコルディア島
（ソコトラ島）
ムツリス
モンスーン・ルート
スリランカ
ネルシンダ
マラッカ海峡
インド洋

国でも十分高価だったのに、ローマに着く頃には一〇〇倍にもなった。まさに値千金である。わずか数十グラムを買うだけで男性の平均年収がすっとんでしまうほどだった。ヘリオガバルス皇帝のような大金持ちだけが、すべて絹でできたトーガ〔古代ローマ市民が着たゆったりとした上着〕をまとえたのである。

ローマへ至るもう一つの道が有名なシルクロードだ。シルクロードは漢の使節によって二世紀にはじめて開かれたもので、中央アジアを抜けるがたがたの陸路だった。このルートは海路にくらべるとはるかに複雑で、その道筋は政治的、軍事的な条件に左右されて、カイバル峠のずっと南からシベリアの南端にかかるほど北にまで大きく変化した。海路がギリシア、エチオピア、インドの貿易商に支配されていたのと同じように、陸路の「港」にあたるサマルカンド（現在のウズベキスタン）、イランのイスファハン、アフガニスタンのヘラートといった大都市は、それぞれユダヤ、アルメニア、シリアの仲買人に牛耳られていた。絹織物は二つの異なる国、つまり乾燥した陸路の先にあるセレスと、水上のルートの先にある南の国シナイでつくられているのだと、当時のローマ人が考えていたのも無理はない。

海上ルートは陸路より安く安全で速かったうえに、近代以前の世界では情勢の不安定な地域を回避するという利点も備えていた。絹織物はもともと陸路でヨーロッパにやってきたものだったが、初期のローマ帝国は政情が安定していたため、絹をはじめ多くの商品を運ぶ東西のパイプとしてますますインド洋が好まれるようになった。二世紀にローマと東洋の通商が先細りになっても、海上ルートは七世紀にイスラム教徒によって封鎖されるまで使われることになる。

モンスーンという季節風が絹貿易を後押しした。とはいえ航海がモンスーン頼みだったせいで、中国南部で絹織物を船積みしてからオスティアやプテオリに到着するまで一八カ月以上もかかった。あらゆる場所で、とりわけ冒険に満ちた広大なアラビア海とベンガル湾で、命にかかわる危険が商人を待ち受けていた。命を落としたり、船や積荷を失うことなど日常茶飯事だったから、そうした悲劇の記録は——仮に記録されるとしての話だが——ごく簡単に「乗組員もろとも沈没」で片づけられるのが常だった。

現代では、ごく普通の積荷なら、その程度の距離を運んでも値段は少しばかりあがるだけだ。大型商品が大陸間を効率よく輸送されていてもさほど驚かないこと自体、まさに驚きである。

われわれが取引する高価な品々は、音速に近い速さで世界中を飛びまわっている。それを運ぶ乗務員は空調のきいた操縦室に乗り組み、旅が終わればタクシーで四つ星ホテルに向かう。船荷を運ぶ人びとでさえ、ビデオを積んだ船で働いており、その満杯の食料品室は近代以前の水夫には想像もつかないほど安全で満足できるものだ。現代の飛行機や貨物船の乗組員は高度な技術を身につけた専門家だが、彼らを「貿易商」だと思っている人はまずいないだろう。また、世界中の豊富な商品を取引する多国籍企業の売り手や買い手を貿易商と呼ぶ人もいないはずだ。

少し前なら、貿易商を見分けるのは簡単なことだった。彼らはわずかな品物を自分の裁量で売買し、どこへ行くにも商品を携え、船上ではたいてい積荷の上で寝た。こうした貿易商は文書による記録を残さなかったが、近代以前の遠距離貿易の様子を生き生きと伝えてくれるものとして残っているのが「ゲニザ文書」である。この文書は中世の記録を集めたもので、カイロにある由緒正しい重要なユダヤ教会《シナゴーグ》の書庫で偶然みつかった。ユダヤ教の戒律では、神の名を記した文書は破棄してはならず、家族間や商売上で交わされる日常的なものも例外ではなかった。この戒律は中世に書かれたほとんどの文書に適用されたため、各地のユダヤ教会に付属するこうした書庫――ゲニザ――に、大量の記録が蓄えられることになった。一〇世紀から一二世紀にかけて、ファーティマ朝の比較的豊かで寛容な雰囲気のなかでカイロのユダヤ人は人口を増やしていたし、乾燥した気候のおかげで文書(アラビア語をヘブライ文字を使って書くのが一般的だった)は現代まで保存されることになった。親族やビジネスパートナーとのあいだで日常的にやりとりされたこうした文書は、ジブラルタルからアレクサンドリア、インドに至る地域でみつかっており、行商人の、緩慢で、危険で、厳しく、荒涼とした世界を垣間見る希少な機会を与えてくれる。

旅立つ前の準備もまたやっかいだった。予定される取引相手への紹介状か、旅のルート沿いの現地の支配者から与えられた通行証がなければ、貿易商は海外への冒険に乗りだせなかった。それらがなければ、略奪に遭ったり、危害を加えられたり、殺害されたりするのは目に見えていた。さらに、中世イスラム世界を旅する者はすべて、たいていは貿易商でもある「ラフィーク」つまり相棒を同伴させる必要があった。貿易商とラフィークはたがいに身の安全を委ね合っており、旅の途中でラフィークが死ぬのはこれ以上ない惨事だった。なぜなら、旅行者はその時点で、死んだラフィークの所持金と荷物を手にしていると地元の権力者に決めつけられてしまったからだ。こうなると、金品を没収されたり拷問にかけられたりするのは必定である。ラフィークなしに親類や客を旅に送りだすのは、不名誉なこととみなされていた(6)。

当時の世界では、陸路よりも海路のほうが「より速く」「より安く」「より安全で」「より快適」だった。とはいえ、これらの表現はすべて相対的なものだ。一五世紀になってヨーロッパのキャラベル船やイベリア半島のガレオン船が登場する以前、主に帆を張ることによって走る船は、安価でかさばる荷物を運ぶためのものだった。船客や貴重な貨物が手漕ぎ船で運ばれていたのは、最も速く確かな海上輸送の手段だったからだ。全長四五メートルのガレー船には五〇〇人の漕ぎ手が乗り組むこともあり、なおかつ乗組員、航海士、乗客もそこに加わった。衛生設備のない狭い空間にそれだけの人数を詰め込めば、船は海に浮かぶ下水管と化すしかない。ナイル川を行き交う船に乗っていたある無名の商人はこう伝えている。「同船者たちの病気と、胸が悪くなるような悪臭にひどく苦しめられた。三人が死に、最後に死んだ一人は船上に一日半放置され、腐りはじめるようなひどい有様だった」(7)。イスラム教の教えでは死後二四時間以内に埋葬しなくてはならないが、船長は船を陸につけるのを渋った。ひとたび陸にあがれば乗船客と乗組員を危険が待ちかまえていたからである。

基本的な衛生状態はともかく、そもそも船長や乗組員に危害を加えられることも多く、船上での盗みや殺人は珍しくなかったし、商船は堕落した役人にとっていいカモだった。このナイルの商人は、忌み嫌われていた「人頭税」を出港前に払っても、また同じ役人が戻ってきてカネを巻きあげられるのではないかと疑っていた。

船を降りて歩いていくと、アルルメイラで追いついたので、到着するのを待って再び乗船した。そこで、自分の懸念が正しかったことを思い知った。船を降りたあと、あの役人が私を逮捕しようとまたも姿を現したというのだ(8)。

こうした苦難や危険はイスラム船だけの問題ではなかった。エジプト商人には、イタリアやビザンティン帝国の船で旅をするという選択肢もあったが、そうしたからといって安全性や快適性に変わりはなかったのだ。どんな船であれ、殺人や海賊や病気などの犠牲となり、やがて制御を失ってあてどなく漂流するおそれがつきまとった。こうした「幽霊船」は、乗組員と船客が命を落としたことを示すぞっとするような証拠だった。それが人里遠く離れたスパイスルートでのこととなればなおさらである。

とはいえ、中世の船旅がどんなに高価で、不快で、危険だったとしても、貿易商は陸路より海路を選んだ。ファーティマ朝の中心地の街道沿いでさえ、通行証を携えていてもベドウィン族の襲撃からは身を守れなかったからだ。波に揺られ、悪臭漂う甲板で過ごす数週間は、ロバやラクダの背から山賊を見張る数カ月とくらべればまだましだったのである。

ゲニザ文書から、陸上輸送には高い経費がかかったこともわかる。有史以来ほとんどの期間で、交易の対象となる主な工業製品は布だった。カイロからチュニジアまでの総輸送費は、「一パープル」（ラクダ一頭に積める量であり、重量は約二三〇キログラム）の荷で、ディナール金貨八枚だった。中世エジプトの下層中産階級の家計費に置き換えると、四カ月分に相当する。このコストの半分は、カイロからアレクサンドリアまでの比較的短い陸路の区間一二〇マイル（約一九二キロメートル）に費やされた。残り半分は、アレクサンドリアからチュニジアまでの海路一二〇〇マイル（約一九二〇キロメートル）に使われた。つまり、一マイルあたりの費用でくらべると、陸上輸送は海上輸送の一〇倍もかかったことになる。[9] 陸路は大変な費用がかかり、危険と困難をともなうので、商人は地中海が荒れる冬期以外は海路を選んだ。

貿易商がまたとない幸運に恵まれ、積荷も人も無事なまま旅を終えたとしても、気まぐれな市場のせいで破滅に追い込まれることもあった。価格はまるで予想できず、「価格はどんな原則にも従わない」「価格は神の手のなかにある」という警告とともに決定されたのだ。[10] 長年故郷を離れたうえ、わずかな利益しか手にできないかもしれないというのに、命、手足、財産を旅に賭けた者がいたのはなぜだろうか？　簡単なことである。貿易に携わる生活がどんなに厳しくても、人口の九割以上を占める農民はさらに厳しい生活を送っていたため、それよりはましだったのだ。農民の生活レベルは食うや食わずだったが、貿易商は年に一〇〇ディナールの利益があれば金持ちの仲間入りができた。上層中産階級の生活を維持するのに十分な額だったからだ。[11]

アダム・スミスはこう書いている。人間には「ある物を別の物と取り換え、引き換え、やりとりする性向」が本質的に備わっているが、この喜ばしい傾向はまさしく人間の本性なのであり、これについて「さらに説明をすることは不可能」であると。[12] しかし、数ある歴史的研究のなかでも世界貿易の起源の探求ほど、現在われわれが生きているこの世界について教えてくれるものはない。もちろん、的確な問いを立てればの話である。たとえば歴史時代の幕が開いた当時から、メソポタミアとアラビア南部のあいだでは穀物や金属の遠距離貿易がさかんだった。それ以前の時代にも、考古学者が発見した有力な証拠によれば、黒曜石や石器といった戦略物資が長い道のりを運ばれていたことがわかっている。人間以外の動物、とりわけ霊長類は、たがいに毛づくろいをしたり食べ物を分け合ったりはする。だが、財やサービスの――とくに相当な距離を隔てての――組織的な交換はホモ・サピエンス以外の種《しゅ》では観察されていない。古代人を貿易に駆り立てたものは何だったのだろうか?

進化人類学者によれば、現代人の行動の起源は約一〇万年前のアフリカ東南部にあるという。(13)その一つである「取り換え、引き換える」という生来の傾向のおかげで、商品の量と種類は増加の一途をたどってきた。世界貿易の成長は、陸海の輸送の技術革新によるところが大きかったものの、政治の安定がなにより重要だった。たとえば紀元前三〇年、ギリシア西部で勃発したアクティウムの海戦でオクタウィアヌス軍がアントニウスとクレオパトラの連合軍を破り、ローマ帝国の領土を大きく拡大するや、東洋から運ばれたコショウ、外来動物、象牙、高価な宝石などがローマにあふれるようになった。こうした新しい商品のなかでも人びとの垂涎の的だったのが中国製の絹である。だが、イタリア半島で生まれ育った人びとは中国人に会ったこともなければ、すでに述べたように、ローマの地図製作者でさえ中国の正確な場所を知らなかった。その後ローマと東洋の貿易は、帝国初期にまたたくまに活発になったのとは反対に、突如として下火になった。二世紀末にマルクス・アウレリウスが死に、ローマが凋落へと向かいはじめた頃のことだった。ヘリオガバルスがまとっていた絹は、実のところ、こうした時期を経たのちにインドから運ばれてきた貴重な贅沢品の一つだったのである。

アクティウムの海戦後に起こった遠距離貿易の劇的な拡大とその二〇〇年後の衰退は、海運技術の変化とはなんの関係もなかった。インド洋の貿易ルートを往来していたローマ、ギリシア、アラブ、インドの貿易商が、マルクス・アウレリウスの治世後、突如として海運能力を失ったわけではないのは間違いないからだ。

次に、地球の恵みである農作物に対して貿易の果たした役割を考えてみよう。トマトのないイタリア料理、茶畑のないダージリン周辺の高地、小麦パンも牛肉もないアメリカの食卓、イエメンのコーヒー原産地と無縁の世界にあるカフェ、ジャガイモのないドイツ料理といったものを想像してみてほしい。「コロンブス交換」以前、世界中で農産物が収穫できる地域はごく限られていた。コロンブス交換とは、一四九二年以降の数十年間に、遠く離れた大陸間のやりとりによって植物、動物、食物などのさまざまな種《しゅ》が数十万平方キロメートルにおよぶ農耕地に侵入したことを指す。こうした事態はいかにして、またどうして起こったのだろうか？ それは、貿易の本質について何を語るのだろうか？

預言者ムハンマドの死からルネサンス勃興までの七世紀のあいだ、ヨーロッパ、アジア、アフリカのイスラム諸国は西洋のキリスト教国を上回る輝きを放ち、隆盛を誇っていた。ムハンマドの弟子たちは国際的な遠距離貿易の重要ルートであるインド洋の支配権を握り、西アフリカから南シナ海にかけてその力強いお告げを広めていった。その後、復活した西洋諸国が目を見張るようなスピードでグローバルな貿易ルートを支配下に収めた。バルトロメウ・ディアスとヴァスコ・ダ・ガマがはじめて喜望峰を回ってから、数十年のあいだの出来事だった。貿易の歴史というさらに大きな視点から、こうした事態を理解できるだろうか?

国家的な巨大貿易組織、なかでもイギリスとオランダの東インド会社は、ヨーロッパの商業的支配を先導するとともに、世界貿易を大企業の――また二〇世紀には多国籍企業の――独壇場とした。西洋、とりわけアメリカの文化的・経済的な支配の源泉であるこうした組織はこんにち激しい怒りや憎しみの的となることが多い。現代の国際的な巨大企業のルーツは何なのだろうか? また、貿易にまつわる現代の文化的対立、なかでも反米主義の蔓延は新しい現象なのだろうか?

絶え間ない交易に対する世界の依存度がますます高まったせいで、われわれは裕福になるいっぽうで無防備にもなっている。インターネットが大混乱に陥れば国際経済は壊滅的な打撃を受けるだろう。インターネットが普及してからわずか一〇年しか経っていないことを考えると驚くべき事態である。先進国世界は化石燃料なしではやっていけなくなっているが、それは世界で最も情勢の不安定な国々から運ばれてくる。なかでも最大の割合を占めているのが、ペルシア湾の入口を守るたった一つの狭い海峡を通ってやってくる化石燃料だ。貿易の歴史が示す陸標《ランドマーク》に従えば、こうした危険な海域を無事に通過できるのだろうか？

こんにちの一般的な考え方によれば、二〇世紀末に起こった通信・輸送革命のおかげで、世界中の国々がはじめて直接たがいに経済競争をするようになったという。だが以下に見るように、そうした事態はなんら目新しいものではない。過去数世紀にわたり、こうした平準化――世界の「フラット化」――を通じて勝者と敗者が生みだされてきたのであり、当然ながら勝者も敗者も、それぞれの立場に応じて平準化のプロセスに賛成したり反対したりすることが多かった。過去の貿易革命の歴史から、グローバリゼーションをめぐる現代の大がかりな政治闘争について何が学べるだろうか？(14)

古代の絹貿易が営まれた、ゲニザ文書から浮かびあがる世界では、貿易商の仕事はあまりにも孤独で、費用がかかり、壮烈だったため、目の玉が飛びでるほど高価な積荷を運ばなければ割に合わなかった。そうした世界から、チリ産のワイン、韓国製の自動車、ニュージーランド産のリンゴを扱う現代の企業世界へと、われわれはいかにしてやってきたのだろうか？

情勢が安定している国は、貿易する国である。ローマと東アジアの通商は、オクタウィアヌスがアクティウムの海戦で勝利を収めたあとにはじまった。これ以降、地中海と紅海を通る貿易ルートの全域で比較的平和な時代が二世紀ほどつづいた。ローマはせいぜい、アレクサンドリアとインドを結ぶルートの西側三分の一を支配していたにすぎなかったが、その影響力ははるか東のガンジス川にまでおよんだ。

個々の商人がはるばるインドからローマまで商品を運ぶことはまずなかったものの、インド諸州とローマは外交上じかに接触することがよくあった。オクタウィアヌスがアウグストゥスの称号を得てから数年足らずのうちに、インドの支配者たちは立派な使節団を派遣し、驚くべき贈り物の数々を献上したうえ——ローマ皇帝は贈られたヘビ、ゾウ、宝石、軽業師などをすべて自国で披露した——インドに寺院まで建てて皇帝を称えた。最も重要なのは、ローマ市民がインド亜大陸の多くの地域で自由通行権を認められたことだ。一九四五年から一九四八年にかけて発掘されたインド東海岸のポンディシェリ近くの遺跡から、ローマの貿易植民地が西暦二〇〇年頃まで残っていた証拠が出ている(15)。

インドで現地の商品を購入するのには耐久性のある金貨や銀貨が使われていたので、各コインの表面に刻まれた皇帝の肖像を見れば時代が特定できる。インド南部では、こうしたコインの隠し場所がいまでも見つかっており、二〇〇〇年前の貿易の様子を垣間見ることができる。それらのコインのなかには、アウグストゥスとティベリウスの治世(紀元前二七—後三七)につくられた金貨と銀貨があり、多くの商品が活発に取引されていたことがうかがえる。ティベリウスの死後、出土するコインの構成は変化する。カリグラ、クラウディウス、ネロ（後三七―六八）の頭部が描かれた大量の金貨しか見つからず、銀貨はなくなってしまうのだ。歴史家のE・H・ウォーミントンは銀貨が見つからない理由を、その時期には主として贅沢品が取引されていたからだとする。一八〇年のマルクス・アウレリウスの死後、ローマのコインは種類にかかわらずほとんど見つからなくなる。[16] 二〇〇年頃に漢王朝がついに崩壊すると、東洋との貿易はほぼ完全についえた。

この時期、通商にもう一つの大躍進をもたらしたのは、ギリシアの船乗りだった。彼らはインド洋西部で夏季に吹く南西モンスーンをうまく利用した。当初は、ペルシアの海岸沖に出没する海賊を避けるために沖合へ運んでくれるモンスーンを利用していたにすぎなかった。だが紀元前一一〇年頃には、何が起こるかわからない夏の大海原をまっすぐ東へ向かい、アラビア海を横断するようになっていた。紅海の入口であるバブ・エル・マンデブ海峡からインドの南端へ、さらにその先へと、六週間足らずで航海したのだ。中国人が羅針盤を発明する一〇〇〇年前のことである。言い伝えによれば、ヒッパルスという名の航海者がアラビア海の貿易風を「発見」した（それゆえ、貿易風という言葉の語源はここにある）とされているが、その風がインドやアラブの船乗りにも十分知られていたのは間違いない。数千キロにおよぶ果てしない海岸沿いをのろのろ進むより、恐ろしげな季節風に乗ってインド洋の広大な海域を一気に突っ切ろうというギリシア人の気概こそ、海上の遠距離貿易を拡大した大きな要因だった。

晩春か晩夏にバブ・エル・マンデブ海峡を通り抜けると、船乗りは追い風に乗って東へ向かった。目的地がインダス川流域（現在のパキスタン）なら北へ舵を切ればよかったし、インド南西部のマラバル海岸をめざすなら南に舵を切ればよかった。嵐が最も激しくなる真夏は航海を避けるのが普通だったし、マラバル海岸沿いのルートはさらに危険がともなった。インド亜大陸の南部を通過するのは、通常は命取りだったのだ。涼しく、比較的穏やかな北東モンスーンを受けての帰途の旅はもっと安全だった。針路が北や南に大きくずれてバブ・エル・マンデブ海峡からそれてしまっても、アラビアや東アフリカで避難場所や補給物資を確保できたから大した問題ではなかったかもしれない。

プトレマイオス朝エジプトのギリシア商人はさらに有利な立場にあった。高度な冶金《やきん》技術を持っていたおかげで、鉄釘を使って船を組み立てられたからだ（アラブやインドの初期の船は木材をココナッツの繊維でつなぎ合わせただけのもので、海が荒れるとすぐに壊れた）。南西モンスーンが吹く夏のあいだは、釘で組み立てた船体が欠かせなかった。暴風雨はときとして、どんなに頑丈に縛りあげた船体でも引き裂いたからだ。一九世紀にクリッパー船（快速帆船）や汽船が登場するまで、夏は南西、冬は北東と、季節ごとに変わるモンスーンのダンスがインド洋貿易の毎年のリズムを決定していた。

海の大自然に挑もうとする人間本来の欲求が相当な利益を生みだしたとすれば、歩みがのろくて図体が大きく、攻撃に対して無防備なラクダを絶滅の瀬戸際から救うことによって、陸路で同じことをやってのけようという決断もまた、大きな報酬をもたらした。北米ではすでに絶滅し、ユーラシア大陸でも急速に姿を消しつつあったラクダがはじめて価値を見いだされたのは、約六〇〇〇年前のことである。もっとも、当時は乳をとることだけが目的だった。それから二五〇〇年後の紀元前一五〇〇年頃、人間はようやくラクダの運搬能力を利用するようになり、従来は通れなかった地域を数百キログラムもの荷物を背負わせ横断するようになった。ラクダを家畜化していなければ、アジアを横切る絹の道もアラビアを通る香料の道も存在しなかっただろう。

現代のラクダ（とウマ）の祖先が北米原産であり、ベーリング陸橋を渡ってアジアへ移住したという事実は、ほとんど知られていない。思うままに移動できるラクダやウマの群れは、北米中央からユーラシア中央への危険な旅路をほんの数十年で踏破した可能性がある。いっぽう温暖な地域のかよわい植物種にとって、この旅ははるかに過酷なものだった。それらの植物がたまたま海流を越えて大陸間を横断したり、数千年をかけて北米の生息地から極寒の陸橋を渡り、ユーラシア大陸の似たような土地へと移住したりする可能性はまずなかった。したがって、氷河期のあいだに動物種がベーリング陸橋を渡ったのに対し、植物種は渡れなかったのである。

こうした状況が一変したのは一四九三年のことだ。クリストファー・コロンブスの二度目の航海とともに、旧世界と新世界の農業と経済がひっくり返ったのである。コロンブス率いる一七隻の船団はまるでイベリア半島のノアの箱舟のごとく、約一三〇〇人の入植者に加え、ヨーロッパで見られるほぼすべての作物と家畜を新世界へと運んだ。それらの動植物は野火のように広がった。「マイナー」な作物――西半球でとれるウリ、カボチャ、パパイア、グアバ、アボカド、パイナップル、カカオなどと、ヨーロッパ産のブドウ、コーヒー、さまざまなフルーツやナッツのなる一群の木々――の交換でさえ、経済的に大きな意味をもっていた。

この二度目の航海でやってきたすべての動植物のなかで、ひときわ影響力が大きかったのがブタだった。現代の飼育されたブタとくらべると、当時のブタは風貌も気性も、獰猛かつ細身で敏捷なイノシシにずっと近く、食べた餌の重量の二〇％をタンパク質に変えられた（ウシはたった六％）。この多産な草食獣は、新世界の豊富な熱帯牧草、果物、根茎をむさぼり食った。そのうえ北米でも南米でも、最初のネイティブ・アメリカンがやってきたあと、大型の肉食獣はほとんど姿を消していたし、ブタを脅かす重病も存在しなかった。こうした楽園で、ブタは遠征隊の養豚者の手をあっというまに離れ、イスパニョーラ島（一四九三年の遠征の目的地で、現在のハイチとドミニカ共和国からなる島）ばかりか、キューバやプエルトリコ、その他多くのカリブ海に浮かぶ島々で急速に増えていった。スペイン人がすぐに気づいたように、繁殖の望めそうな無人島にブタのつがいを放せば、数年以内にかならず大量の豚肉を手に入れることができた。こうした快適な生息環境のおかげで、ウマやウシまでが人間の手を借りずに繁殖した。家畜が増えつづけるイスパニョーラ島やキューバに基地を置くスペイン人は、こうしてアメリカ大陸を攻撃するのに十分な備えをととのえた。カリブ諸島で育ったウマと軍用犬の隊列に、ブタの巨大な群れ——文字どおり「生きた食糧供給部隊」(17)——がつづいていたのだ。鋼鉄の銃と剣で武装し、ウマにまたがったこの恐るべき戦争機械《ウォー・マシーン》は、はるかに大規模な敵軍を壊滅させるいっぽう、自らが痛手をこうむることはほとんどなかった。

コルテスとピサロによる征服から数十年足らずのあいだに、アメリカ大陸のスペイン領のウシの数は一五カ月ごとに倍増していった。メキシコからアルゼンチンのパンパまで、新世界の広大な空き地はあふれる家畜で黒々としていた。メキシコに滞在していたあるフランス人は驚嘆してこう書いている。「際限なく広がる大平原が一面、数えきれないウシで覆われている」(18)

現地のわずかな人口では急増する牛肉のほんの一部しか消費できなかった。大半は、唯一売れる部位である皮と蹄《ひづめ》をとったあとで腐るに任されていた。一八〇〇年には、アルゼンチンだけで年に一〇〇万枚もの獣皮が輸出されていた。

一九世紀末に冷凍船が登場すると状況は一変し、旧大陸の住人が安いステーキにありつけるようになった。おかげでヨーロッパの精肉業者は打撃を受けたが、この構図は二〇世紀にアジアの安価な布地と電化製品が押し寄せてアメリカの製造業者に損害を与えたのと同じだった。ニューヨーク・タイムズ紙のコラムニストであるトーマス・フリードマンが一八〇〇年に本を書いていたら、世界貿易のフラット化をヨーロッパの製革業者に苦もなく説明したはずだし、一九〇〇年のヨーロッパの牧畜業者ならその考え方に深くうなずいたことだろう。

豊かさの陰には悲劇が隠れていることが多い。数千年にわたってヨーロッパ人はさまざまな役割を担う家畜の間近で暮らしており、多くの伝染性病原菌に対して免疫を持っていた。いっぽう、アメリカ先住民はこうした菌にきわめて感染しやすかった。剣やマスケット銃に加えて天然痘やはしかが猛威を振るい、白人が入り込んだ地域から数百キロ先まで伝わった。先住民は「バケツのなかの魚のように死んだ」と、あるスペイン人が述べている。[19] さらに悪いのは、現地の生態系に重大なダメージがおよんだことだ。過放牧された家畜が風景を破壊し、ヨーロッパ産の作物と雑草の単調な広がりが多様な在来種に取って代わったのである。

アメリカ原産の作物、なかでもジャガイモとトウモロコシは、ヨーロッパの食糧事情を一変させた。この二つの農作物は、作付面積あたりの生産カロリーが小麦よりもはるかに高い。ジャガイモはやせた土地でも育つし、海抜ゼロメートルから三〇〇〇メートルまでさまざまな環境に適応する。トウモロコシはもう少し気難しく、肥えた土地と長くつづく暑さが必要だ。それでも、米には乾きすぎだが小麦には湿りすぎという「中間の」気候でも生長できる。ポルトガルからウクライナにかけてヨーロッパ南部に延びる不毛地帯は、まさにこの条件にぴったりあてはまり、一八〇〇年には世界有数のトウモロコシ産地となっていた。

トウモロコシとジャガイモは、ヨーロッパをマルサスの罠という死地から救っただけでなく、じかに交易を促す力をもっていた。産業革命の初期には、ヨーロッパ人は工業製品と交換するだけの余剰食糧を手に入れ、農業労働者はより生産性の高い製造業に携わる自由を得た。作物生産量の増大は肥料に対する膨大な需要を生みだした。当初その需要を満たしたのは、中南米や太平洋の島々でかき集められた鳥糞石（グワノ）だった。同様に、ヤムイモ、トウモロコシ、タバコ、ピーナッツが中国に持ち込まれたおかげで、一七世紀から一八世紀にかけて新興の清王朝は勢力を拡大することができたのだ[20]。

結局「グローバリゼーション」とは、単一の出来事でもなければ一連の出来事でもなかったことがわかる。それは、長い長い時間をかけてゆっくりと進展してきたプロセスなのだ。インターネットの発明とともに世界が出し抜けに「フラット」になったわけではないし、二〇世紀末に通商が突如として世界的大企業に支配されるようになったわけでもない。歴史の黎明期に高価な積荷を運ぶことからはじまって、その後ゆっくりと、より価値が低く、かさばり、腐敗しやすい品物が通商の対象になるにつれ、旧世界の市場は少しずつ統合されていった。ヨーロッパ人がはじめて新世界に渡ってから、こうしたグローバルな統合のプロセスに拍車がかかった。現代の巨大なコンテナ船、ジェット飛行機、インターネット、ますますグローバル化する供給・製造ネットワークなどは、過去五〇〇〇年にわたって進展してきたプロセスの新たなステップにすぎない。現代における世界貿易の急速な変貌の方向性を理解したければ、過去に何が起こったかを検討することの意義は大きい。

ここ一〇年くらい、私はファイナンスと経済の世界にかかわり、その間に三冊の本を書いた。一冊目はファイナンスの理論と実践を扱ったもので、大きな歴史的テーマに貫かれていた。つづく二冊の本では、歴史の領域にさらに踏み込んでいる。二冊目にあたる『「豊かさ」の誕生』では、一八二〇年以降に生じた世界的な繁栄の制度的起源を論じた。この本の基本的な前提——現代世界が近年に生みだした富の土台は、私的所有権の発展、法の支配、資本市場のメカニズム、科学的合理主義にあったということ——に、そもそも議論の余地があると考える読者はほとんどいない。共産主義者による実験の失敗と、こんにちの各国の貧富のあり方が、これらの重要な制度や慣習の力を証明しているからだ。

本書には、そうしたイデオロギー的な逃げ場はない。地球経済のグローバル化にともなって個人、産業、国家の現状に生じている痛みと混乱は現実のものであり、論争は敵意に満ちている。経済学的にいえば、人間の幸福は平均値（普通の市民の豊かさ）だけでなく、分散（貧富のばらつきの拡大）にも影響を受ける。もっとわかりやすくいえば、自由貿易によってもたらされるインセンティブと平等な機会は、人類全体の幸福を増すと同時に、貧富の差を広げ社会をむしばむのである。貿易によって社会の底辺にいる人びとの実収入がわずかに伸びたとしても、自分より豊かな人びとがますます豊かになるのを目にすれば、彼らは貧困の痛みを感じるだろう。

われわれが統計用語を振りまわしているあいだに、「mean（平均値）」と「average（平均値）」という同義語が、最近では独自のイデオロギー色を帯びはじめている。政治的右派は「mean」を好むものの、やや異なる専門語の「median（中央値）」――収入や富の五〇パーセンタイルの値、つまり「真ん中の人物」――はほとんど使わない。満員の部屋のなかにビル・ゲイツが入ると平均収入は急上昇するが、収入の中央値はほとんど変化しない。市場重視の保守主義者はこうした考え方を無視するのが普通だ。

しかし、本書は数字についての本ではない。過去から現在までの貿易量や物価に関する詳細なデータを知りたければ、巻末の原注を見てほしい。世界貿易の歴史は、入念に選ばれた物語とアイデアを通じて語るのが最もふさわしい。本書に出てくる物語とアイデアが関係者に真実を知らせ、自由貿易をめぐる大きなイデオロギー的対立の両陣営が抱く想定を突き崩すことこそ、私のなによりの願いである。

本書の構成は以下のとおりである。第1章と第2章では世界貿易の起源を論じる。まず、石器時代における遠距離貿易の最初の断片的証拠について述べる。メソポタミア最古の記録に残る貿易の明らかな足跡を調べると、チグリス川とユーフラテス川に挟まれた肥沃な土地から余剰穀物と布が輸出されるいっぽうで、この地域の沖積土では産出しないが工業に欠かせない金属、とりわけ銅が輸入されていたことがわかる。こうした最古の貿易の幹線は三〇〇〇マイル（約四八〇〇キロメートル）におよんでいた。アナトリアの丘陵地帯を起点にメソポタミアを抜け、ペルシア湾を出てインド洋の沿岸を進み、インダス川を北上するというルートである。貿易拠点となったのは、ウル、アッカド、バビロン、ニネヴェといった点々と連なる大きな商業地帯だった（すべて現在のイラクに位置する）。これらの都市を経由する貿易は、時とともにゆっくりと規模を拡げ、複雑になっていった。最初の舞台は中東だったが、やがて西に広がって地中海を抜け、ヨーロッパの大西洋岸に上陸し、さらに東に進んではるか中国に達した。ローマが崩壊する頃には、商品は多くの人の手を経てロンドンと長安とのあいだを行き来していた。西欧でローマ帝国が滅びると、当然ながら商業活動は中断し、活気に満ちた古代貿易の世界とそれにつづく時代とを分ける幕間《まくあい》が訪れた。

第3章から第6章では、インド洋における貿易の興隆を跡づける。この物語は当然ながら、古代末期の人里離れた西アラビアからはじまり、商業の宗教たるイスラム教の爆発的拡大を語ることになる。イスラム教の影響はアンダルシアからフィリピンにまでおよび、天啓を受けた選ばれし使徒である預言者ムハンマドは自らも商人だった。イスラム教が糊の役目を果たし、いくつかの大規模な商業港が一体となって先進的システムを形成していた。これらの港では、現地の家族と商人の家族、あちこちから集まった各階級の人びとがもつれ合いながら、一つの目的、つまり利益を追求していた。さらに、このシステムはヨーロッパ人とはほぼ完全に無関係だったことを指摘しておきたい。アラビア、アジア、アフリカをイスラム教徒が牛耳っていたせいで、ヨーロッパ人は一〇〇〇年近くにわたってインド洋から締めだされていたのだ。このシステムに加わっていた各国は、貿易にまつわる根本的な「三者択一の窮地《トリレンマ》」——貿易するか、略奪するか、防衛するか——に直面していた。現在と同じく当時も、吹けば飛ぶような都市国家から巨大帝国に至るまでの各国政府がこの三択にどう対応したかによって、貿易環境のあり方はもちろん、実は国家の運命まで決まったのである。

第7章から第10章では、この巨大な多文化貿易システムがいかにして崩壊したかを描く。そのきっかけとなったのは、ヴァスコ・ダ・ガマがイスラム教徒による「封鎖」をかいくぐったことだった。それ以前、ヨーロッパの商人はインド洋の西門で足止めを食っていたが、ヴァスコ・ダ・ガマが喜望峰を回ったのを機に、西欧による現代の商業的支配が幕を開けた。この重大事件から数十年足らずで、ポルトガルはインド洋を一望できる高台としてゴアを手に入れ、マラッカ海峡とホルムズ海峡という東西の要衝をふさいだ（だが、紅海の入口にあるアデンを押さえることはできなかった)。一世紀ののち、ポルトガルはオランダに追いやられたが、やがてそのオランダもイギリスの東インド会社に後れをとることになる。

近代以前の歴史を動かしたのが国王や商人の野望とムハンマドの宗教だったのに対し、近代を前進させたのは主として世俗的なイデオロギーだった。第11章から第14章では、こんにちのグローバルな貿易を、その根底にある近代経済学の学説を踏まえて検討する。次の文はケインズの有名な言葉である。

どんな知的影響も受けていないと思っている実際家も、たいていの場合、いまは亡きどこかの経済学者の奴隷である。頭のおかしな権力者は天の声を聞いているというが、何年か前の学問の世界の書き手からその錯乱した思想を引きだしているにすぎない。(21)

貿易に関する近現代の書き手たち——デイヴィッド・リカード、リチャード・コブデン、エリ・ヘクシャー、ベルティル・オリーン、ウォルフガング・ストルパー、ポール・サミユエルソン——の助けを借りれば、さらに統合の進んだ現代のグローバルなシステムで起こっている大変動を理解しやすくなるだろう。

本書は年代に沿って構成されているが、多くの絡み合った物語は単なる日付と出来事の羅列にとどまるものではない。たとえば、アラビア南部の香料貿易とラクダの家畜化という密接に関係した二つの物語は、ともに数千年の期間におよぶものだ。対照的に、長大で完全な旅の記録を残した中世の旅行者——マルコ・ポーロ、モロッコ人法学者のイブン・バットゥータ、ポルトガル人薬剤師のトメ・ピレス——の回想録は世界貿易の詳細なスナップショットを見せてくれるが、それらもわずか数十年間を描いたものにすぎない。

詰まるところ、一見単純な二つの考え方が本書の土台となっている。第一に、貿易とは根源的で本質的な人間の本能だということ。それは、食物、住居、性交、仲間づきあいへの欲求と同じくらい原始的なものなのだ。第二に、われわれの貿易への衝動は人類の歩んだ軌跡に深い影響を与えてきたということ。国家が自国の地理的、気候的、知的資質を最も活かせるものの生産に集中し、その商品を他国が最もうまく生産するものと交換できるようにすることで、貿易は諸国のグローバルな繁栄を牽引してきた。リカードの比較優位の法則は、アルゼンチン人がウシを育て、日本人が自動車を組み立て、イタリア人が流行のデザインの靴をつくるほうが、各国が三つの分野すべてで自給自足しようとするよりははるかにいいのだと教えてくれる。そのうえ、ラクダや船は数世紀にわたり、背の積荷や船倉に途方もない歴史的意味を持つ密航者、すなわち人類の知的資本をもぐりこませて運んできた。たとえば、「アラビア（実際にはインド）」数字、代数学、複式簿記などである。遠距離航海の必要がなければ、正確な時を刻む時計の発明はもっとあとになっただろう。

腐りやすい食料品を遠くまで大量に運びたいという欲求がなければ、地味ながら必需品の電気冷蔵庫が現代の先進諸国で事実上すべての家庭に行きわたったとは思えない。

現代の生活は水位のあがりつづける貿易の川を進んでいる。その川のスピードと針路を理解したいなら、上流へとさかのぼり、ディルムンやカンベイというかつての商業中心地へ向かわなければならない。そうした場所でこそ、川の源流を探し求め、またその未来を想像することができるのだ。

読者への注記

本書で扱ういくつかのトピックには不確実なところがある。そのうえ、多くの物語にまつわる細々した興味深い話を完全に無視するわけにもいかなかった。話の流れを切らないよう、論争のある分野やおもしろい雑学的情報は巻末の原注に回してある。興味のある読者はそちらを参照されたい。興味がなければ無視していただいても差し支えない。

本書で述べる出来事は世界中のさまざまな場所で起こったものだ。それらの名称をローマ字で表記するのは難しいことが多い。そこでいずれの場合も、オンライン・データベースのジャーナル・ストレージ（JSTOR）にならい、英語の学術文献で最も一般的なスペリングを用いた。

数千年のあいだには貨幣の問題もある。近代以前の世界では、通貨の基本単位は驚くほど一定していた。重さは約四グラム、大きさは現在のアメリカの一〇セント硬貨くらいの小型の金貨が、さまざまな時代と地域に現れた。たとえば、フランスのリーヴル、フィレンツェのフロリン、スペインやヴェネツィアのダカット、ポルトガルのクルザード、イスラム世界のディナール、ビザンティン帝国のベサント、後期ローマ帝国のソリドゥスなどだ。現在の金の価値に換算して約八〇ドル程度になる。この基準に対する三つの主な例外は、オランダのギルダー（重さが約五分の一）、イギリスの一ポンド金貨であるソブリンと古代ローマのアウレウス（それぞれ重さが二倍）である。イスラム諸国のディルハム、ギリシアのドラクマ、古代ローマのデナリウスは重量と大きさがほぼ同じ銀貨で、半熟練労働者の日給だった。銀貨一二枚が金貨一枚にだいたい相当した。

第1章　シュメール

われわれが遠い過去から受けとるメッセージは、われわれに向けられたものでもなければ、われわれが選びとったものでもない。それは、気候、地勢、人間の活動が偶然残した遺物なのだ。それはまた、われわれの知識の範囲は気まぐれなものであり、発見の力には謎めいた限界があることを思い知らせてもくれる。

――ダニエル・ブアスティン(1)

紀元前三〇〇〇年頃、ある遊牧民の集団が、収穫期にあるシュメールの小さな農村を襲った。襲撃者は安全な距離から投石器、槍、矢を使って攻撃したので、奇襲は成功した。いっぽう、農民たちは棍棒を手に、襲撃者を包囲して応戦した。敵の頭を叩き割るべく、丈夫な木切れの端に丸石を縛りつけた棍棒は、人間を攻撃するためだけにつくられたはじめての武器だった（動物の頭蓋骨は厚く角張っていたうえ、棍棒を振るう者が叩きやすい角度に立つこともまず無理だった）。人間のもろくて丸い頭蓋骨なら、向かってこようが逃げていこうが粉々にできたため、棍棒はとにかく有効だった。(2)

収穫期の襲撃はごく普通のことだった。家畜のヤギやヒツジは病気や天候不順にとても弱かったため、遊牧民が生き延びるにはたびたび奇襲をかけ、より確実に食糧を手にする農家から穀物を奪う必要があったのだ。特にこの襲撃にあたって遊牧民たちはぴかぴかの奇妙なかぶり物を身につけ、体の一部を保護していた。棍棒でじかに激しく殴られれば、かつては命を落としたものだが、今回は気絶するだけですんだし、殴打の多くはかぶり物のつるつるした表面ではじかれてしまった。この優れた防具のおかげで両陣営の戦術上の力関係は逆転し、遊牧民は応戦する農民を圧倒できた。

襲撃のあと、生き残った農民は倒れている遊牧民のかぶり物を調べてみた。この「兜《かぶと》」には、厚さ三ミリメートルあまりのオレンジ色の不思議な新素材が使われ、革製の頭巾をしっかりと覆っていた。農民たちが銅を目にしたのはそのときがはじめてだった。チグリス川とユーフラテス川に挟まれた沖積平野では産出しなかったからだ。敵の遊牧民たちはそれを、西に数百キロの場所にあるシナイ砂漠の銅山近くに住む商人から買っていたのだ。やがて、シュメールの農民は自ら軍事物資を調達すると、棍棒の先端にトゲのある銅を取りつけ、殺傷力を高めた。すると、遊牧民は兜の厚みを増して対抗した。こうして勃発した軍拡競争は現代に至るまで、交易を通じて手に入る外国産の金属に左右されてきたのである。(3)

これらの農民や遊牧民は兜に使う銅をどうやって手に入れたのだろうか？　農地や牧草

地と銅山を隔てる数百キロもの距離を越えて、こうした交易はどのように行なわれたのだろうか？　古人類学者の考えでは、約六万〜八万年前から話をはじめるのが一番いい。当時、遺伝的にみてはじめての現代人であるアフリカの人びとが過去にない複雑な道具をつくり、貝殻に穴を空け（おそらくネックレスにしたのだろう）、代赭石《たいしゃせき》のかけらで抽象的な絵を描きはじめた。約五万年前、そのうちの少数がパレスチナを経て肥沃な三日月地帯とヨーロッパに移り住んだようだ。この移住に先がけて言語が発達していたおかげで、「人間」に特有のいっそう複雑な活動ができるようになっていた。たとえば、動物の骨やシカの枝角を巧みに削って道具をつくったり、洞窟壁画を描いたり、彫像を彫ったり、投槍器《とうそうき》――槍の射程や精度を向上させるのに使う特製の棒――のような精巧なミサイル技術を駆使したりといったようなことだ。これらの技能が磨かれていくにつれて現代人を特徴づけるもう一つの活動が可能となったのだろう。つまり、新しい武器、道具、小間物などを扱う遠距離貿易である。(4)

いっぽう歴史家は通常、紀元前四三〇年頃に書かれたヘロドトスの記述から話をはじめたがる。それは、カルタゴ人と「ヘラクレスの柱（ジブラルタル海峡）の先にあるリビアの一地域に住む民族（十中八九、現代の西アフリカ人）」との「沈黙交易」をめぐる次のような記述である。

この国に到着するや、［カルタゴ人は］商品を下ろし、海辺沿いにきちんと並べると、舟に戻って煙をあげる。その煙を見て先住民は海辺まで下りてくると、商品への見返りにいくらかの黄金を地面に置き、ふたたび遠くに離れる。するとカルタゴ人は岸にあがり、黄金を確認して商品に対する適正な価格だと思えば、黄金を集めてその場を去る。反対に、黄金が少なすぎるようなら舟に戻って待つ。すると先住民がやってきて相手に満足してもらえるまで黄金を上積みする。双方はこのうえなく誠実に振る舞う。カルタゴ人は、自分たちが売りに出したものと価値が等しくなるまで黄金には決して手を触れない。先住民は、黄金が持ち去られるまで商品には決して手を触れない。(5)

残念ながら、双方が示す礼節に関するヘロドトスの記述はやや作り話めいている。(6)とはいえ、大筋は間違っていないはずだ。歴史時代がはじまるかなり以前、記録に残っていない何らかの機会に、ある人物、あるいは数人の人物が舟で海に乗りだすことによって古代の遠距離貿易をはじめたのである。

人間がそうした原始の舟に乗り込んだ原因は飢えだったに違いない。二万年前、ヨーロッパ北部は現在のラップランドによく似ていた。現在その地に見られるものより小型で数も少ない木々が、寒々とした未開の光景のなかに点在していたのだ。ヨーロッパで最初のホモ・サピエンスは、おそらくライバルのネアンデルタール人を一掃したばかりで、主に

図表1・1　ノルウェーのベルクブーテンの古代の岩絵には、獣皮を継ぎ合わせた小舟の舳先（へさき）に立っている狩人がはっきりと描かれている。漕ぎ手は後ろに立っている。

大型の獲物、とくにトナカイを糧に生活していた。こうした足の速い動物を槍や弓矢で狩るのは理想的な環境にあっても先の見えない仕事である。しかし、トナカイには人類が情け容赦なくつけ込んだであろう弱点があった。泳ぎが下手なのだ。水中ではトナカイはこのうえなく無防備で、枝角を高く保持してゆっくりと進みながら鼻を水上に出しておこうと四苦八苦する。あるとき石器時代の一人の天才が、水面を滑走できれば狩猟にきわめて有利だと気づき、最初の舟をつくった。獲物に簡単に追いついて仕留め、舟に引きあげてしまえば、その死骸を部族の野営地へ持ち帰るのは陸路よりもはるかに楽だったろう。人類がこの利点をほかの品物にも応用するまでに時間はかからなかった。

洞窟絵画や散在する海洋遺跡からわかるよ

うに、ヨーロッパ北部にはじめて舟が現れたのは約一万五〇〇〇年前のことである。こうした初期の舟は、しっかりした骨組み（たいていはトナカイの角）に獣の皮を縫いつけたもので、狩りと輸送の両方に使われていた。通常、後方に漕ぎ手が乗り、前方に武器を持った狩人や舟客が乗っていた。トナカイの骨でできた縫い針が考古学的記録において同時期に現れるのは偶然ではない。皮を縫い合わせて舟をつくるには縫い針が必要だったのだ。こうした最初の舟は、より「原始的」な丸木舟より以前から存在していた。樹木が育ちにくいヨーロッパ北部の寒々しい大地では、毛皮を着込んだ狩人を乗せられるほど幅のある木は育たなかったからである。

当時の遺物として残っているのは、主に石器などのきわめて耐久性の高いものに限られる。だがそれらが、世界初の遠距離貿易とはどんなものだったかについてヒントを与えてくれる。舟で運ばれて取引された最古の商品の一つは、おそらく黒曜石だった。世界中の造園家や園芸家に好まれる黒い火山岩（実はガラス）である。有史以前の人間がその価値を認めたのは美しさのためではなく、その石を削れば、たとえもろくても鋭利な刃物や武器が簡単につくれたためだ。二つの理由から、黒曜石には歴史学的な価値がある。一つは、いくつかの火山でしか産出しないこと。もう一つは、原子の指紋を明らかにする高度な技術を使えば産地を突き止められることである。

一万二〇〇〇年以上前の黒曜石の剝片《はくへん》が、ギリシア本土のフランキティ洞窟で発見されている。一〇〇マイル（約一六〇キロメートル）沖のメロス島にある火山から出たものだ。こうした人工遺物は舟で運ばれてきたに違いないが、考古学的遺跡も、文献の断片も、伝承すらも存在しないため、黒曜石がどうやってメロス島からギリシア本土までやってきたのかを知る術《すべ》はない。これらの剝片は、商人が地元の産品と交換に手に入れ、運んできたのだろうか？ それとも、ギリシア本土から遠征した人びとがその価値を認めて持ち帰ったにすぎないのだろうか？

肥沃な三日月地帯とユカタン半島という一見無関係な地域でも、黒曜石の運搬ルートの検証が原子の指紋を使って行なわれた。中東ではコリン・レンフルーという研究者が、紀元前六〇〇〇年頃までさかのぼっていくつもの遺跡と産出地を照合した。各遺跡で見つかった黒曜石の量は産出地から遠ざかるにつれて劇的に減少していた。これは、黒曜石が貿易商品であることを強く示唆している。たとえば、メソポタミアのいくつもの遺跡で見つかる石刃《せきじん》はすべて、アルメニアの二つの遺跡の一つから運ばれたものだった。火山性の産出地から二五〇マイル（約四〇〇キロメートル）離れた遺跡では、発見される打製石器のおよそ五〇％が黒曜石だったのに対し、五〇〇マイル（約八〇〇キロメートル）離れた第二の遺跡では、黒曜石の割合は二％にすぎなかったのである。(7)

石器時代の黒曜石の運搬ルートを元に、有史以前の貿易コストについて現代的視点から眺めてみよう。アルメニアとメソポタミアのあいだで黒曜石を輸送するのは、クリスマスの家族向け小包をボストンからワシントンＤＣへ送るのと距離的には同じことだった。だが、茶色の制服を着た配達員に数ドルを支払って小包を手渡せばそれでおしまいというわけにはいかない。この古代の運送には一人の商人が帰路を含めて二カ月間を費やしていた。その賃金をきわめて大ざっぱに計算すると、現在の価値で五〇〇〇ドルから一万ドルくらいに相当する。

農業の出現とともに定住した農民たちは皮と骨組みという設計の舟を川の旅に利用した。こうして、ある通商のパターンがはじまり、数千年にわたってつづくことになった。商人は発展している農村から、穀物や家畜のほか、布や工具といった簡単な製品を下流に運び、狩猟採集民の商品（主に獣皮）と交換した。考古学者がこうした有史以前の市場の遺跡を発見する場所は、たいてい川に浮かぶ木のない小島だが、これは偶然ではない。こうした場所は舟を接岸しやすかったばかりでなく、奇襲を避けるのにも最適だった。

紀元前五〇〇〇年頃の斧や鑿《のみ》の刃が、こうした石器時代の水上通商の主な証拠として残っている。考古学者は、斧や鑿の材料の出所をバルカン半島の石切場と考えているが、それらの破片は黒海に注ぐドナウ川の河口からバルト海や北海に至るさまざまな場所で見つかっている。こうした頑丈な石器が、製造されたことが唯一確認できる場所からはるか遠くで発見されているということは、大量の商品を扱う遠距離貿易が活発に行なわれていた証拠である。(8)

そもそも水上輸送は陸上輸送よりもはるかに安上がりで効率もいい。ウマは約九〇キログラムの荷を背に載せて運ぶことができる。荷馬車を使って平坦な道を行けば、約一・八トンを引っぱれる。だが、運河側道から船を曳かせれば約二七トン――古代の小型帆船の積載量――を運べる。(9)

ヘロドトスも、皮を縫い合わせてつくった似たような船のことを書いている。「ヤシの木でできた樽に入った」ワインを運ぶためのものだ。こうした船は「盾のように丸く」獣皮でできており、二人のアルメニア商人を乗せてユーフラテス川を下り、バビロンへ向かったという。だとすれば、これは水上貿易で使われていた最古の貨物船の直系の子孫なのだ。最古の貨物船が比較的丸かった――それゆえスピードが出なかった――のは、乗組員と建材を最小限に抑えるいっぽうで、積載量を最大にするためだった（対照的に、戦艦は古代から細身で速かったが積載量は少なかった）。

こうしたなかでも最大の船は、約一四トンの積荷とともにたくさんのロバを乗せていた。旅の終点で木の骨組みを解体し、貴重な皮だけをロバに積んでアルメニアに持ち帰るためだ。ヘロドトスはこう説明している。

流れが強いため、船を漕いで川をさかのぼるのはとても無理だ。これが、木ではなく獣皮で船をつくる理由である。ロバを連れてアルメニアに帰ると、人びとは同じ設計の船

をふたたび量産するのだ。(10)

アルメニアに戻ると、農夫たちは新しい骨組みに持ち帰った獣皮をかぶせて船をつくり、新たに荷物を積んで物々交換所までの数カ月にわたる旅に出た。おそらくヨーロッパ北部でも、石器時代の狩猟採集民と農民は、同じように櫂《かい》を漕いで商品を下流に運ぶと、船を荷物にまとめて上流に持ち帰っていたに違いない。

これが貿易のはじまりだったのではないだろうか。ここで、縄張りを攻撃(あるいは防衛)したいという欲求から、貿易の歴史にまつわる最も古く、また最も長くつづくテーマの一つが登場する。沖積地の先進的な農村の穀物と、たいていあまり肥沃ではない土地でとれる金属との交換である。

約六〇〇〇年前、人類は鉱山で見つけた豊富な銅鉱石を精錬する方法を考えだした。まもなく山の多いアナトリア(現在のトルコのアジア部分)のエルガニ鉱山から、ウルク(現在のイラク南部にあった都市で、バスラから西へ一〇〇マイル[約一六〇キロメートル]の場所)の古代集落へ向けて銅が出荷されはじめた。ユーフラテス川がエルガニ鉱山とウルクを結んでいたため、当時の船が数トンの銅を積み、数週間で下流のウルクまで運ぶのは簡単なことだった。いっぽう、数百トンの穀物を流れに逆らってアナトリアへ輸送するのははるかに難しかったはずである。(11)

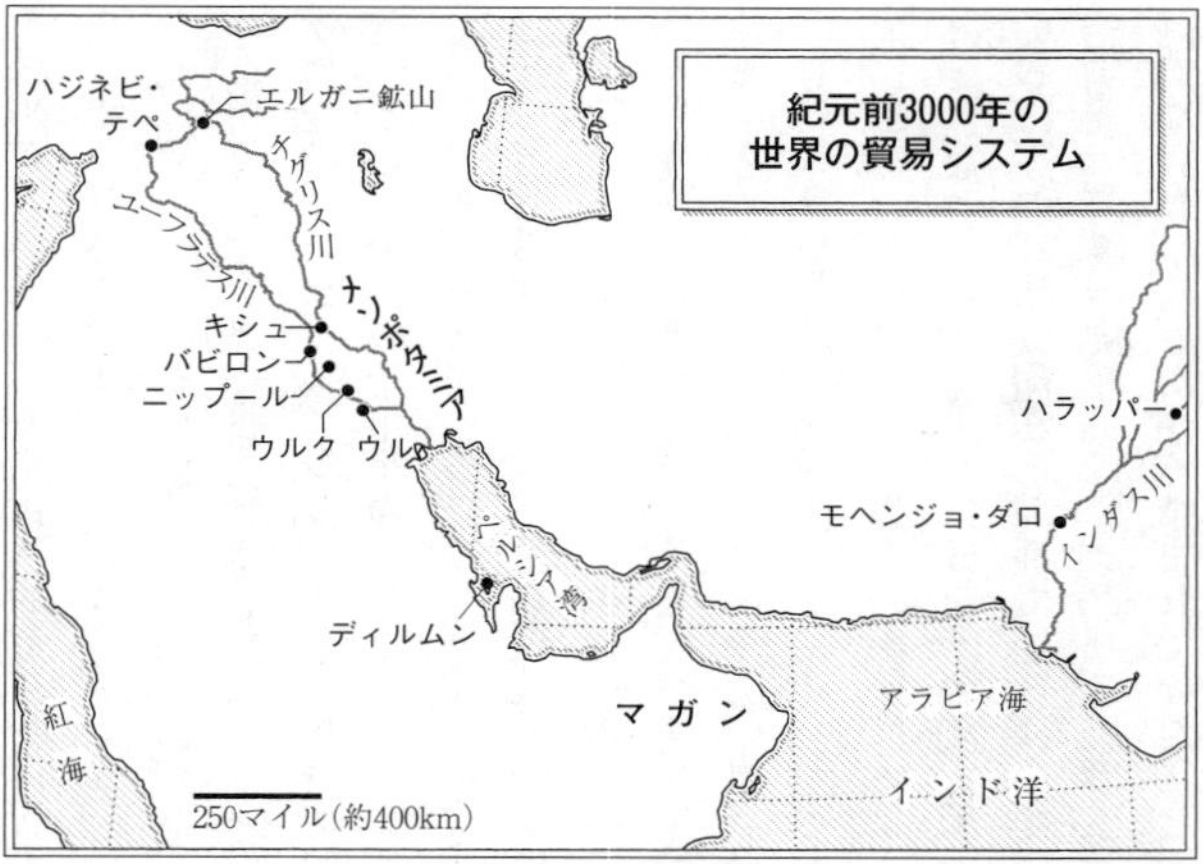

メソポタミア文明の末期には、さらに立地に恵まれたペルシア湾岸の鉱物源が利用された。紀元前三〇〇〇年の少し前に現れた文書記録から、このルート沿いで活況を呈していた大規模な銅―穀物貿易の様子をうかがい知ることができる。古代シュメール神話の創世記で語られる乳と蜜の流れる地は、ディルムンという場所だった。その富によって知られるディルムンは現在のバーレーンに位置していたらしい。だがその地が栄えていたのは、比較的肥沃な土壌のおかげではなく、マガンで産出する銅の交易所として戦略上の要衝だったためだった。マガンは現在のオマーンのどこか、つまりペルシア湾の入口であるホルムズ海峡のすぐ外側にあった。

現在のバーレーン要塞のほど近く、古代

ディルムンと思われる考古学的遺跡から青銅器時代の貴重な遺物が出土している。遺跡の広さは二〇ヘクタールほどにすぎないが、かつてはそこに約五〇〇〇人の住人が暮らしていた。おそらく、その都市の背後に広がる農地で養える人口をはるかに超えていたはずだ。楔形《くさびがた》文字による文書記録によれば、少なめの積荷――通常は数トンの大麦――がペルシア湾を渡ってディルムンやマガンへ輸送されはじめたのは紀元前二八〇〇年頃のことだった。ところがその千年紀の末までに、こうした穀物の船荷は一隻分で数百トンにまで増えていた。驚くほど早い段階で、歴史上に古代のラスベガスが出現していたことになる。つまり、どちらかといえば不毛な環境のなかで暮らす多くの人びとが、数百キロ離れた土地から輸入される大量の食糧に生存そのものを依存していたのである。(12)

ディルムンの遺跡を調べると、ペルシア湾におけるシュメールの銅―穀物貿易の様子を、往々にしてきわめて個人的で興味深い視点から眺めることができる。ディルムンの町は島にあり、豊かな泉から古代人が「甘い」と称した水、つまり淡水が湧きだしていた。紀元前二〇〇〇年には、この都市の城壁はメソポタミア最大の都市であるウルをも取り囲めるほどになっていた。中心には市庁舎前広場があって、そのいっぽうの端は海に面し、もういっぽうの端には印鑑と天秤でいっぱいの建物が建っていた。これが税関だったのはほぼ確実だ。広場の周りには、チグリス川の土手から運ばれてきた大麦やナツメヤシの入った巨大なカゴがうずたかく積まれていたことだろう。もっと貴重な積荷――メソポタミアの布地やウルに向かう象牙や銅のインゴット──は、税関のすぐ外に置かれていた。水夫がぴりぴりしながら積荷を見張っているあいだ、船長は建物のなかで役人とやりあい、賄賂を贈り、おだてて丸め込もうとしていた。

それが紀元前一八〇〇年のことだったとすれば、これらのインゴットはおそらく、ウル最大の銅商人エア・ナシールの倉庫に向かうものだったはずだ。考古学者たちがウルで発見した大規模な貯蔵所に収められていた粘土板に、この戦略物資の貿易について詳しく書かれている(13)。ある粘土板には銅二〇トンの輸送に関する記録が残されており、別の粘土板にはナンニという名の顧客の苦情が記されている。

「ギミル・シンに良質のインゴットを贈る」とあなたはいいました。にもかかわらず、そうしなかった。私の使いの者に質の低いインゴットを差しだし、「これを持ち帰るか、置いて帰るか、好きにするがいい」といい放ったのです。この私に対してよくもそんな仕打ちができるものですね。私もあなたも、ともに紳士ではないのですか(14)?

エア・ナシールの倉庫に積まれていた銅を生産した最初の金属職人の好奇心と意欲は、驚くべきものだったろう。鉱石の種類に応じて、硫黄、酸素、塩素、炭酸塩などを取り除き、純度の高い金属を生みだすプロセス、すなわち溶融製錬がはじめて日の目を見たのは、紀元前三五〇〇年頃のことだった。肥沃な三日月地帯の冶金学者はまもなく、近場でとれる銅を外国から輸入した錫《すず》と混ぜ合わせるようになった。ハンマーで鍛造した新しい銅―錫合金は、それ以前の銅―ヒ素、銅―アンチモンの合金と同じくらい固くて耐久性があっただけでなく、純粋な銅とくらべてはるかに融点が低かった。さらに都合がよかったのは、鋳造しやすかったことだ。

この魔法の新合金こそ青銅《ブロンズ》だった。青銅はたちまち一般的な素材となり、無数の武器や調理器具、儀礼用の物品、農具などに使われた。組織的な農業のパイオニアである初期シュメールのウル王朝が、紀元前二八〇〇年頃、一〇対一という銅と錫の最適比をはじめて発見したのは偶然ではなかったのだ。(15)

シュメール人による錫の調達について確かなことは二つしかわかっていない。地元で安く手に入るヒ素やアンチモンと違い、錫はきわめて高価で、遠方から運ばれていたということだ。錫の価格は銅の約一〇倍で、この比率は二〇世紀初頭までまったく変わらなかった。ところで、錫はどこから運ばれてきたのだろうか？　ブルターニュとコーンウォールでは、紀元前二〇〇〇年よりかなり前から錫が産出しはじめていたが、ヘラクレスの柱（ジブラルタル海峡）より先への航海記録は紀元前四五〇〇年頃まで存在しない。この頃、ヒミルコというフェニキア人航海者が大西洋の大海原へ乗りだし、こうした北部の鉱山から錫を持ち帰ったのだ。(16)歴史家の仮説によれば、錫はフランスを通るいくつもの陸路を経て、北部から肥沃な三日月地帯へ運ばれたのだという。とりわけよく使われたのが、ガロンヌ渓谷沿いのルートだ。ガロンヌ川は、地中海の北の海岸山脈にある水源から大西洋に面した現在のボルドーまでを北西に流れている。同時期、中央アジアでもこの貴重な金属が供給されていた。おそらく三つのルート――ジブラルタル海峡を通る海路、フランスを通る陸路、中央アジアからの陸路――が利用されていたのだろう。

あちらこちらで考古学者が興味深い手がかりを見つけている。一九八三年、海洋考古学者のドン・フレイは、海綿をとるトルコ人ダイバーたちに何枚かのスライドを見せていた。ダイバーたちはよく、沈没船の情報を持ってきてくれるのだ。話が終わると、そのうちの一人がフレイに近寄ってきて、ある崖の根元の海底に山のようなインゴットが眠っていると教えてくれた。トルコ東部のボドルムという沿岸都市の沖、ウル・ブルンという場所だ。その海底を探索したところ、紀元前一三五〇年頃の沈没船が見つかった。船からはゾウやカバの未加工の牙、古代のガラス、銅塊などが大量に出てきた。こうしたエキゾチックな品々のなかに錫のインゴットの断片もあった。この金属の知られているかぎり最古のサンプルである。考古学者たちは、約一トンの錫に加えて一〇トンの銅がその船もろとも沈んだと推定している。(17) この数字は、ブロンズにおける銅と錫の理想的な比率である一〇対一に一致する。発見された錫の産地はもちろん、沈没船の船籍もいまだにわかっていない。(18)

初期古代世界における錫の遠距離貿易の証拠がきわめて不確かなものに思えるとすれば、

それは実際にそうだからである。シュメール人によって楔形文字の銘板がはじめてつくられたのは、紀元前三三〇〇年――銅の溶錬の最も古い証拠が残された直後、ブロンズが出現する以前の時期――であるため、それ以前の商品貿易に関する考古学的証拠は乏しい。しかし、紀元前三〇〇〇年頃に錫の遠距離貿易が行なわれていたとすれば、同じような遠距離の物々交換によって、その他の貴重な素材も流通していたに違いない。たとえば、リネン、乳香、没薬《もつやく》（ミルラ）、トラ、ダチョウの羽、さらにいまでは歴史の彼方へ消え去ったその他無数の景色、音、匂いなどである。

現代の欧米諸国は、地球上で最も政情の不安定な地域から運ばれてくる石油へ依存していることに不安を感じている。だが、古代メソポタミアの状況はそれよりはるかに悪かった。川に挟まれた沖積平野には水と土壌だけはありあまっていたため、大麦、エンマー小麦、魚、羊毛が豊富にとれた。しかし、この古代文明発祥の地には当時の戦略物資である金属、大きな木材、建材用の石がまったくなかった。メソポタミアの主要民族――シュメール人、アッカド人、アッシリア人、最後はバビロニア人――の存亡は、余った食糧と引き換えにオマーンやシナイの金属、アナトリアやペルシアの花崗岩や大理石、レバノンの木材を手に入れられるかどうかにかかっていたのだ。

次の時代にこれらの文明の勢力が広がると、遠距離貿易も同じように広がった。紀元前四千年紀には、連帯した複数のコミュニティからなる地域は肥沃な三日月地帯だけではなくなっていた。インダス川流域、つまり現在のパキスタンに含まれる地域で、農業、軍事、宗教、行政が組織的に営まれるようになっていたのである。文書記録が現れる前のことだが、両地域のあいだで貿易が行なわれていた証拠が残っている。考古学者がメソポタミアで発見した紀元前四千年紀末のランプやカップが、インド洋やオマーン湾でしか見つからない巻貝でできていたのだ。このルートでの輸送費は天文学的だったに違いなく、こうした貝が宮殿や身分の高い人物の墓でしか見つかっていないのは当然である。

紀元前二五〇〇年までに人びとの好みは変化していた。新たなステータス・シンボルとして、銅製の壺、道具、宝飾品などが、巻貝でできたカップやランプに取って代わったのだ。この初期の段階では、輸送費はまだまだ高く、庶民は金属ではなく石でできた道具を使っていた。仮により上等な銅製の器具を買う余裕があったとしても、こうした最高級品は支配層のエリートや軍人のためのものだったはずだ。

さらに五〇〇年後、金属はいっそう豊富になり、銅製の道具は結局メソポタミアで広く使われるようになった。銅はその価値の高さゆえに、ウシや穀物とともに青銅器時代を通じて物々交換に使われた。数世紀のちの紀元前二〇〇〇年頃、供給量が増えたせいで銅の価値は下がった。こうして銅がありあまるようになると、交換の手段、つまり現在でいうところの「貨幣」として銀が使われるようになった。

銀貨が国際通貨として認められると、通商は円滑に進むようになった。それ以外の重要商品の売買が容易になったからである。通貨がなければ、交易を成立させるためには一対の商品を物々交換しなければならない。例を挙げよう。一〇品目の商品がある場合、交換可能な組み合わせは(したがって価格は)四五通りある。対照的に、銀貨が普及すれば、各商品に一つずつ、一〇通りの価格があれば事足りる。しかもウシの価値はニワトリ五〇羽に等しいのか五五羽に等しいのかは主観的に決められていたので、大規模な取引ともなれば物々交換はあまりにも頼りなかったのだ。

前述のナンニとエア・ナシールの両商人は、古代の金融市場が興隆するさまを目の当たりにしている。金属と穀物を取引していた実業家たち——いわゆるアリク・ディルムン(文字どおりの意味は「ディルムンのやり手」)——は大量の農産物を買いつけたら、つづいてそれをディルムンに運ぶのに十分な大きさの船を艤装《ぎそう》し、船員を乗り組ませなければならなかった。これには外部の投資家から資本を調達する必要があったし、投資家のほうは相当なリターンを期待していた。粘土板のうえで結ばれたある契約から、その種の金融取引についてきわめて貴重な情報が得られる。それは、資産家「U」から「L」と「N」という二人の取引相手に対する融資だった。

石油五グルと三〇着の衣服の「価値がある」銀二ミナ〔ミナは古代の重量単位で約四五〇グ

ラム〕を、ディルムンへの遠征隊がその地で銅を買うために、LとNの共同事業に対して貸しつける……航海が無事に終了すれば、Uに損失はない。債務者はUの希望どおり、適正な価格として銀一シケル〔シケルは古代の重量単位でミナの約六〇分の一〕につき銅四ミナを支払うことに同意する。[19]

つまり、Uは商人のLとNに一二〇シケル（二ミナ）の銀を貸し、その見返りに四八〇ミナ（約四分の一トン）の銅を支払ってもらうつもりでいる。航海が失敗すれば、商人のLとNは損失を負担する。

象牙、宝飾品、奴隷、香料、石油といった多くの輸入品がメソポタミアに持ち込まれていたことは明らかである。いっぽう、穀物以外の輸出品についてわかっていることははるかに少ない。メソポタミアは世界で最も豊かな農業地帯だったから、魚や羊毛などを商品として大量の「見えざる輸出」をしていたはずだ。[20] チグリス川とユーフラテス川の北や南へ向かう古代貿易に関するわれわれの知識について、歴史家のクリストファー・イーデンスは次のように述べている。

［われわれの知識は］一面的であり、それを支えている根拠は、数が乏しいうえに背景も異なる記録である……こうした経済上の記録に残されているのは、メソポタミアの事業

活動であり、外国のそれではない……別の資料には外国船の到着が記されているが、その積荷ははっきりしない。(21)

とはいえ歴史の断片からわかるのは、陸路と海路のネットワークが三〇〇〇マイル（約四八〇〇キロメートル）におよぶ弧を描いていたことだ。つまり、アナトリアの山地から南東へ向かってメソポタミアとペルシア湾を抜け、インド洋を海岸沿いに東進し、インダス川流域（現在のパキスタン）を北東へさかのぼったのである。(22)この広範なネットワークを使った貿易――いうならばWTO（世界貿易機関）バージョン1・0――は、間接的なものだったと思われる（ずっとあとのローマ帝国と漢王朝の関係と同じ）。数百とはいわずとも数十という個別の旅程、仲介者、取引があいだに挟まっていたからだ。アナトリア人とインダス川流域の人びとはたがいの製品を知ってはいたが、双方が顔を突き合わせていたかどうかはわからない。それどころか、数知れない仲買人によって隔てられていたのではないだろうか。仲買人はできるかぎり効率のいい水上輸送を利用した。水路がないところでは、輸送のために家畜化された最初の動物である荷運び用のロバが使われた。(23)

シュメールでもエジプトでも、こうした最古の取引には官吏や神官が携わっていた。だが紀元前二〇〇〇年には、シュメールの遠距離貿易の大部分が民間人（エア・ナシールのような商人）の手に渡っていた。いっぽうエジプトでは、こうした貿易は依然として国家の指揮下にあった。はっきりしないのは、この貿易の弧に最初の「貿易ディアスポラ」があったかどうかだ。貿易ディアスポラとは、生まれ故郷と第二の故郷の交易を促した外国商人の永続的な居留地である。これらの商人は、祖国はもちろん、自分たちが異国人となる都市でも信頼を得ていた。

　興味をかきたてるヒントはたくさんあるが、なかでもメソポタミアで見つかった印章は重要である。インダス川流域でよく使われていたタイプの印章だからだ。また、もともとメソポタミアで使われていた、動物の頭部がデザインされたピンがインダス川流域でも発見されている。石の印章は、古代においてシュリンク包装のようなものだった。商人は商品の入った箱の蓋を粘土の塊で覆うと、粘土のうえで印章を転がしたり押しつけたりして蓋に自分の印をつける。そのまま乾燥させれば、買い手はその印章から、商人が箱の中身を保証しており、輸送中に勝手に開封されていないことがわかる。商品の種類と量に関する情報を補足するため、さらに小さな石の印章が使われることも多かった[24]。官吏は自分専用の印章をつくったし、文明が異なれば貿易用でも公用でも印章はまったく別物だった。それゆえ、メソポタミアで「インダス川流域」の印章が発見されたということは、チグリス川とユーフラテス川に挟まれた土地にインダス川流域の商人の居留地が存在した証なのだ。

　古代の貿易ディアスポラが存在した最も有力な証拠が、弧の西端で見つかっている。一九九〇年代、考古学者のギル・スタインはアナトリアのハジネビ・テペで遺跡を発掘した。ユーフラテス川を船で進める最北端の地点である。その遺跡でスタインは、紀元前四一〇〇年にまでさかのぼる先進的な地方文化が存在した証拠を発見した。たとえば、広い住居、葬儀場、さらには最も注目すべきものとして、特徴のある平らな石の印章などだ。スタインの発掘チームはまた、この遺跡の内部で、紀元前三七〇〇年以降に栄えたウルク文明に特有の人工物が出土する狭い一画を見つけた。これらの人工物には、メソポタミア独特の円筒状の印章や、「メソポタミア式」食肉処理の目印がついたヤギの骨などが含まれていた。この居留地が南からやってきた占領軍のものである可能性もあるが、いくつかの理由からそれは違うようだ。第一に、この居留地がきわめて狭いこと。第二に、城塞に囲まれていないこと。第三に、メソポタミアから上流への輸送は細々としか行なわれていなかったこと。そして第四に、アナトリア人は少なくともメソポタミア人と同程度の進んだ軍事力を持っていたこと。スタインが、知られているかぎり最古のディアスポラを発見したという結論は避けられそうにない。ことによると、地元に銅産業が誕生したのと同時期にできたものかもしれない。(25)

紀元前三三〇〇年頃に文字が出現すると、歴史の幕が開き、すでに確立していた遠距離貿易の様子が明らかになった。贅沢品と戦略物資だけでなく、穀物や木材などのばら荷も取引されるようになっていたのだ。

紀元前三〇〇〇年には、ペルシア湾が通商の大動脈として機能した。エジプトからフェニキア、ギリシアと文明が西へゆっくりと広がるなか、別の海上航路が重要性を増していった――紅海を出てインド洋に入るルートである。紅海の南の出口であるバブ・エル・マンデブ海峡を抜け、現在のイエメンを通過して進んでいくのだ。四〇〇〇年以上のあいだ、エジプト―紅海のラインは世界貿易の幹線となり、エジプト人は大いに儲けた。

プトレマイオス朝以前のエジプトは多くの採石場を抱え、近くのシナイ砂漠の銅山へも楽に行けたため、シュメール人ほどには貴重な戦略物資を他国との貿易に頼らずにすんだ。自給自足の最も重要な例外は木材だったが、効率のいい地中海ルートを使えばフェニキアから木材を輸入するのはたやすかった。この木材は腐食しにくく珍重されていた。

エジプトの船は紅海ルートを定期的に航行し、「プントの国」(現在のイエメンとソマリア)まで一五〇〇マイル(約二四〇〇キロメートル)以上も南下していた。[26]早くも紀元前二五〇〇年に行なわれた航海について手がかりが存在するし、考古学上の幸運な発見のおかげで、ハトシェプスト女王の命で紀元前一四七〇年頃に敢行された遠征の壮大な物語を知ることができる。

紀元前一四七九年以降、ハトシェプストは、亡き夫(にして腹違いの弟)の息子の摂政として国を治めた。亡き夫の母は平民の出だった。ハトシェプストはデル・エル・バハリに葬祭殿（ナイル川を挟んでルクソールの向かいにある）を残したが、この葬祭殿に刻まれた彩色を施された物語形式の浮き彫りに、プントへの商業遠征の様子が描かれている。船の物語は四つの場面からなっている。まずはじめに数隻のガレー船が描かれている。船の全長は二四メートルくらいで、帆を備え、何組もの漕ぎ手が乗っている。次の場面では、エジプト産の穀物と織物が入った梱《こり》をプントで下ろす様子が描かれているのだろう。三番目では、大きな植物や木が積み込まれている。四番目で、船は故郷に帰る。この帯状装飾の上方に次のような碑文が刻まれている。

荷揚げ場は、プントの国の驚くべき産物に満ちみちていた。神の土地のあらゆる見事な香木、山のようなミルラ樹脂、青々としたモツヤクジュ、黒檀の木、傷一つない象牙、金緑色のエミュー、シナモンの木、ケシイトの木、イムートの香料、ソンターの香料、目の化粧品、類人猿、猿、犬、サザンパンサーの皮、先住民とその子供たち。歴代のどの王のためであれ、これだけの品々が運ばれたことは一度もなかった。(27)

ハトシェプストの治世が終わりエジプト王朝がしだいに衰退すると、フェニキア人が紅海貿易の覇権を握った。カナンの「海の民」の遠戚にあたるフェニキア人は現在のレバノンの一部に住みついた。この土地は木材が豊富にとれたうえ、メソポタミアとエジプトに

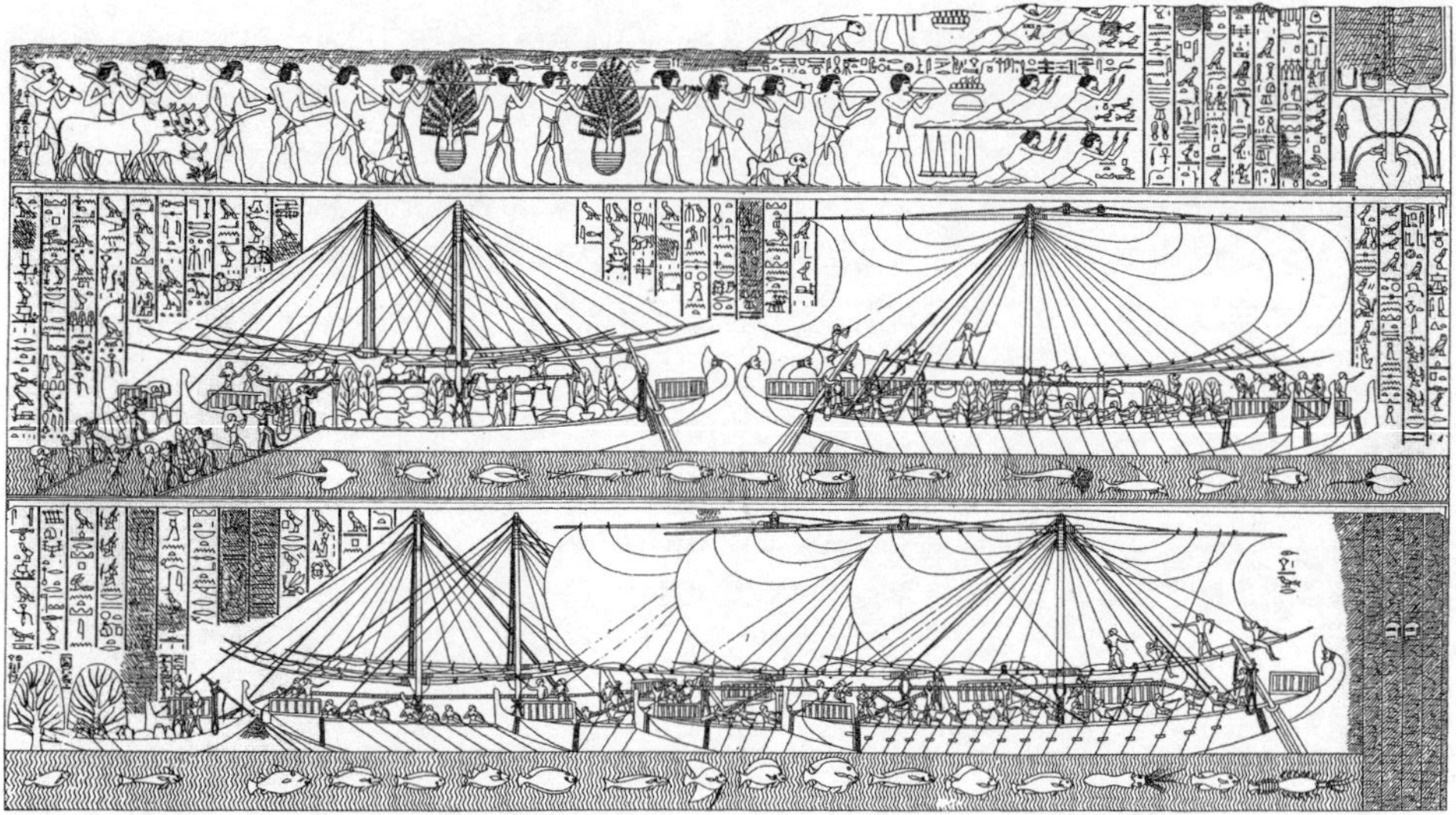

図表1・2　ハトシェプスト女王の遠征　右下からスタートし、時計回りに進む。2つ目の場面は、左隅の小さな一画を占めているにすぎない。

挟まれた戦略上の要衝だった。海路での商取引にこれほど有利な位置を占めていた古代の民族はほかにない。彼らは、東地中海の通商を一〇〇〇年以上にわたって支配しつづけた。フェニキア人は、遠距離の直接貿易に携わった最初の人びとだったようだ。旧約聖書の『列王記』の上巻にはこう記録されている。

ソロモン王はまたエツヨン・ゲベルで船団を編成した。そこはエドムの地の葦の海の岸辺、エイラトの近くにあった。ヒラムは船団を組み、自分の家臣で航海の心得のある船員たちを送り、ソロモンの家臣たちに合流させた。彼らはオフィルに行き、金四百二十キカルを手に入れ、ソロモン王のもとにもたらした。(28)

翻訳すると以下のようになる。ソロモン王国による遠距離貿易は、紀元前一〇世紀のはじめ頃、フェニキア人によって営まれていた(ヒラムはフェニキア人の支配する都市国家テュロスの王)。「エツヨン・ゲベル」は、エイラトの近く、アカバ湾(紅海の北東の端)に面したタル・アル・クライファにあった港湾都市のようだ。「オフィル」がインドであるらしいことは、そこから輸入されていた商品でわかる。つまり、貴金属、クジャク、象牙、類人猿などである。(29)文中に出てくる四二〇キカルの金は約一三トンの重量があり、現在の価値でおよそ二億七〇〇〇万ドルに相当し、こんにちでも大金である。

紀元前四〇〇年には、東西アフリカの海岸はいうにおよばず、西ヨーロッパの海岸線の大半がフェニキア人にとっておなじみの土地となっていた(30)。古代世界では信じがたい貿易範囲である。遠距離貿易におけるフェニキアの権勢は大変なもので、紀元前六〇〇年頃、エジプト王ネコはフェニキア人の船乗りにアフリカを周航するよう命じたほどだった。ヘロドトスはこう書いている。

フェニキア人はアラビア湾を出て南の海を進んでいった。秋になるたびに［アフリカの］海岸の都合のいい場所に立ち寄ると、土地の一画に種をまき、翌年の収穫期を待った。その後、穀物を刈り入れるとふたたび出帆し、丸二年後、三年目の途中にヘラクレスの柱を回ってエジプトへと戻った。男たちは次のような趣旨の発言をしている。私自身はそれを信じないが、信じる者もいるかもしれない。西へ進路をとり、［アフリカの］南端を回ると、右側に――つまり北に――太陽があったというのだ(31)。

ヘロドトスが疑いを抱いた事態――西へ航行しているときに太陽が右側、つまり北に見えたということ――は、現代の読者からすれば納得できるものだ。この古代の歴史家が南半球での太陽の動き方をおそらく知らなかったことを考えると、ヴァスコ・ダ・ガマの二〇〇〇年以上前にアフリカ南端の岬を回った勇敢なフェニキア人の物語がいっそう説得力を増す[32]。

それから数世紀のあいだに権力は東へ移り、ペルシアに渡った。ペルシアはエーゲ海周辺を支配しようとしていた。ダレイオス大王は、険しい陸路を北へ向かってヘレスポントス海峡（現在のダーダネルス海峡）を抜けるルートの代わりとしてスエズに運河を完成させた（この運河はもともとエジプト王ネコによる構想だった）。こうして、ナイル川と——したがって地中海と——紅海がつながった[33]。ところが、エーゲ海を手に入れようというペルシアの野望は紀元前五世紀初頭に阻まれることになる。マラトンの戦い、サラミスの海戦、プラタイアの戦いを通じ、地中海の政治、貿易、軍事の表舞台へギリシア人が躍りでてきたのだ。

ギリシア人とフェニキア人の独立した都市国家は、地中海と黒海で、広く交易したり植民したりしていたものの（フェニキア人はときに地中海のはるか先まで冒険に乗りだすこともあった）、日常的な通商圏は大陸にも大洋にもおよんでいなかった。やがて、アテナイ人の帝国主義的野望がペロポネソス戦争の引き金を引くと、ギリシア世界は荒廃した。これをきっかけに紀元前四世紀末には、アレクサンドロス大王がギリシア、エジプト、西アジアの全土を征服するという壮大な偉業を成し遂げることになる。この占領によって西洋世界にギリシア文化が伝えられ、古代交易の範囲が大きく拡大した。

アレクサンドロス大王の遺産のうち後々まで影響をおよぼしたのは、国際都市アレクサンドリアの建設だろう。その地は数世紀にわたってアラビア、インド、中国との通商の基地として利益をもたらした。紀元前三二三年にアレクサンドロス大王が没すると、相争う後継者たちが帝国を分裂させて自分の国にしてしまった。そのうちの一つで、アレクサンドロス大王配下の将軍だったプトレマイオスが統治するエジプトは、先行する諸王朝から航海と貿易の伝統はもちろんフェニキア人の造船技術をも受け継いだ。この造船技術の中核をなすのが、ヒマラヤスギの厚板でできた船体だった。おかげでエジプト人は、紅海からインド洋へと入る水路を——したがってインド本土への定期的な外洋通商を——開拓できたのである。だが、彼らが最優先したのは貿易ではなく、エチオピアのゾウ、つまり古代世界の「戦車」を手に入れることだった。アレクサンドロス大王の後継を争うライバル、セレウコス朝シリアに対抗するためだ(34)。プトレマイオス二世はこの点を考え、ダレイオス大王がつくったあと泥で埋まっていた古い運河をふたたび開通させようとしたものの、ほとんど成果はなかった。

エジプトは、紅海を経由して地中海とインド洋に挟まれるという戦略的に重要な位置を占めていた。したがってこの運河は、プトレマイオスのゾウを輸送するのに理想的なルートだったはずである。歴代の支配者たちはスエズを横切る海面式運河という夢に魅せられた。その最初の人物が、紀元前六〇〇年に運河を計画したネコだった。この計画には多くの困難がともなった。古代であれ現代であれ、全長六〇～八〇マイル（約九六～一二八キロメートル）におよぶ深い運河を掘るという壮大な事業は、どんなに裕福な国にとっても荷が重すぎる。ヘロドトスの記録によれば、ネコの企てに駆りだされた一二万人以上の徴集兵が命を落としたという。さらに悪いのは、運河の西の終点がナイル川だったことだ。ナイル川が氾濫すれば運河に土砂が堆積する。いっぽう、ナイル川の水位がさがれば紅海から海水が流れこみ、飲料および灌漑用の水源が汚染されてしまう。そのうえ、敵が運河を使ってエジプトを包囲するのではないかというおそれが絶えずつきまとった。ネコが運河を決して完成させなかった所以である。

しかし運河建設の誘惑は強く、古代のペルシア、プトレマイオス朝エジプト、ローマ、初期のイスラム帝国によって、その夢は引き継がれた[35]。最後の運河を除くすべてが基本的に同じルートをとった。ナイル・デルタの東端の支流（ペルシアック支流）からワディ・トゥミラートという干上がった川床を経て、現在のスエズ湾の北にあるグレート・ビター湖の北端に至るルートである。カリフの統治時代には、ナイル川のペルシアック支流は沈泥で埋まっていたため、アラブの技師たちはデルタのさらに南寄りの支流に運河を新設せざるをえなかった。聖書の時代には、グレート・ビター湖の南端は狭い水路でスエズ湾とつながっており、さらにその先に紅海が広がっていた。ナイル川とグレート・ビター湖を結ぶためのその後の努力は、主に沈泥で埋まった過去の運河の名残りを浚渫《しゅんせつ》し拡張するこ

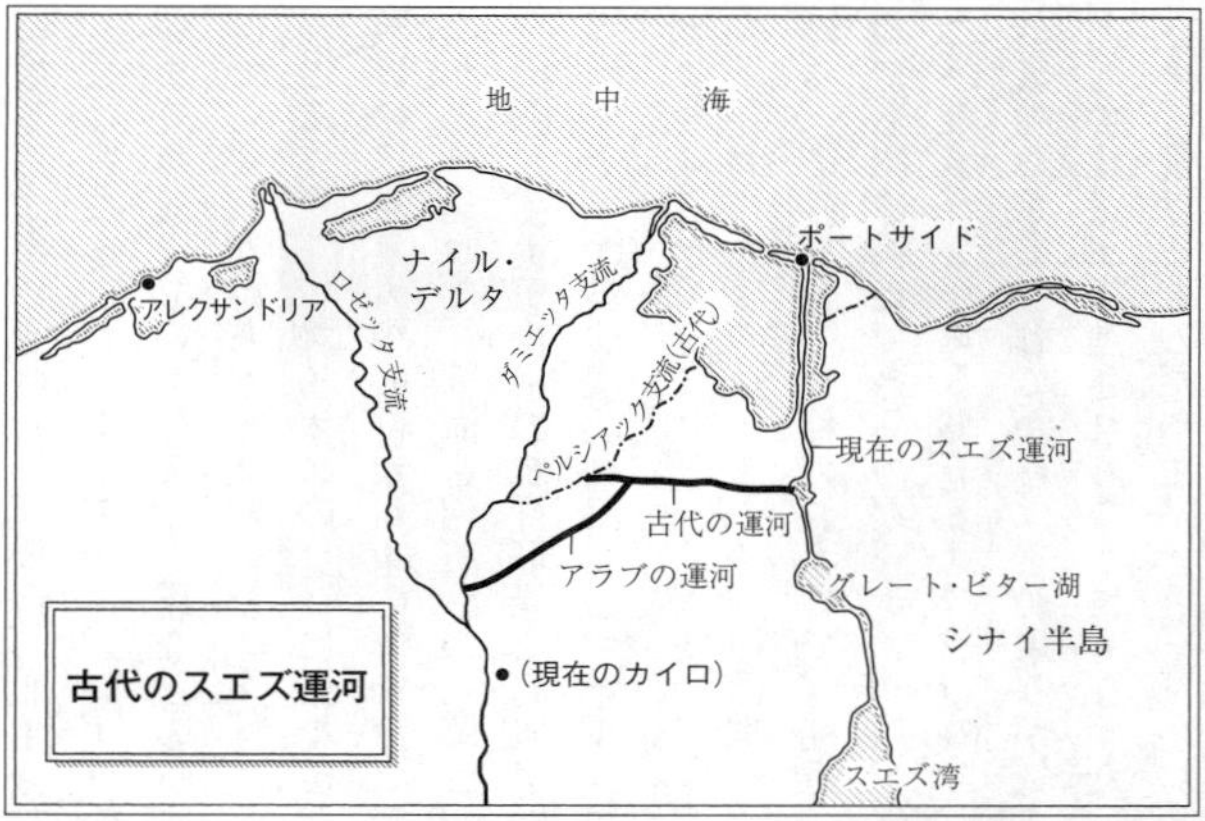

とに向けられた。

グレート・ビター湖とスエズ湾をつなぐ水路は浅くて細く、干潮時に強い東風が吹くと川床が現れることも多かった（こうした状況になれば、モーセと従者たちは紅海を簡単に渡れたかもしれない。その後すぐに、海が追っ手のエジプト人を飲みこんでしまうこともあっただろう。この水路は結局、西暦一〇〇〇年頃に永久にふさがることになった。地震が原因だったようだ）。

ペルシアとアッバース朝が開いた運河はどうやら、それぞれ一世紀以上にわたって役目を果たしていたようである。いっぽうで、それ以外の運河が利用できたのかどうか、あるいはどれくらいの期間利用できたのかははっきりしない。機能していた運河にしても、船乗りたちをさまざまな危険が潜む紅海ルートに放りだしたにすぎない。紅海の北半分で吹き荒れる激しい向かい風のせいで、北へ向かう旅は難渋をきわめた。さらに、いずれの方向に進む船も行く手には危険このうえない浅瀬が待ち受けていた。風や岩礁などの障害を乗り越えても、ルートの全域、とくにその上部で、海賊が待ちかまえていた。

ここでプトレマイオスのゾウに話を戻そう。プトレマイオスの配下の者たちは、ゾウを故郷のアフリカ中心部から東のエチオピアへと引っ立てて船に乗せると、エジプトのベレニケ港へ送った。紅海を約三分の二ほど北上した場所である。それから一行は歩いて砂漠を横断し、ナイル川の航行可能な流域がはじまるコプトスあるいはカエノポリスへと向かった。そこから船で北へ三〇〇マイル（約四八〇キロメートル）ほど旅をつづけるとアレクサンドリアへ到着した。

世界的な大河のなかでナイル川は唯一、北へ流れているうえ、一年じゅう北風が吹きつける。この二つの条件のおかげで、船は北へ向かって下流に流されるいっぽう、南へ向かって上流に帆走できるのだ。ナイル川、砂漠、紅海を経由してインド洋へ向かったり、そこから戻ったりするルートは、通商の「大幹線」の一つでありつづけたことだろう。だが蒸気動力が出現してからは、船乗りが気まぐれな風から解放されただけでなく、現在ある運河の建設が推進されることにもなった。今度の運河は沈泥に埋もれたナイル・デルタを完全に避けるものだった。

紀元前二〇〇年以降、プトレマイオス朝のギリシア商人はインドをめざして貿易活動を少しずつ東に広げていった。一世紀ののち、キュジコスのエウドクソスという野心あふれる船長がバブ・エル・マンデブ海峡を出て長い沿岸ルートをたどった末、エジプトからインドまで一気に到達することに成功した。エウドクソスは、まずアラビア半島の南岸、つづいて東岸沿いを進み、ペルシア湾の入口のホルムズ海峡へ向かうと、最後に現在のイランとパキスタンの沿岸を航行し、南インドの貿易中心地へ至った。全行程は五〇〇〇マイル（約八〇〇〇キロメートル）におよんだ。この偉業がインド洋モンスーンの重要な「発見」につながったのである。

広大なインド洋は熱源として機能する。アジア大陸が夏に暖まり、冬に冷えても、インド洋はほぼ一定の温度を保つ。暖かいと低気圧が生じ、冷たいと高気圧が生じるため、高気圧のできる（冷たい）地域から低気圧のできる（暖かい）地域へと卓越風が吹く傾向がある。つまり、夏はたいてい南から（南西モンスーン）、冬はたいてい北から（北東モンスーン）吹くということだ。

こうした季節風を利用したのが、エジプトのギリシア人船乗りヒッパルス（この人物はエウドクソスの下で航海長をつとめていたらしい）だった。ギリシアの商人たちはこの風に乗ってアラビア海を一気に横断し、バブ・エル・マンデブ海峡からインドまで数週間で行けるようになった。その結果、多様な民族が行き交う貿易拠点が大いに発展を遂げた。たとえば、数カ国語が飛び交うソコトラやマラバルの港では、さまざまな国民や人種による貿易ディアスポラが交流し、積荷をさばき、財を蓄え、絹、綿、スパイス、宝石、珍獣といった東洋の贅沢品に対する西洋の（すなわちローマ人の）飽くなき需要に応えたのだ。

オクタウィアヌスが権力の座につくと、二世紀におよぶパクス・ロマーナの基盤がととのった。古代の遠距離貿易が繁栄した背景には、こうした安定した環境があった。まもなくインドの大使が異国の贈り物を携えてローマを訪れるようになった。この新しい贅沢品――貿易風に乗って運ばれてくる中国の絹やインドの野生動物――は、ローマ帝国の富裕層を仰天させた。サル、トラ、オウム、サイなどが首都のあちこちで見られるようになった。ラテン語を話すオウムが大流行した。ローマ人はインドゾウとアフリカゾウの牙をともに珍重し、家具、武器、二輪戦車、装身具、楽器などを象牙で飾りたてた。ストア派の哲学者にして劇作家のセネカは、象牙の脚のついた三脚台を五〇〇も所有していたといわれており、セネカが皇帝の浪費を声高に批判していたことを考えるとなんとも皮肉な話である。

輸入品のすべてが贅沢品だったわけではない。外洋を航行する船には底荷《バラスト》が必要だったため、いわゆる「バラスト商品」として、ワイン、木材、さらには水瓶までが大量に取引された。多くのギリシア船は船倉いっぱいに大量のコショウを積んで到着した。ローマ人は貧富にかかわらず、小麦や大麦をベースとした味気ない地中海料理を食べていたので、

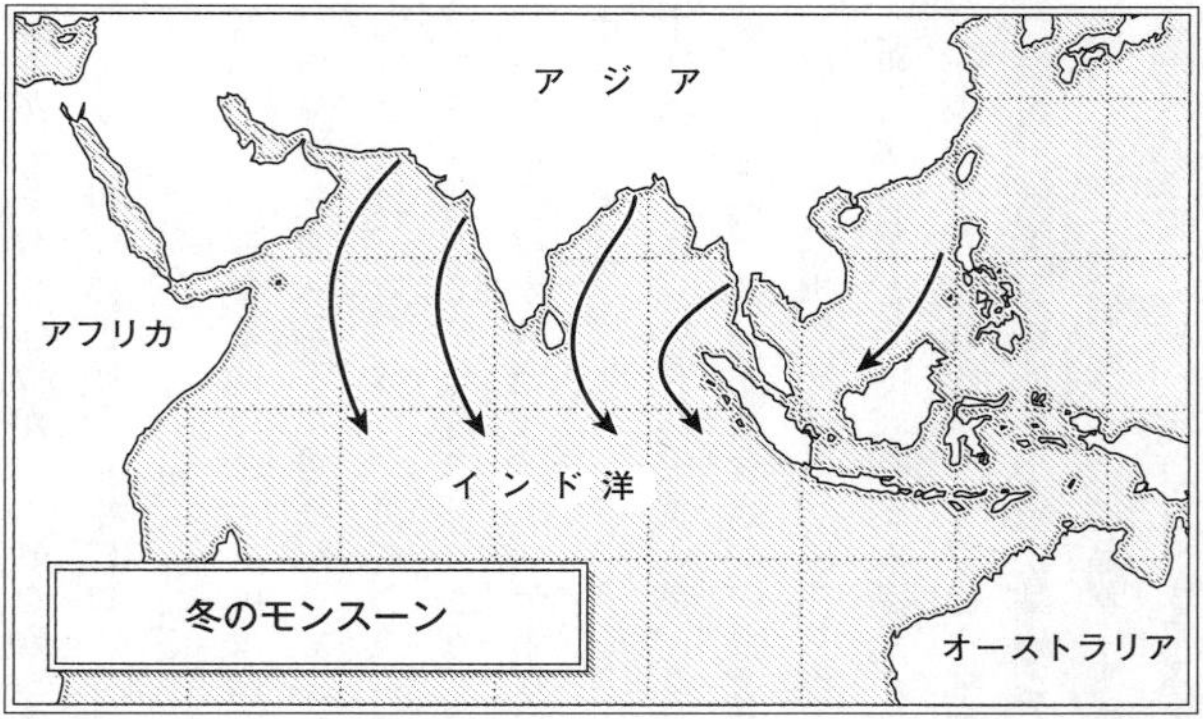
アジア
アフリカ
インド洋
オーストラリア
冬のモンスーン

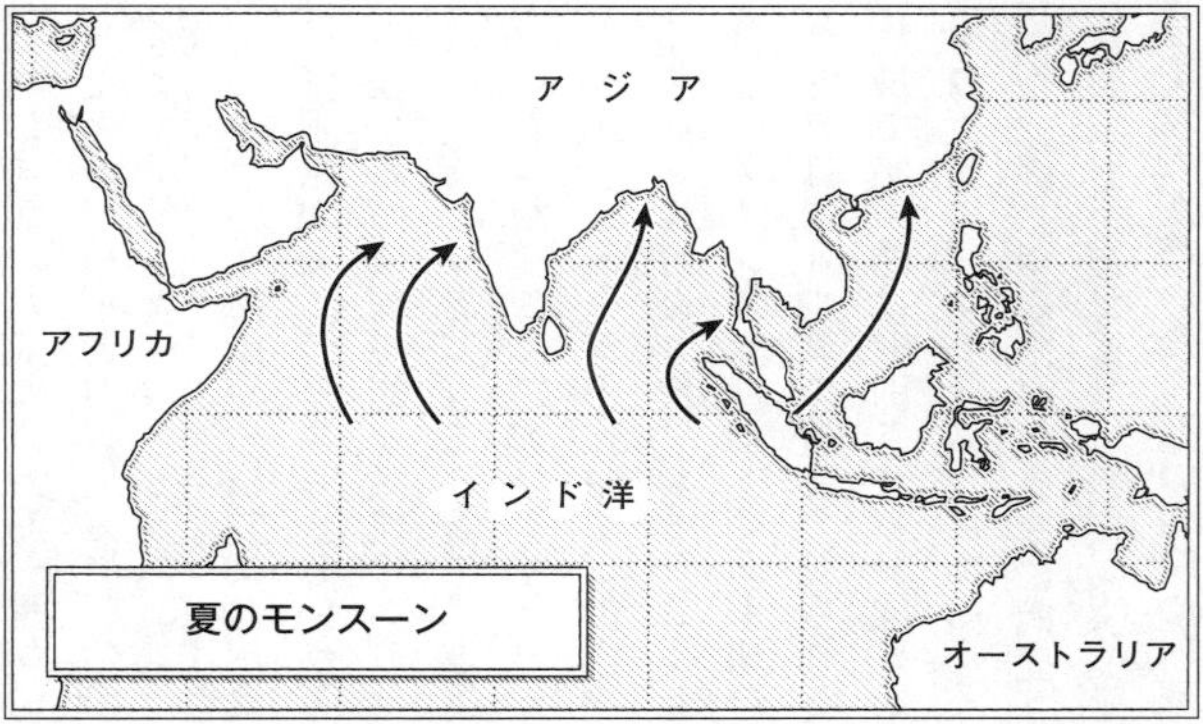
アジア
アフリカ
インド洋
オーストラリア
夏のモンスーン

風味を添えるコショウが欠かせなかったのだ。コショウの人気は絶大で、西ゴート族のアラリック一世が西暦四〇八年にローマを包囲したとき、和平と引き換えに三〇〇〇ポンド（約一三六〇キログラム）の黒コショウを要求したほどだった。

低い山々が連なる西ガーツ山脈は南西インドのマラバル海岸からはじまり、夏のモンスーンの湿気を捕らえる。結果としてこの地域は降雨量が多く、みずみずしい熱帯性気候となる。これは、コショウや長コショウの実が生長するのに理想的な気候である。

マラバル地方でとれたコショウは、最終的に巨大なホレア、つまり倉庫に運ばれた。こうした倉庫は、オスティア、プテオリ、ローマにあった。こんにちローマといえば、コロセウム（円形闘技場）やフォルム（公共広場）の遺跡のイメージが強いが、古代ローマの経済生活の中心は、集合住宅、店舗、ホレアが建ち並ぶ横町だった。おそらくホレア・ピペラタリアというスパイス倉庫が一番重要で、首都のメインストリートである聖なる道《ウィア・サクラ》から少し奥まった場所にあった。現在、ウィア・サクラはフォルムの遺跡で見られる。近代以前の世界の特徴として、特定の商品が一つの地域で集中的に取引される傾向があった。ホレアから運びだされたコショウはウィア・サクラ近辺の「スパイス地区」にあるより小規模な商店に納入されると小袋に詰められ、裕福な家庭や中流階級の家庭に販売された（対照的に、もっと高価なインドの品々——真珠、象牙、上質の硬材家具、中国の絹など——はフォルムの内部で販売された）。アピキウスというローマ人が書いたらしい当時の料理本では、四六八のレシピのうち三四九でコショウが使われており、メイン料理ばかりでなく、デザート、ワイン、薬にまでコショウを入れていた(36)。

ローマ人にとってのコショウ取引は、野心的で貪欲な現代人にとっての投資銀行業務と同じであり、大金持ちへの最短ルートだった。古代ローマでは、強欲な人物を指して「運ばれてきたばかりのコショウをラクダの背から最初に持ち去る人」といわれることがよくあった(37)。詩人のペルシウスはこう書いている。

利益に導かれた強欲な商人たちの向かう先は、
乾ききったインドの地、日の出ずるところ、
その地から辛いコショウと、豊富な薬を運び、
スパイスと引き換えに、イタリア産の品々を置いてくる(38)。

プリニウスは次のように書いている。「考えてもみるがいい。コショウの唯一の美質はそのぴりりとした刺激にすぎないというのに、われわれはそれを手に入れるためにははるばるインドまで出向いているのだ！　コショウもショウガも現地では自生しているというのに、金や銀と同じような目方で売買されているのだ(39)」。プリニウスの、またセネカをはじめとする批判者たちの、ローマの退廃に関する義憤は現在の一般的理解と重なる。要する

に、東西貿易のせいで食べれば消えてしまう贅沢品への支払いのために金や銀が流出し、それがローマ帝国衰退の一因になったということである。ローマ皇帝のなかで最も悪名高いネロが、この古代版の経常赤字に一役買っていたことは疑いない。プリニウスはこう述べている。「確かな筋によると、アラビアで一年に生産される香料は、皇帝ネロが妻ポッパエアの葬儀の際に一日で焼き尽くしてしまった量に満たないという」(40)。イギリスの歴史家E・H・ウォーミントンは、インドとローマの貿易に関する大著で、この「輸入超過」の問題にまる一章を割いている(41)。

イタリアが自ら生産する以上に消費したばかりではないし、ローマという都市が、またラティウムという地域が製品に乏しかったばかりでもない……そうではなく、ローマ帝国が全体として、一般に外国へ、また東洋の国々へ、自国の特定の商品を十分に提供できないことが多く、大量の輸入品と収支を合わせられなかったのだ。その結果、十分な見返りがないまま硬貨という形で貴金属がローマ帝国から流出してしまったのである(42)。

とはいえ、ローマがコショウや絹を買って無一文になったという一般的な考え方は正しくないかもしれない。ローマ帝国は卑金属や貴金属の天然資源にも恵まれていたし、莫大な量のばら荷も輸出した。インドへは赤い地中海サンゴと世界最高のガラスが運ばれた

(これらは中国でも人気があった)。多くのギリシア船のバラスト船倉には、スペイン産の鉛とキプロス産の銅が満載されていた。コーンウォールで産出する錫は、イングランドからアレクサンドリアへと直接運ばれ、さらにその先へと送られた。エジプトやインドへ向かうイタリア船は上質のワインをどっさり積んでいた。天候や天然資源のおかげで、中国とインドが絹やコショウといった高価な農産品の輸出で優位に立っていたのと同じように、ローマは先進的な土木工学技術のおかげで鉱業に強みがあった。そのうえ、中国やインドでは金よりも銀のほうがはるかに好まれた。そのため、銀が東へ流出するいっぽう、インドで産する金が西へ大量に移動した。たとえば、一七世紀末、中国では一オンスの金で五、六オンスの銀しか買えなかったのに対し、スペインでは一二オンスの銀が買えた[43](マルコ・ポーロの伝えるところによると、一三世紀末のビルマでは、金の重さを一とするとその五倍の重さの銀しか買えなかったという)[44]。金銀の交換比率の東西間の不均衡は、少なくともセネカの時代からつづいていた。したがって、ローマの商人が銀貨以外で中国の商品を買うことなど絶対になかったはずだ。経済史家のデニス・フリンとアルトゥーロ・ジラルデスの言葉を借りれば「東と西、北と南、ヨーロッパとアジアの——あるいはそれ以外の——貿易の不均衡は存在しなかったし、その埋め合わせとして財源の流出が避けられなかったこともない。ただ貿易が行なわれていたにすぎないのだ」[45]。

西ローマ帝国の滅亡にともない、世界貿易がインド洋におけるその揺籃《ようらん》の地から外へと拡大する動きは鈍ったものの、止まることはなかった。新たに有力な一神教であるイスラム教が起こると、それに促されて貿易はふたたび拡大をはじめ、インド洋を抜け、アジアの大平原を横切り、広大なユーラシア大陸の果てへと広がっていった。漢—ローマという幹線に沿った貿易は長距離におよぶものだったが、依然としてまとまりを欠いていた。出発点から目的地まで積荷は多くの商人の手を経たが、彼らの人種、宗教、文化、そして最も重要な法的慣習はさまざまに異なっていた。

イスラムの預言者ムハンマドが現れると、古代世界におけるこの断片的で多元的な貿易のパターンは一掃されることになる。ムハンマドの死後数世紀足らずで、一つの文化、一つの宗教、一つの法が、旧世界の三大陸の通商を統一するのである。それは、ヨーロッパの船がはじめて東洋に到達する一〇〇〇年近く前のことだった。

第2章 貿易の海峡

それゆえ、われわれの最大の敵であり、いままさに混乱に陥り、自らの運命に裏切られたこれらの者どもに対し、心からの怒りをもって戦いを挑もうではないか。そして、こう肝に銘じようではないか。敵に立ち向かう際に最も公正かつ適法な行為は、侵略者に報復して魂の怒りを鎮める権利を主張することなのだと。そしてまた、あらゆる喜びのうちで最もすばらしいあの喜びを味わうのだと。ことわざによれば、それは敵に恨みを晴らすことなのだ。

——スパルタの司令官[(1)]ギリップス。シラクサの港でアテナイの海軍を打倒する前夜に

マラッカ海峡の支配者は誰であれ、ヴェネツィアの喉に手をかけている。

——トメ・ピレス[(2)]

古代ギリシア・ローマ時代の物語のなかでもとりわけ現代人の胸を打つのは、ペロポネソス戦争の際にシチリア島に遠征したアテナイ軍が敗北した物語だ。シチリア東部の港町シラクサの上に位置する平原と下に位置する港で、このギリシア文明の辺境に出向いたス

パルタ軍がアテナイの兵士という兵士、船という船を狙い撃ちにした。細心な観察者で大げさな表現を好まないトゥキュディデスは率直にこう述べている。「これは……古代ギリシアの歴史において、われわれの知る最大の戦闘だった――勝者へは最も輝かしい成功を、敗者には最も痛ましい挫折をもたらした」(3)

いったい、ペロポネソス戦争と貿易の歴史にどんな関係があるというのだろうか？　実は大いにある。つまり、アテナイが帝国の建設に駆り立てられた理由は、まさに通商から生じていたからだ。つまり、最も基本的な商品である穀物が、西洋文明発祥の地である古代ギリシア特有の地理的条件のなかで取引されていたということである。さらに、西洋文明の文化的・制度的な基盤は古代ギリシアではじめて整えられたものだが、それと同じように、重要な海上交通路と海運の要衝を支配しようという現代の欧米諸国の執念は、ギリシアならではの農業と地理の構造に由来する。というのも、ギリシアはこの構造のせいで輸入穀物に依存せざるをえなかったからである。一九世紀のイギリスと二〇世紀のアメリカを世界の大洋航路の支配へと駆り立てた力は、主食である小麦と大麦を輸入に頼らざるをえなかったギリシアではじめて現れたのだ。(4)

誇り高きアテナイが自らの力量と資源の限界を見誤り、遠く離れたシチリア島の沿岸で敗北を喫したのはなぜなのか。この問題は西洋の歴史家を悩ませてきた。罷免されたアテナイの将軍トゥキュディデスが、かの有名な年代記を書きはじめて以来のことである。こんにち、この古代の紛争への関心が高まっているのは、偶然ではない。なにしろ、歴史上最大の超大国が中東の戦場でますます苦境に陥っているのだから。こんにちの主な外交政策の主唱者たちをアテナイの役者たちと重ね合わせずにはいられない。その役者とは、尊大で才気にあふれ、不誠実なタカ派のアルキビアデスと、慎重で誠実なハト派ながらシラクサ人に捕らえられ、処刑されたニキアスである。

だが、そもそもアテナイが帝国をめざしたのはなぜだろうか？　古代ギリシアは、程度の差はあれ独立した数百もの小さな都市国家によって構成されており、これらの都市国家は同盟のパターンを万華鏡のように絶えず変化させながらひっきりなしに相争っていた。「ギリシア」とは文化的かつ言語的な概念であり、国家ではなかったのだ。紀元前五世紀初頭のペルシアによる侵略のような第一級の外的脅威だけが、この御しがたい同胞連合を一つにまとめることができた。だが、それも一時的なものにすぎなかった。

エーゲ海周辺の地図を一瞥すれば状況が飲みこめる。ギリシアの海岸線は入り組んでおり、無数の島、半島、入り江、湾、海峡のタペストリーのようだ。この複雑な地形に加えて比較的に山が多いことから、ほぼすべての貿易を海上で行なわざるをえない事情があった。

地形と並んでギリシアの貿易にまつわるもう一つの大きな問題は、ほぼすべての都市国家で土壌がやせていることだった。ほとんどの都市国家が食糧不足の危機に瀕していたのである。チグリス川とユーフラテス川に挟まれた肥沃な土地や、ナイル川の青々とした土手に根づいた最初の文明は、世界でも指折りの豊かな農地に恵まれていた。山がちなギリシアでは事情が違った。先行する二つの社会にあった豊饒な沖積谷はなく、石灰石の土壌はやせており、平均年間降雨量は四〇〇ミリメートル程度にすぎなかった。農業の機会が限られていたために住人は海岸沿いに集中し、漁業、製造業、貿易に携わっていた。

昔ながらのギリシアの農家は自足分の穀物さえつくれなかったが、いっぽうでワインとオリーブオイルは十分に生産できたため、それを外国のありあまる小麦や大麦と交換していた。こうして貿易を頼りに家族を養っていただけでなく、相当な超過所得を手にしていた。そのおかげで、民会や軍の基本単位である装甲歩兵隊に参加するのに必要な時間と資源があったのだ。(5)

ギリシアの都市国家のなかには、紀元前一〇世紀の初頭にはじめての民主主義国として発展を遂げると同時に、自国の食糧需要をまかないきれなくなるものもあった。アテナイ統治下のアッティカの土壌はとくにやせていた。トゥキュディデスによれば、アテナイは不毛な土壌のせいで侵略者にとって魅力がなかったために、しっかりした政治風土を保てたのだという。この「やせた土壌の安定」のおかげで、より裕福で強大でありながら紛争が絶えない都市国家から、富、権力、知識などをもつ人びとを引き寄せられたのだと、トゥキュディデスは考えた。(6)

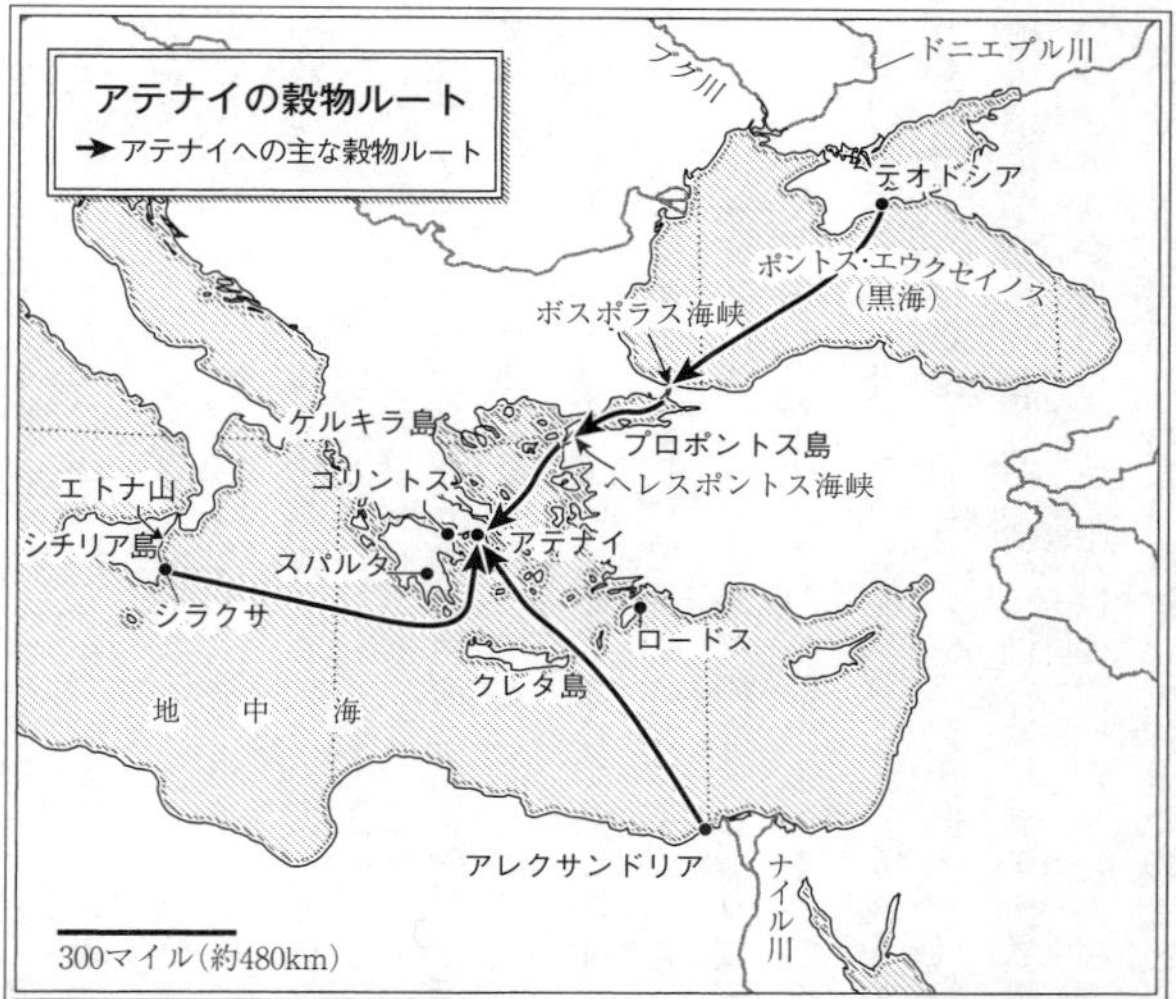
アテナイの穀物ルート
アテナイへの主な穀物ルート
ドニエプル川
ブグ川
テオドシア
ポントス・エウクセイノス
(黒海)
ボスポラス海峡
ケルキラ島
プロポントス島
コリントス
ヘレスポントス海峡
エトナ山
シチリア島
アテナイ
スパルタ
シラクサ
ロードス
クレタ島
地 中 海
アレクサンドリア
ナイル川
300マイル(約480km)

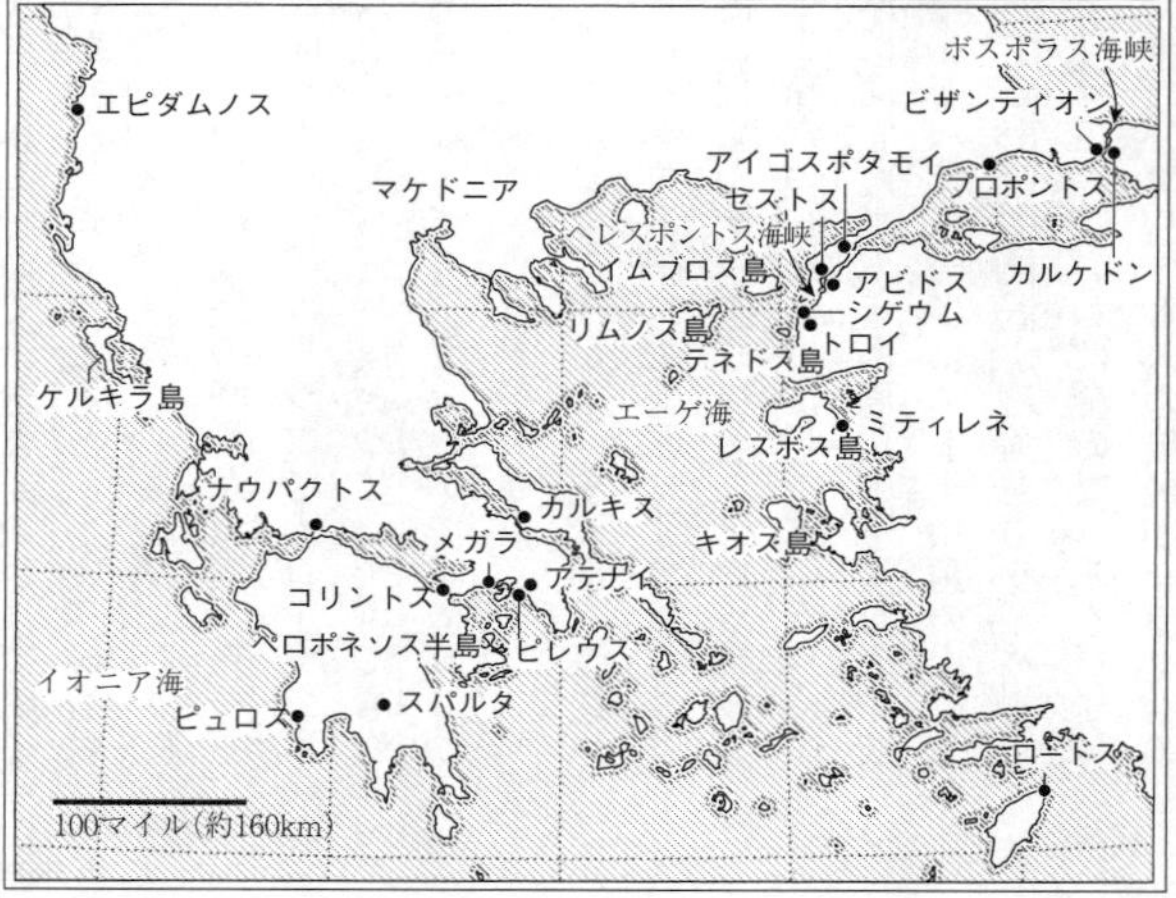
ボスポラス海峡
エピダムノス
ビザンティオン
アイゴスポタモイ
マケドニア
セストス
プロポントス
ヘレスポントス海峡
イムブロス島
アビドス
カルケドン
シゲウム
リムノス島
トロイ
テネドス島
ケルキラ島
エーゲ海
ミティレネ
レスボス島
ナウパクトス
カルキス
メガラ
キオス島
アテナイ
コリントス
ペロポネソス半島
ピレウス
イオニア海
スパルタ
ピュロス
ロードス
100マイル(約160km)

少なくとも初期の段階では、ギリシアの大麦の生産量はおそらく十分だったはずである。だが、ギリシア人の舌がだんだんと肥えて味の違いがわかるようになると、小麦への需要が高まりはじめた。小麦を発芽させるには水やりのタイミングが重要で、降雨が乏しく確実でもない環境での栽培はとくに難しかった。イギリス中世の庶民の好物が大麦からつくられるジョン・バーレーコーンという酒だったのと同じように、ギリシアでもローマでも儀式や供物に使われるのは大麦のケーキだった。大麦は乾燥した気候とやせた土壌でも育てやすかったからだ。紀元前六世紀に穀物貿易が活発になるまで、ギリシアで小麦パンが食べられるのは祭日に限られた。(7)

味にうるさいギリシアの主婦はどこで小麦を手に入れたのだろうか？　紀元前六世紀以前は、主に地中海の穀物倉であるエジプトからだった。ヘロドトスの記録によれば、ファラオのアマシス(8)はナイル・デルタのカノピック支流に面したナウクラティスという都市をギリシア人に与え、ギリシアの各都市からやってくる商人の交易都市にしたという。(9)

ギリシア人はシチリア島にも入植した。島の東岸に面したエトナ山周辺の肥沃な火山灰土を利用するためだ。そもそもシラクサ自体が、紀元前八世紀後半にエトナ山頂の南に入植者によって建設されたのだ。彼らは、アテナイのすぐ南西に位置する強力なライバル、コリントスからやってきた人びとだった。だが、ギリシア人がいわば金のなる木を見つけたのは、黒海北岸の広大で豊饒な後背地でのことだった。コリントスの農民がシラクサの都市づくりに励んでいたのとほぼ同じ時期に、エーゲ海の都市国家は並はずれて肥沃なブグ川とドニエプル川の流域へ大量の入植者を送りはじめていた。現在の南ウクライナに位置する地域である（以後はこの地域をギリシア語のポントス・エウクセイノス［現在の黒海］にちなんで「ポントス」と表記する）。

ギリシアがポントスやシチリア島の植民地から穀物を入手しはじめた頃、単に地理的な理由から、都市国家のあるグループ――アテナイとエーゲ海諸島の同盟国――は、穀物供給を増やすべく北東のポントスへ船を送った。いっぽう第二のグループ――スパルタ、コリントス、メガラ（アテナイとコリントスの中間にあった都市国家）とその同盟国――は、西のシチリア島に目を向けた。コリントスとメガラの船はまっすぐ西へ帆走すればコリントス湾を出てシチリア島へ向かえたし、南に進みペロポネソス半島を回りこむ長距離ルートをとってもよかった。両ルートとも航路は狭く、ライバルの都市国家や海賊からの襲撃を受けやすかった。たとえば、コリントスやメガラを出てコリントス湾を往復する船は、幅一マイル（約一・六キロメートル）ほどの西の出入口で簡単に行く手を遮られた。シチリア島へ向かう南のルートも、スパルタを抱えるペロポネソス半島とクレタ島に挟まれた多島海を通過する際、敵国や海賊の襲撃にさらされた。

アテナイおよびエーゲ海の同盟国の穀物供給路はさらに攻撃を受けやすかった。ポントスにある穀倉地帯へのルートは、エーゲ海と黒海を結ぶ危険なほど狭い、それも一つではなく二つの航路を縫うように通っていた。ダーダネルス海峡（「ギリシア人の橋」たるヘレスポントス海峡）と、そのすぐ北にあるさらに窮屈なボスポラス海峡である。そのうえ、アテナイの港町ピレウスを発着点に海上を行き来するには、サロニコス湾の出口を形成する島々のあいだを慎重に通り抜けなければならなかった。紀元前七世紀の半ばには、アッティカの不毛な低地から、急増するアテナイ人に供給される食糧の割合はさらに小さくなった。アテナイは外国の穀物にますます依存するようになり、穀物と引き換えに洗練された陶器や織物、オリーブオイルやワインなどを提供した。

このように、アテナイの存亡そのものが地上でも有数のか細い供給ルートにかかっていたのである。さらに悪いことに、荒波と厚い雲がほぼ一年じゅう海を「閉ざして」いたため、航海シーズンは五月初旬から九月下旬のたった四カ月半に限られた[10]（羅針盤が発明される前は、空が雲に覆われていると、とりわけ夜間になんの目印もない海上を航行するのは実に難しかった）。

ギリシアの人口がさらに増えると、ますます細る穀物供給をめぐる争いにやっかいな地政学的環境が重なって、ギリシアはアテナイ派とスパルタ派の二つの対立グループへと分裂した。両者はくり返し角を突き合わせ、やがてその対立が頂点に達し、悲劇的なペロポネソス戦争を引き起こしたのである。

早くも紀元前七〇〇年、ギリシア人は「グレート・ゲーム」、つまりヘレスポントス海峡と黒海を通る穀物の支配権争いの渦中にあった。紀元前六六〇年頃、メガラ——アテナイの最大のライバルにして隣国でありスパルタの同盟国——は、ビザンティオンとカルケドンを建設し、ボスポラス海峡の番犬とした。そうこうするうちに、東エーゲ海の都市国家ミティレネがヘレスポントス海峡の出入口に位置するシゲウムを占領した。ホメロスが描いたトロイの遺跡からほんの数キロの場所である。

紀元前六〇〇年頃、アテナイは反撃に出るとミティレネからシゲウムを奪取した。紀元前五三五年、アテナイの僭主《せんしゅ》であるペイシストラトスは、黒海周辺の植民地化と海峡の要塞化という大事業に着手した（ペイシストラトスの三三年におよぶ治世に進められたその他の開発プロジェクトには、市営水道の敷設やアテナイ初の公共図書館の建設などがある）。

ペイシストラトスはまた、シゲウムのすぐ南の三つの島を手に入れた。ヘレスポントス海峡への南西からの進入路を見渡す、テネドス島、イムブロス島、リムノス島である。紀元前五〇六年、アテナイはエーゲ海西部に浮かぶエウボイア島の肥沃な西岸を、カルキスという都市国家から奪いとった。これには二つの効果があった。穀物の供給を増やしたばかりでなく、ピレウスとヘレスポントス海峡のあいだを邪魔されずに帆走できる「海上スーパーハイウェイ」を完成させたのである。

紀元前六世紀末から五世紀初頭にかけて、ペルシアの度重なる侵略のせいで黒海貿易が一時的に中断した。だが、アテナイは決してあきらめず、最終的にはペルシア王クセルクセスの軍隊を、ヘレスポントス海峡の内側の都市セストスから追い払った。紀元前四八〇年に、サラミス（アテナイのすぐ南西にある島）でクセルクセスの海軍を破った二年後のことだった。

サラミスの海戦の際、アテナイは町から人びとを避難させ、どうにかペルシアの攻撃をしのいだ。この苦い経験に懲りたアテナイ人は「長壁」を築いた。これは、一〇〇メートルくらいの間隔で平行に走る二重の城壁で、町の南のピレウス港へ向かって四マイル（約六・四キロメートル）にわたって延びていた。波止場で海から補給物資を荷揚げできたおかげで、アテナイは地上の包囲攻撃に際限なく耐えられた。

だが「長壁」を築いたところで、アテナイの弱点が陸から海へ移動したにすぎなかった。紀元前四七六年、スパルタは、ヘレスポントス海峡とボスポラス海峡でアテナイの急所を突いた。スパルタの司令官パウサニアスが各海峡に面したセストスとビザンティオンを奪取したのだ。しかしアテナイはすぐさま、この二つの町からスパルタ人を追いだした。

紀元前四五〇年には、アテナイは自国の貿易ルートを守るために巨大海軍を黒海に送り、絶え間なくパトロールしはじめた。非常勤の市民兵が一時的に陸海軍を結成する世界にあっては、前代未聞の活動だった。ペリクレスは自ら艦隊を率い、その海域で武力を誇示した。

平和な時代、アテナイの商人はヘレスポントス海峡を通って一〇〇万ブッシェル以上の穀物を運んだ。食糧不足に陥ると、アテナイへの穀物の年間輸送量は三〇〇万ブッシェルにまで増えた。黒海を運ばれるこうした穀物の大半は、ブグ川とドニエプル川の合流点の東に位置する都市テオドシアで船積みされた。

また、黒海の沿岸と後背地から、ウシ、羊毛、魚、木材などがギリシアへ供給されていた。技術的に遅れていた現地の人びとは、文明化して何事にも飽きていたエジプト人とくらべてギリシア製品をはるかに高く評価した。ギリシアの貿易商にしてみれば、エジプトよりもポントスへ投資したほうが利益が大きかったので、通商の比重は徐々に北へ移った。

この頃までに、アテナイは海軍国になるだけでは不十分だと悟った。エーゲ海、ヘレスポントス、ボスポラスの狭い海峡はたやすく敵に封鎖されてしまうために、これらのルート沿いの難所を政治的に支配した。いくつかの都市と要塞を攻略するだけではまだ足りなかった。その一帯の都市国家はすべて同じ航路と要衝に命運を賭けており、治安維持のために人と資源を動員しなければならなかった。これをうまくやりとげる唯一の方法は、志を同じくする国家が団結し、中央集権的なグループとなることだった。これらの都市国家は徐々に連合し、アテナイ帝国ができあがった。

アテナイはいかにして、衣の下に鎧を隠すというこの芸当をやってのけたのだろうか。そのやり方は、現代のアメリカの読者にとって不吉にもなじみ深いものだろう。アテナイはエーゲ海と黒海の友好国を援助し、海賊の襲撃や地元の「野蛮人」――彼らは無謀にもギリシア人入植者に奪われた土地を取り戻そうとした——の攻撃から守った。いっぽうで、これらの同盟国から貢ぎ物を徴収したり、ピレウスへ向かう穀物にかかる輸出関税を免除したりした。これとは逆に、エーゲ海の海上交通路を支配することで、スパルタやコリントス、メガラなどの敵を痛めつけた。たとえばペロポネソス戦争の初期、アテナイがコリントス湾の西の狭い入口にあるナウパクトスに基地を建てたのは、コリントスやメガラとのあいだを行き来する船舶を妨害するためだった。(11) アテナイはこうした政治的・軍事的な手段をフル活用し、動揺する同盟国——ロードス島(現在のトルコの南西岸沖に位置)や、キオスおよびレスボスといった東エーゲ海の島々——をつなぎとめた。アテナイは穀物価格を操作して穀物を備蓄し、海運への妨害や疫病の流行に備えた。商人は、アテナイ人であれ外国人であれ、穀物の買い占めや再輸出をしようとして見つかれば命がけで裁判に臨む羽目になった。

第一次世界大戦と同様に、ペロポネソス戦争は比較的小さな紛争を皮切りに紀元前四三一年にはじまった。きっかけは、エピダムノスというちっぽけな都市国家(現在のドゥラス。アルバニア沿岸の都市)での寡頭制支持派と民主派との争いだった。民主派はケルキラ(現在のコルフ)に助けを求めた。ケルキラはかつてエピダムノスを建設した国で、アテナイと同盟を結ぶ海軍国でもあった。民主勢力は当時、コリントスへ艦隊の派遣を求め、それを受け入れていたためケルキラは援助の要請を断わった。

ケルキラ人は以前の植民地への干渉に腹を立て、コリントスの艦隊を撃破すべく立ちあがった。アテナイは、コリントスが同盟国のスパルタと手を組んでケルキラの大艦隊を捕らえ、自国との勢力バランスを崩すのではないかと警戒を強めた。これが引き金となって、アテナイ対コリントスの海戦が勃発すると、たちまちギリシア世界を巻きこむ大規模な「グローバル紛争」へと拡大したのである。

当初、ことはアテナイ帝国に有利に進んだ。ペロポネソス半島南西のピュロスで勝利を収め、多くのスパルタ兵を捕虜にした。大量の農奴を抑えつけておくための人手を慢性的に欠いていたこともあって、この時点であればスパルタは、捕虜兵を取り戻すためなら不利な条件を飲んででもアテナイと和平を結んでいただろう。だが、アテナイはそうせず戦争を長引かせた。

紀元前四一五年、若く向こう見ずな拡張論者のアルキビアデスと、年上で慎重な古参戦士のニキアスは、シチリア島の侵略について議論を戦わせた。アルキビアデスはシチリアでとれる穀物がアテナイにとっていかに重要かを訴えた。いっぽうニキアスは、シチリアの恵みは侵略すべきでない理由なのだと主張した。「われわれにない彼らの最大の強みは……自らトウモロコシを育て、いっさい輸入する必要がないという事実にある」からというのだ。(12)

タカ派が議論に勝ったものの、結果としてシチリア遠征軍は大損害をこうむり、アテナイ本土の守りは弱体化した。スパルタの偉大な提督であるリュサンドロスは、直接アテナイを攻撃せず、またしてもその帝国のむきだしの喉であるヘレスポントス海峡へと向かった。この狡猾な司令官はあわてずに軍隊を結集させ、紀元前四〇五年の盛夏まで待ったのである。その時期には、きわめて多くの穀物船が、海が閉じる前に貴重な荷を南へ運ぼうと準備を進めていた。まさに絶好のタイミングで、リュサンドロスはアテナイ艦隊の生き残りに襲いかかった。ヘレスポントス海峡の内側のセストスに近い場所、アイゴスポタモイでのことだった。スパルタはほぼすべてのアテナイ船を沈めるか捕らえるかし、数千という軍勢を虐殺した。アテナイのガレー船が難を逃れ、大急ぎで故郷に戻ると悲惨なニュースを伝えた。敗北の知らせがピレウスに届くと、「悲嘆の声が広がった……都市の長壁に沿って、一人の男から次の男へと知らせが伝わり、夜になってもアテナイでは誰一人として眠る者はなかった(13)」。

ここまでくれば、もはやアテナイを侵略する必要はなかった。飢餓という冷酷な剣が、恐ろしいスパルタの装甲歩兵よりも手際よくアテナイを打ち倒してくれた。屈辱的な和平調停を結ぶことでアテナイは独立を維持したが、それも辛うじてのことにすぎなかった。アテナイは残っていた艦隊を放棄すると、ピレウスの要塞を撤去し、それまで包囲攻撃から守ってくれていた「長壁」を取り壊した。アテネは最後に、スパルタの同盟国になるよう強いられるという屈辱を味わった。

やがてアテナイはふたたび立ちあがると、弱体化したスパルタ海軍から黒海貿易の支配権を奪還したが、かつての絶大な権力や影響力を取り戻すことは二度となかった。次の挑戦者はテーベだった。この都市は紀元前三六〇年にヘレスポントス海峡の支配権を握ったが、わずか三年後には再度アテナイに海峡を占拠された。その後まもなく、アレクサンドロス大王の父であるマケドニアのフィリッポスがヘレスポントス海峡にやってきて、まずはペリントス（ヘレスポントス海峡とボスポラス海峡に挟まれた内海のプロポントスに浮かぶ小都市）を、つづいてビザンティオンそのものを攻撃した。雄弁家のデモステネスに鼓舞されたアテナイ人は、またしても踏ん張った。アテナイはふたたび、やっとのことでライフラインを奪還したのである。

アレクサンドロス大王は、ギリシアの海運業のために公海航行の自由を約束した。とはいえ、ヘレスポントス海峡の真の支配者は誰かを示すため、ときどき怪しい貨物船を捕らえることもあった。数世紀のあいだ、アテナイは名目上は独立を維持していたが、もはや自らのライフラインや運命を自由にはできなかった。アテナイは西洋の諸制度や知的・芸術的成果を数多く生みだすいっぽうで、輝かしいとはいいがたい伝統をも築いた。ペロポネソス戦争後の数世紀を経て、アテナイは西洋の老いさらばえた帝国がつくる長い列の先頭に並ぶことになった。つまり、世界的な強国から、芸術、建築、学校、そして過去によってのみ知られる野外テーマパークへと無惨にも変わり果てたのである。

ギリシアが西洋文明の発祥地だったとすれば、その独特な地形が西洋の海軍戦略の基礎を築いたといって間違いないだろう。海軍戦略で重視されるのは海上航路の安全だ。ヴェネツィア、かつてのオランダやイギリスはそれぞれ、一三世紀、一七世紀、一九世紀のアテナイとなった。つまり、国内の食糧供給では養えきれない人口を抱え、自らの繁栄と存続をはるか遠くの海上交通路や戦略上の要衝——たとえば、カテガット海峡（ユトランド半島とスウェーデンのあいだの海峡）、イギリス海峡、スエズ運河、アデン湾、ジブラルタル海峡、マラッカ海峡、そしてくり返し登場するヘレスポントス海峡とボスポラス海峡——に依存していたのだ。

こんにち、サウジアラビア、イラク、イランの広大な油田の石油生産量は増加の一途をたどっており、その石油はペルシア湾を通って世界各国へと流通している。したがって、ワシントン、ロンドン、ニューデリー、北京の国防省にとって、この狭い水域の自由な航行を維持する重要性はいうまでもない。他方、中世アジアの貿易大国はインド洋という開けた地形に惑わされ、こうした教訓を学ぶことがなかった。イスラム軍は数世紀にわたり、インド洋における世界の遠距離貿易の中枢から、非力で遅れたヨーロッパ諸国を締めだすことができた。しかし、これはひとえにイスラム諸国が中東の大地を牛耳っていたおかげだった。ヨーロッパ諸国はそのせいで、ペルシア湾とバブ・エル・マンデブ海峡というインド洋の「裏口」に近づけなかったからだ。たとえば、バグダッドを首都とする強大なアッバース朝のカリフは、ペルシア湾の要衝であるホルムズ海峡を守るためにほとんど何もせず、その海域を海賊がのさばるままにしていた（また初期のアラブ帝国では、道路の建設や保守が自国の権限内にあるとは考えられていなかった）。

モンゴル人や明王朝は海軍を使って日本、インドネシア、インド洋を襲撃したにもかかわらず、西方貿易に向かうための関門であるマラッカ海峡をまったく防衛していなかった。イスラム教徒であるインドの支配者たちは海上交通路に関心を払っていなかった。そこにポルトガル人が現れた。インド西岸にあるグジャラート人の都市ディーウを統治するマリク・アヤズ提督はあわてふためいて、エジプトのマムルーク朝の支配者たちにポルトガル人を追い返す手助けをしてほしいと嘆願した。一五〇八年、マムルーク－インド連合艦隊は、チャウルの港（現在のムンバイのすぐ南の場所）にいたポルトガル人の小艦隊に不意打ちをかけ、ヨーロッパ人に苦い敗北を味わわせた。翌年、ポルトガル人はもっと大規模な艦隊をディーウ沖に送り、雪辱を果たした。こうして、イスラム教徒が独占していた重要なスパイス貿易を、ヨーロッパ人が支配する端緒が開かれたのである。

二つのモンスーンを利用して、遮るもののないインド洋を渡ってバスラからマラッカまで積荷を運べるなら、海軍の戦略や戦力はほとんど問題にならない。イスラムの貿易大国は、インド洋のおだやかで開けた地理的条件にあぐらをかき、ヨーロッパ人の猛襲に対して十分な備えができていなかったのである。

インド洋でヨーロッパ人が優位に立ったといっても、イスラム勢力が完全に敗れ去ったわけではない。すでにチャウルで軍事力を見せつけていたおかげで、新世界のネイティブ・アメリカンのように手もなくひねられることはなかった。ディーウでの敗北から数年後、体勢を立て直したエジプト艦隊はアデン湾でヨーロッパ人を撃退できるまでになり、ムハンマドの軍隊は戦略上重要なバブ・エル・マンデブ海峡を支配しつづけた——最終的には、一八三九年にイギリスがオスマン帝国からその港を奪うことになるとしても。しかし、イスラムの海軍は残忍なばかりか先進技術を持っていたにもかかわらず、結局は、ヘレスポントス海峡、カテガット海峡、ジブラルタル海峡、イギリス海峡といった過酷な環境でもまれてきた国々に歯が立たなかった。

こんなふうに考えてみたくもなる。アテナイがヘレスポントス海峡に抱いた執念の亡霊が、バブ・エル・マンデブ海峡やジブラルタル海峡、ホルムズ海峡、マラッカ海峡に駐留する米海軍に乗り移っているとか、チャウルにおけるポルトガル人の一時的な敗北はアデン湾での米艦コールの襲撃事件を思い起こさせるとかいうように。だが、われわれは話を先まで進めすぎた。ペロポネソス戦争からローマの崩壊まではほぼ一〇〇〇年の間隔があるし、インド洋に現れたポルトガル人によって西洋の覇権の幕開けが告げられるまでにはさらに一〇〇〇年を待たなければならない。

ローマ滅亡後のほとんどの期間、強力な新しい一神教の信者が中世の遠距離貿易を支配した。それも、こんにちの欧米諸国と同じくらい完全に。このかつての支配の遺産はいまでも一目瞭然である。

第3章

ラクダ、香料、預言者

たいていの場合、画家やイラストレーターは横から見たラクダを描く……正面から見ると、ラクダの鼻はゴムでできたような大きなだんご鼻で、その下にある上唇は前方へせりだし、袋のように歯を覆い、短めの下唇の上で盛りあがっている。その様子といったら、目を細めて見ると、横から見たラクダを正面から見たらこうだろうと想像される動物には、とても見えない。私の目に映っているのは、大海蛇か、あるいはイヌの顔をした恐竜か、とにかく何か別の生き物なのである。

——レイラ・ハドリー(1)

すべての旅行者は、砂漠における襲撃の技術を研究すべきである。近寄ってくる一団は味方かもしれないが、常に敵だと考える……襲撃団には二種類がある。彼らの属する部族と自分の部族のあいだに血讐が存在しない場合と、存在する場合だ。両者ともラクダと武器をほしがっているが、後者はこちらの命もほしがっているのだ。

——バートラム・トーマス(2)

最近の地質学・古生物学上の研究を信じるなら、約六五〇〇万年前、巨大な小惑星がメキシコ湾に衝突して氷河時代の幕を開けたとき、恐竜は暗闇と極寒のなかで忽然と姿を消した。われわれの祖先にあたる温血動物の哺乳類は、寒さにうまく適応して生き延びた。約四〇〇〇万年前、そのうちの一種でウサギほどの大きさのプロティロプスが北米に現れた。約三〇〇〇万年前、鮮新世の中期にパナマ地峡が形成されると、プロティロプスは南米に渡り、その子孫にあたるラマ、アルパカ、グアナコ、ビクーニャがアンデス山脈に広がった。北米では、おそらく五〇万年前、プロティロプスの別の子孫として現在のラクダが登場した。

一万年前に終わったばかりの更新世の特徴は、断続的ながら広大な地域が氷河に覆われていたことだ。これらの凍りついた幕間に、地球の拡大した極冠に氷がため込まれたせいで海面は数百メートルも低下した。これは、ベーリング海峡の海底を露出させるのに十分な数字だ。現在でも、この海峡の深さは場所によって二〇〇フィート(約六〇メートル)もない。こうして出現した陸橋、すなわちベーリンジアのおかげで、さまざまな動植物の種《しゅ》が東半球と西半球のあいだを行き来できるようになった。

更新世末期にこうして種が交換された際、二つの重要な移動が起こった。人間がシベリアから東へ進んで新世界へ入るいっぽう、ラクダとウマは反対方向に進んでアジアへ渡りアフリカへ向かったのだ。これらの有蹄類はともに、まもなく北米から姿を消した。ことによると、大型の剣歯虎《けんしこ》の餌食となったのかもしれないし、気候変動によって餌となる野草がなくなったのかもしれない。あるいは、先史時代の人間に狩り尽くされてしまったとも考えられる。スペイン人のコンキスタドール（征服者）の手によってウマはアメリカへ見事な再移入を果たしたが、ラクダが生まれ故郷に戻ることは二度となかった。

ラクダは当初、新しい生活の地である旧世界で繁栄はしなかった。足の速いウマと違い、無防備なラクダは全力で走っても時速三〇キロ程度しか出ない。これでは、ライオンなどの大型で敏捷な捕食者の格好の餌食となってしまう。そこでラクダはアジアでも有数の乾燥地帯、とりわけアラビアで独自の強みを進化させた。水を蓄え、保存する能力である。おかげで、大型肉食獣が集まるオアシスから遠く離れた砂漠でも長いあいだ暮らせるようになった。

一般に考えられているのとは違い、ラクダは背中のこぶに水を蓄えるわけではない。体中に均等に分散させているのだ。ラクダは一度に一九〇リットルもの水を飲むことで、数日間から、例外的な環境では数週間にわたって水なしで過ごせる。並はずれた腎臓機能によって尿を効率的に濃縮し、体液を温存するのだ。最初にアジアに広がったラクダは、こぶが二つのフタコブラクダだった。しかし、さらに暑いアラビアやアフリカの砂漠で暮らすようになると、見慣れた輪郭を持つヒトコブラクダへと進化した。こぶが一つのほうが体表面積が減るため、水分の蒸発を抑えられるからだ。さらに、ヒトコブラクダはもう一つの節水機能を進化させた。日中の暑いさかりに、気温に逆らわずに体温をあげるという（哺乳類にとっては異常な）能力だ。これで、発汗による水分の蒸発を最小限に抑えられる。現在まで、アラビアやアフリカではヒトコブラクダが圧倒的に多く、フタコブラクダはアジアに生息している(3)。

当初、この二つの種はともに負け戦を戦っており、絶滅を免れたのは思いがけず人間が現れたおかげだった。ラクダは数少ない家畜動物の一つである。人間による飼育に適しているのは、いくつかの比較的珍しい特質を同時に備えた動物に限られる。おいしくて栄養のある食糧となること、放牧が簡単なこと、従順であること、人間を恐れないこと、人間のかかる病気に抵抗力があること、そして何よりも大事なのは飼育されたままでも繁殖する能力があることだ。これらすべての条件を満たす動物はごくわずかしかいない。約一万年前にはじめて家畜となった動物はヤギとヒツジだった。つづいて、ニワトリ、ブタ、ウシ、そして最後にラクダが家畜となったのである（ロバ、ウマ、イヌは本来、輸送、狩猟、軍事に役立つことから家畜化されたが、最終的にはほかの動物と同じように食糧とされることが多かった(4)）。

ごくありふれた作物や動物が最初にどうやって栽培化され家畜化されたのかはほとんどわからないし、ラクダも例外ではない。人類学上の証拠からすると、人類は約五〇〇〇年前にラクダの乳を飲むようになったようだ。アフリカの角（ソマリア半島）か、ことによると紅海を渡ってすぐのアラビア南部でのことだったらしい。現在でも、ソマリア人はラクダに乗ろうとはしない。大型で、動きが鈍く、不器用なこの動物に乗っていたら格好の標的にされてしまうと信じているからだ。こんにちソマリアは世界最大のラクダの生息地だが、ラクダはいまだに搾乳用として飼われている。人類は徐々にラクダの利用法を広げていった。オスから肉や皮をとり、性別にかかわらず毛を刈り、最後に輸送に使えるという重要なことに気づいたのである。

紀元前一五〇〇年頃まで、荷物の運搬用動物としてよく使われていたのはロバだった。その後、遊牧民族はラクダを大量に飼育して輸送に利用するようになった。ロバが軽い積荷を背負って平坦で固い路面を進むファミリーセダンだとすれば、ラクダはランドローバーだった。その大きく厚い蹄のおかげで、約二倍の積荷を二倍の速度で広漠とした道なき荒野を運べたのだ。この能力が、中東の砂漠やアジアのステップ地帯を横断する通商に革命を起こしたのである。(5)

一人のラクダ乗りは三頭から六頭のラクダを率いて、一〜二トンの積荷を一日に二〇〜六〇マイル（約三二〜九六キロメートル）ほど運べる。紀元前七三〇年頃、アッシリアの王ティグラト・ピレセル三世がアラビアの女王サムシを打ち破った際、その戦利品には二万頭のウシ、五〇〇〇包みのスパイス、三万頭のラクダが含まれていた。(6)

貿易商は、重い荷の入った袋をラクダの背中にただ吊るせばいいわけではなかった。背中のこぶは柔らかく不安定なうえ、歩くと体がぐらぐらと揺れる。そのため、枠組と緩衝材でできた鞍を使って積荷の重量をラクダの背中全体に分散させる必要があった。紀元前一三〇〇年頃から紀元前一〇〇年頃にかけて、イスラム以前のアラビアの遊牧民は鞍を改良していった。おかげで、平均的な荷運びラクダで約二三〇キログラム以上、最も頑強なラクダなら約四五〇キログラム以上もの積荷を運べるまでになった。この究極の形状をした北アラビアの鞍は、過去二〇〇〇年にわたって中東で使われつづけている。

中央アジアのフタコブラクダはアラビアの砂漠の同類と同じく、非常に特殊な役割を与えられ、注意深く飼育されている。荷物運搬のために家畜化されたのも、ほぼ同時期の紀元前二五〇〇年から紀元前二〇〇〇年頃のことだった。アジアのステップ地帯、イラン、インドなどのもう少し涼しく湿気のある気候では、フタコブラクダのほうが有利だ。砂漠のアラブ人がヒトコブラクダを好んだのは、その運搬能力だけでなく、乳、肉、毛のためでもあったのだが、中央アジア人は違った。中央アジア一帯では、すでに定住農業が根づき、広範囲で実践されていた。彼らは、ラクダの毛よりも羊毛のほうが優れていること、ラクダの乳や肉よりも牛乳や牛肉のほうが豊富にとれるうえに味もいいことを知っていた。さらに雄牛や水牛は、短距離の輸送であればラクダといい勝負をした。ラクダが苦手とする湿潤な地方ではなおさらだった。

こうして長々とつづいた古代に、より評価の高いヒトコブラクダは個体数と分布域をともに拡大し、最初はシリアとイラク、次にイラン、それからインド、最後に中央アジアといった具合に、フタコブラクダの生息圏を侵食しはじめた。二つの個体群が出会うと、交配の法則による典型的な魔法が働いた。この二種は近縁にあたるため交雑が可能である。ヒトコブラクダとフタコブラクダの第一世代の子（いわゆるF1）は、よくあるように驚くべきスタミナと体力を兼ね備えている。長距離を移動する中央アジアの陸上貿易には打ってつけだった。シルクロード一帯で、これら雑種の「スーパーラクダ」に対する需要が急増した。なにしろ五〇〇キログラムもの積荷を中国からアジアの西端まで運べたのである。

この荷役用の動物は、フタコブラクダのオスが多数のヒトコブラクダのメスに種付けをすることによって、あるいはその逆のパターンによってつくられる。だが、もっぱら用いられるのは、フタコブラクダのオスとヒトコブラクダのメスという組み合わせだ。フタコブラクダのオスが一頭いれば、多数のヒトコブラクダのメスに種付けできるためで、中央アジアでさえこちらの組み合わせが主流となった（似たような事態は西洋の強健かつ万能の荷運び動物にも見られる。その動物とは、通常は子を産まないラバだ。ラバはメスのウマとオスのロバの子だが、この組み合わせが選ばれる理由はラクダの場合とは異なる。オスのウマとメスのロバという逆の組み合わせによる「ケッテイ」はめったに生まれない。体の小さなメスのロバの産道では大きな子を分娩するのが難しいからだ）。

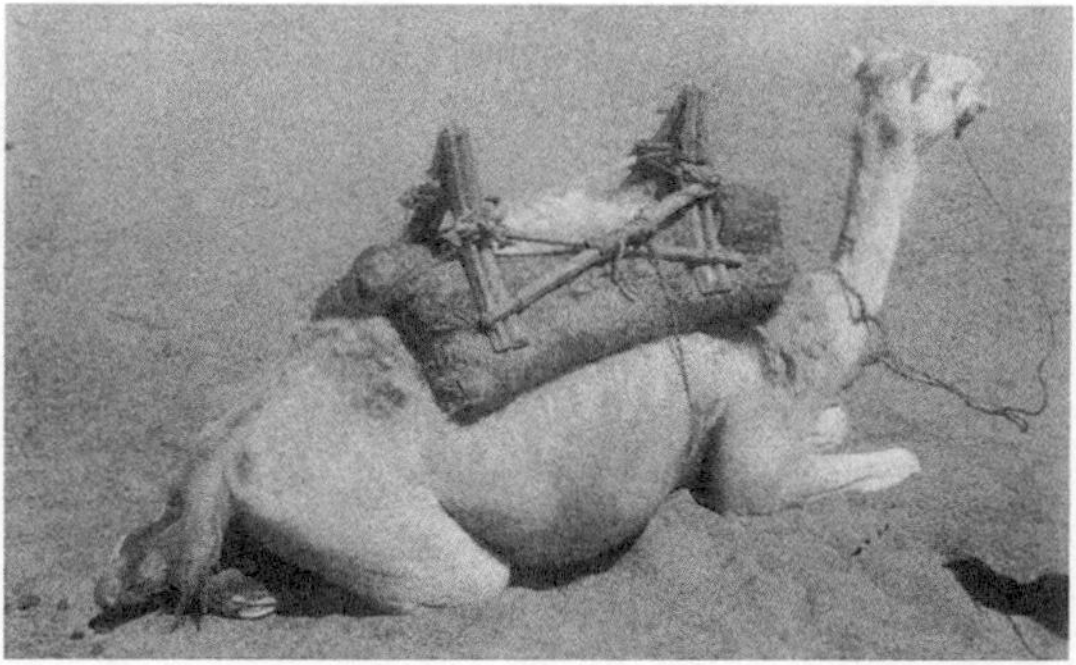

図表３・１　北アラビアの鞍は2000年ものあいだずっと利用されている。この鞍のおかげで、ヒトコブラクダの柔らかくて安定感のないこぶの上にも容易に荷物が積めるようになった。この鞍を使うと、1人の引き手につき3頭から6頭のラクダを連れ、合計2トン以上もある品物を1日で30マイル（約48キロメートル）も運ぶことができた。

図表３・２　フタコブラクダが重い荷物を背負って立ちあがろうとしている。この唐代（9世紀頃）の陶器は中国のシルクロード商人の墓で発見された。

畜産学の無情な論理によって、頑健な第一世代の雑種は交尾してはならないとされている。たいてい、第二世代の子は小型で退化しているからだ。こうした第二世代の雑種を表すアラビア語とトルコ語はともに「できそこない」と訳される。結果として、アフリカとアジアの大半の地域で、ヒトコブラクダとその雑種が圧倒的多数を占めている。純粋なフタコブラクダが一定数飼われているのは、頑健な第一世代の雑種でさえよく育たない、中央アジアの最も高く寒い山々だけだ[7]。

ラクダは、モロッコからインド、中国西部に至る広範な地域で利用されつづけている。この事実がラクダの並はずれた輸送効率を証明している。現代では、道路がきれいに舗装されているので、ラクダに荷車を組み合わせれば輸送効率はさらにあがる。国連食糧農業機関（FAO）の推定によれば、現在世界のラクダの個体数は二〇〇〇万頭足らずだという（オーストラリア奥地に棲む六五万頭の野生種も含む。これらのラクダは鉄道の出現とともに仕事にあぶれてしまったのだ）[8]。

特別に優秀なラクダと乗り手なら、一日に六〇マイル（約一〇〇キロメートル）もの距離を踏破するかもしれない。だが一般的な一日の走行距離は三〇マイル（約五〇キロメートル）ほどである。ラクダの「確実な」保水力が三日であることを考えれば、一〇〇マイル（約一六〇キロメートル）間隔でオアシスや隊商宿がなくてはならない。この制約のせいで、とりわけ中央アジアにおいてのルート設定は大幅に制限された。加えて、ラクダは急勾配

の狭い斜面を登れないので、アジア・ルートの山道を通るにはロバが必要だった。(9)

ラクダの背に揺られて長い長い距離を運ばれていた商品として、すでに絹を紹介した。だが、絹がラクダに載せられて中国からローマへと旅する前の数千年間、もう一つの貴重な荷物が何千キロという距離を越え、広大なアラビアの砂漠から肥沃な三日月地帯の古代文明の中心地へ運ばれていたのである。

アラビア半島の特徴にして災いの元は暑く乾いた気候である。絶えず水の流れる川がその広大な砂漠を貫いていることはほとんどない。あるのはその痕跡、つまり干上がって曲がりくねった涸れ谷《ワジ》（アメリカ南西部のアロヨと同じもの）だけだ。経験豊富な旅行者でさえ、こうした眠れる流れが数十年ぶりの嵐によって激流と化すまでは、見落としてしまうことが多い。

だが、半島の一部はギリシア・ローマ古典時代に「アラビア・フェリックス（恵まれたアラビア）」として知られていた。この呼称は、その地域の肥沃さを表していた。半島の山がちな南西部、現在のイエメンに位置するこの地域は暖かく湿った夏のモンスーンを捕らえ、年平均二五〇ミリメートルの降雨量がある。南西部のアデンという港湾都市の名は、エデンの園を意味するアラビア語に由来する。このめったにない湿潤な気候の土地を正確にいい表しているのだ（半島のなかでもここ以外の不毛な地域は「アラビア・デセルタ（砂漠のアラビア)」として知られていた)。

香料とは一般的な言葉であり、乳香や没薬(ミルラ)のほか、「アラビア・フェリックス」に一〇〇〇年にわたって茂る、さらに希少な外国産の芳香植物などを指す。太古のシバとマーインの住民は、バブ・エル・マンデブ海峡の向こうのソマリア人とともにこの植物の栽培と輸出の先駆者となった。

西洋に絹とコショウがやってくる以前、香料は古代における最高の贅沢品だった。紀元前一五〇〇年頃にアラビアに住んでいた人びとにとって、新たに家畜化したラクダの利用法は火を見るよりも明らかだった。つまり、肥沃な三日月地帯と地中海沿岸の消費者に香料を運ぶことである。紀元前三五〇〇年というはるかな昔、エジプトとバビロニアの貴族たちはこれらの芳しい産品を好むようになった。紀元前二五〇〇年頃につくられた石碑には、プントの国(現在のイエメンとソマリア)へ向かう香料貿易の旅を讃える言葉が刻まれている。貿易商たちは紅海を端から端まで航行していたのかもしれない。だがすでに述べたように、このルートには浅瀬、海賊、逆風といった障害が待ち受けていた。もっと安全で確実なのは、アラビア半島の紅海沿岸を陸路で北へ向かい、それからシナイ半島を横断して西へ進むルートだった。

芳香植物の生育サイクルもラクダによる陸上ルートに味方した。この作物の収穫期は主に秋と春であるため、エジプトへの航海に利用される冬のモンスーンとも、インドへの航海に利用される夏のモンスーンともタイミングが合わない。だが、ラクダの隊列なら一年じゅう荷を運搬できた[10]。紅海を航行する厳しさに加え、芳香植物の収穫期とモンスーンの吹く時期が一致しなかったせいで、アラビア半島の人びとはなにより香料を運ぶためにラクダを家畜化する必要があったのだ。

貿易の荷は、二つのやや異なる産品から成っていた。フランキンセンスからつくられる樹脂の乳香と、モツヤクジュからつくられるミルラ・オイルである。この二つはともに、高さ二～三メートルほどの低木で、主にアラビア南部と近隣のソマリア北部の高地で育つ。

乳香とミルラが最高の贅沢品としての地位を得たのは、神聖な理由もあれば世俗的な理由もあった。われわれ現代人は古代文明の光景や音は想像できても、その匂いまでは到底わからない。有効な衛生設備を持たないごみごみした都市では、地図がなくても鼻さえあれば場所を突き止められた。たとえば、主要な下水管から漂ってくる糞便の悪臭、政府の建物や神殿や劇場の周囲から立ちのぼる小便の匂い、あるいは皮なめし工場や魚屋や墓地などの異臭である。

こうした悪臭に囲まれていたうえ、清潔な水を使う定期的な入浴や着替えは、最も裕福な市民だけの特権だったため、ミルラ・オイルほど珍重されたものはなかった。ボディローションとして簡単に使えたし、日常生活の嫌な匂いを隠すこともできたからだ。医者は大量のミルラを薬に使ったし、古代世界においては死体の防腐処理にもミルラがよく使われた。また香料とは、エロスの芳香を放つものであった。それを証明するのが、よく知られた、聖書に出てくる不道徳な姦婦の次のような誘惑である。

寝床には敷物を敷きました
エジプトの色糸で織った布を。
床にはミルラの香りをまきました
アロエやシナモンも。
さあ、愛し合って楽しみ
朝まで愛を交わして満ち足りましょう。
夫は家にいないのです。遠くへ旅立ちました。
手に銀貨の袋を持って行きましたから
満月になるまでは帰らないでしょう。(11)

同じく芳しい香りのする乳香はさらに神秘的な性質を備えていた。この均一に燃える樹脂は、優美でか細い渦巻き状の煙をあげる。古代の世界では、この煙がゆっくりと立ちのぼって天国に至り、その見かけと香りで神を喜ばせると想像されていた。中国やインドでは、葬式で乳香を燃やす必要があった。古代のユダヤ教の神殿では、乳香のぼんやりした巻きひげのような煙が神の存在そのものを覆い隠すといわれていた[12]。

アレクサンドロス大王は神聖な祭壇で大量の香料を焚くのをとくに好んだと、プリニウスは書いている。アレクサンドロスの家庭教師レオニダスが、「乳香を産する種族を征服した際、そうやって神をあがめるのがいいでしょう」と大王に説いていたのだ。プリニウスによれば、アレクサンドロスはその後アラビアを征服すると、すぐさま「レオニダスに一荷の乳香を積んだ船を与え、惜しみなく神をあがめるよう命じた」という[13]。

プリニウスはまた、「アラビア・フェリックス」における乳香貿易の様子を生き生きと描いている。樹皮の下に集まったつやつやした泡立つ液体が木々から分泌される。栽培家が木に切り込みを入れると、その液体が地面へ、あるいはヤシのマットの上に噴きだし、乾燥して濃密になる。これが最も純粋で最も好まれる乳香だった。いっぽう、木にくっついて樹皮の混入した副産物は二等品だった。プリニウスは栽培家の誠実さに驚いている。その森はいくつもの区画にはっきり分かれているが、所有者がおたがい正直であるため、不法侵入とは無縁である。木に切り込みを入れたあと森を見張る番人がいないにもかかわらず、隣の区画に盗みに入る者もいない[14]。

現在でもベドウィン族の男女は、プリニウスが記録したとおりに、所有者を示す印のついた木から香料を集めている。紀元前、香料の生産地は香木が自生するアラビア南西部に限られた。樹液が採集されるのは一年で最も暑い五月だけだった。南西のモンスーンが吹きはじめる前の時期である。数週間ほど乾燥させてできあがった完成品はラクダに載せられ、北方の肥沃な三日月地帯や地中海の市場へ出荷されるか、さもなくば夏の猛烈な嵐が去るまでさらに数カ月貯蔵され、その後、帆船に積まれて東方のインドへと送られるかだった。ギリシアの博物学者のテオフラストスは、初期の買いつけの特徴である、厚い信頼にもとづく「沈黙交易」のやりとりについて以下のように述べている。

そして、彼らはそれを持ってくると、各人が自分の出品する乳香とミルラを同じように積み重ね、見張り番にあとを託して立ち去る。売り手は、この商品の山の上に銘板を置いておく。そこに、その山が何単位の香料からなり、一単位がいくらなのかが数字で示されている。そして商人がやってくると、銘板を見て、どれが気に入っても香料の量を測り、手にした商品のあった場所に代金を置く。すると司祭がやってきて、代金の三分の一を神のために受けとり、残りを元の場所に戻して立ち去る。この残りの代金は、香料の所有者がやってきて懐に入れるまで安全に置いておかれるのだ。(15)

乾燥したての乳香はもろい粘着性の物質だったので、防護用の木箱に詰められていた。

ミルラ・オイルは蒸発しやすく、獣の皮に入れて運ばれていた。数千年にわたってこの二つの貴重な物質は、はるか遠方の謎めいた王国で生産され、アラビア半島の南西の隅からバビロン、アテナイ、古代エジプトの首都メンフィスといった最終目的地へと複雑なルートを経て運ばれてきた。歴史家のナイジェル・グルームはこう書いている。「人が思い浮かべる古代の隊商のラクダは、乳香の詰まったカゴで鞍の両側が出っ張っている。あるいはこのカゴが、もっと小型で密閉されたヤギ皮入りのミルラの重みで揺れていたりもする」(16)

パクス・ロマーナによって、こうした交易様式に変化が訪れた。ローマでは、戦争で得た利益の大部分が香料の購入に回されていた。太古のギリシア人やローマ人は、神のご機嫌をとるのにおそらく人間を生贄に捧げていたはずだが、古典時代のギリシアと古代ローマ共和国では人間の代わりに動物が供えられるようになっていた。(17)生贄の祭壇の脇には三脚台の上に「アセラ」が据えられ、そのなかに乳香が入っていた。ローマの儀式において乳香を焚く行為はきわめて重要だったため、関税なしで国内に持ち込めた。いっぽう、ほかの輸入品の大半には二五％の関税がかかった(18)(フォルムにあるティトゥスの凱旋門には西暦七〇年にエルサレムを征服後、皇帝がバルサムという低木を手に首都を凱旋行進する様子が描かれている。この植物からきわめて高価な香料の一つがとれた)。帝国の繁栄にともない香料への需要も増し、西暦一世紀と二世紀にローマの支配圏が「アラビア・フェリックス」へ向かって徐々に南下すると、海上ルートとラクダによる運搬ルートはさらに安全かつ割安に使えるようになった。

香料への需要が増すと、香木の栽培家は年に二度三度と収穫するようになった。こうした製品は、従来どおり五月に収穫したものより品質が落ちた。香木の栽培は西へ広がり、ズファール（現在のオマーン）に達した。

産地のこうした拡大のせいで、ローマ行きの積荷が運ばれる距離はやっかいなまでに延びてしまった。これらの新しい栽培地でとれた乳香とミルラの一部は、アラビア東部のカナやモスチャという港から直接、紅海に面したベレニケへ、さらにそこからアレクサンドリアへと運ばれた。だが、香料貿易の大半を担っていたのはラクダだった。儲かる市場を支配したがっていた「アラビア・フェリックス」の王は、香料のほとんどが陸路で運ばれ、「アラビア・フェリックス」の東に位置するシャブワの町を抜けることに気づいた。

プリニウスは、香料が集められたあとでシャブワに運ばれる様子を書きとめている。シャブワでは「町に入るための門が一つだけ開け放たれている」。指定された門を使わないと——それは密輸の確証である——死刑に処せられた。この陸路は一つの部族に独占されており、司祭たちが香料の収穫と輸送を監督していたようだ。プリニウスはその部族の正体をさまざまに述べており、カタバーン人あるいはマーイン人としている。

シャブワの司祭は、輸入関税として積荷の一〇%を徴収した。それから香料はティムナ、

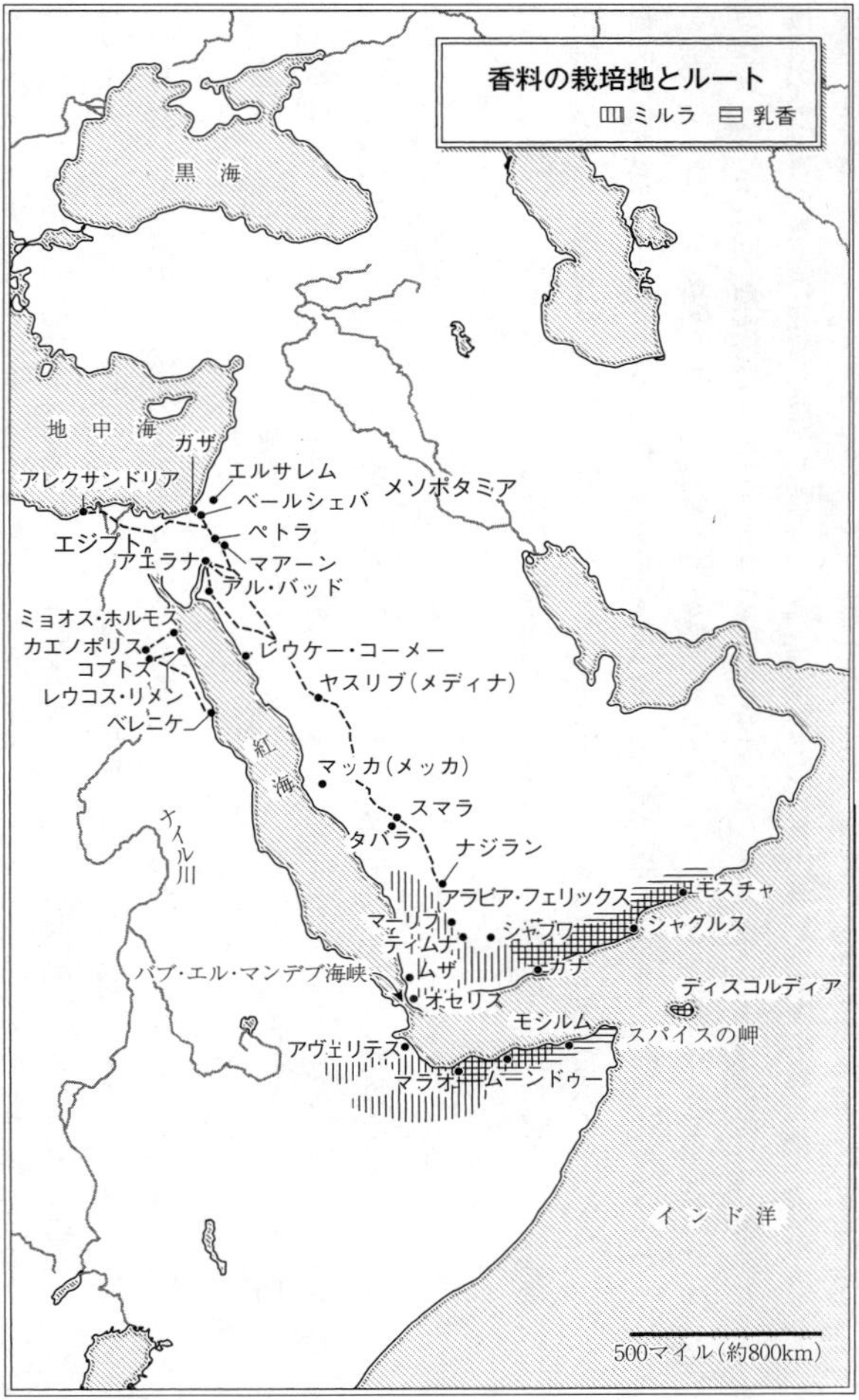
香料の栽培地とルート
ミルラ
乳香
黒海
地中海
ガザ
エルサレム
アレクサンドリア
ベールシェバ
メソポタミア
ペトラ
エジプト
アエラナ
マアーン
アル・バッド
ミヨオス・ホルモス
カエノポリス
レウケー・コーメー
コプトス
ヤスリブ（メディナ）
レウコス・リメン
ベレニケ
紅海
マッカ（メッカ）
スマラ
ナイル川
タバラ
ナジラン
モスチャ
アラビア・フェリックス
マーリブ
シャグルス
ティムナ
シャブワ
カナ
バブ・エル・マンデブ海峡
ムザ
ディスコルディア
オセリス
モシルム
スパイスの岬
アヴェリテス
マラオ
ムーンドゥー
インド洋
500マイル（約800km）

つまりその先の貿易を支配していたカタバーン人あるいはマーイン人の国の首都に運ばれた。プリニウスの記録によれば、ティムナからガザまでの一五〇〇マイル（約二四〇〇キロメートル）の旅には六五日かかったという。一日に二三マイル（約三七キロメートル）進む計算だ。その道中では次のようなさまざまな費用がかかった。

乳香の一定量が司祭と王の秘書にも与えられるが、そのほかに、護衛兵やその従者、門番や召使いなどにも役得があった。実際、そのルートを行くあいだ、旅人は絶えず支払いをつづける。ある場所では水を飲むために、別の場所ではラクダの飼料を手に入れるために、あるいは停留所で宿泊料金として。(19)

一頭のラクダがローマへ運ぶ荷には、総額でおよそ一〇〇〇デナリウスの購入費と運送費がかかり、一ポンド（約四五四グラム）あたりに換算すると、約二デナリウスになった。最高級の乳香――白さ、もろさ、燃えやすさによって判断される――は、ローマでは一ポンド六デナリウスで売られた。品質が最も低いものは一ポンド三デナリウスで、これは黒コショウとほぼ同じ価格である（デナリウスは八分の一オンスの重さの小さな銀貨で、熟練労働者の約一日の賃金に相当した。したがって、一ポンドの乳香の価値は熟練労働者の一週間分の賃金にほぼ等しかった。一ポンドのミルラにいたっては約二週間分に相当した）。ちなみに、パレスチナのバルサムのような最も高価な香料の場合、一ポンド一〇〇〇デナリウスもすることがあった。

乳香は価格で劣っていたものの、それを補って余りあるほどの量があった。香料のうちで唯一、一頭のラクダに積める量（約五〇〇ポンド）で運ばれていたため、当時は群を抜いて重要な貿易財だった。プリニウスの会計報告に従い、ラクダ一頭分の香料を「アラビア・フェリックス」からローマへ運ぶ総費用を一〇〇〇デナリウスとすれば、平均小売価格が一ポンドあたり五デナリウスだったから、ラクダ一頭分の乳香で一五〇〇デナリウスの総利益を手にできたことになる。

香料は供給先の隅々にまで繁栄をもたらした。この富の分け前にあずかったのは隊商のために働いた仲買人であり、六頭までのラクダを同時に誘導できるラクダ乗り自身だった。こうした隊商は、アラビア半島の西海岸（紅海沿岸）を蛇行しながらゆっくりと進み、香料の原産地である「アラビア・フェリックス」と、裕福な消費者の住む肥沃な三日月地帯――のちにはギリシア、ローマ、ビザンティウム――を結んだ。このルート沿いの、とりわけシャブワ、ティムナ、マーリブといったシバとカタバーンの諸都市で、大規模な市場が発展を遂げた。もう一つのグループとして遊牧民も繁栄を謳歌した。もっとも、富を運ぶ香料サプライチェーンを略奪することによってではあったが。アラビア東部からガザとアレクサンドリアを経てプテオリの波止場に到着する製品は、四〇〇〇マイル（約六四〇〇キロメートル）もの距離を旅してきたことになる。

この貿易を支配していたのはいったい誰なのか――この問題をめぐる混乱の主因は、現代のイエメンやサウジアラビアを調査するのが難しいところにある。二〇世紀のほとんどの期間、この問題のカギを握る古代マーインとカタバーンに挟まれた都市マーリブは西洋人の立ち入りを禁じていた。一九五一年、イエメンのイマームが、高名なアメリカの考古学者フランク・オールブライトのマーリブ訪問をようやく許可し、この謎を解く手助けを求めた。ところが、オールブライト一行はすぐさま、不満を抱く地元民に銃を突きつけられて追い払われてしまった。考古学者は、エジプトのメンフィスやギリシアのデロスといった遠方で、断片的ながら興味をかき立てるマーイン人の碑文を発見している。これは、アラビアの貿易ディアスポラが故郷から数千キロも離れた土地に存在していたことを示唆している。

荷役用としてラクダを家畜化する動きが北東へ広がると、その他の伝説的な内陸の中枢都市パルミラ、サマルカンド、シーラーズ（それぞれ現在のシリア、ウズベキスタン、イランに位置する）は、ラクダ商人、隊商の御者、さまざまな国の貿易商などであふれかえった。今度は、それぞれの都市が裕福かつ強大になる番だった。こんにち香料貿易のおそらく最も目立つ遺物は、ナバテア王国の首都ペトラ（現在のヨルダン南部に位置する）の壮大な石造りの寺院や墓だろう。

この太陽崇拝の神秘的な王国は紀元前三〇〇年からローマ帝国の滅亡まで繁栄した。その繁栄の土台は、アラビア半島における香料ルートの北側三分の一を支配していたことだった。同様に、ラクダによる運搬ルートの地中海側の終点であるガザもまた、貿易で繁栄した。アレクサンドロス大王がレオニダスに送った香料――乳香一五トンとミルラ三トン――は、紀元前三三二年に大王がテュロスからエジプトへ向かう道中でガザの倉庫から強奪したものだった。当時ガザはすでに非常に古く裕福な都市で、大きな葬式塚の上にあり、それ以前の数世紀のあいだにアッシリアから何度も包囲攻撃を受けていた。香料がエジプトに着く頃には、「アラビア・フェリックス」のおおらかな雰囲気はすっかり失われていた。ふたたびプリニウスに登場してもらおう。

いっぽう、怪力の持ち主が乳香に販売用の仕上げを施すアレクサンドリアでは、工場を守るにはどんなに用心しても十分ではない！　作業員の前掛けには封印が貼られているし、彼らは覆面か目の細かい網で頭部を覆わなければならない。さらに、服をすべて脱がなければ工場の敷地から出るのを許してもらえないのだ。[20]

したがって古代の香料貿易は、現代のコカインやヘロインの貿易となんら変わりがなかった。原料がつくられる農地付近は比較的安全だが、完成品や最終消費者の周辺はきわめて危険だった。

香料の最終目的地であるローマでは、その影響は有益とはいいがたかった。絹と同じく、香料の輸入によって銀が流出してしまったからである。ローマに向かうラクダ一万頭分の香料に対して、年に約一五〇〇万デナリウスが支払われたとナイジェル・グルームは見積もっている。外国からの略奪品が波止場に届いているうちは問題なかった。なにしろ、セネカの財産だけでも一億デナリウス近くあるという噂だったのだ。しかし、二世紀になって征服が終わり、ローマ人がますます贅沢になると、経済よりも詩に通じた人びとが、[21]ローマ帝国の力は香料の煙霧のなかに消えてなくなってしまったと結論したのも無理はない。


乳香とミルラのおかげで、隊商ルート一帯の都市や街が繁栄を謳歌したものの、そのうちの一つだけが文明世界を魅了することになった。それはアラビア西部の小さなオアシスで、イエメンの香料生産者と、はるか遠くの地中海西部や肥沃な三日月地帯の消費者とのほぼ中間に位置した。この地で香料貿易を触媒にイスラム教が誕生し、その軍事的、精神的、商業的な影響力が中世のアジア、ヨーロッパ、アフリカを一変させたのだ。アジアの陸路と海路を使ったグローバルな貿易の上げ潮に乗って、イスラム教はその大陸の精神生活ばかりか商業生活をも支配するようになったのである。

この新しい宗教の歴史的物語は砂漠のアラブ人の先祖とともにはじまる。彼らは、生産力の低いオアシスの狭い土地を耕す定住農民だった。三〇〇〇年から三五〇〇年ほど前、はじめてラクダの家畜化に成功し、アラビアの荒涼とした原野に立ち向かう力を手にした。この新たな機動性をもってしても彼らの境遇は不安定なままで、雨が降らず命を落としかねない夏のあいだはオアシスに身を寄せ、残りの期間にヤギやラクダを使って砂漠周辺から食糧をかき集めてくるという暮らしだった。

こうした厳しい遊牧生活に移行したおかげで、彼らは大国に征服されずにすむだけの貴重な地理的距離を保つことができた。ローマ時代の終焉後、西方の巨大な二つの略奪国家であるビザンティン帝国とササン朝ペルシアは、トラヤヌス帝とダレイオス大王の過去の栄光をおたがいから奪還しようとしていた。ビザンティウムがペルシアからメソポタミアを奪い取ろうとするいっぽうで、ペルシアはビザンティウムからシリアとエジプトを取り戻そうとしていたのである。食うか食われるかの絶え間ない争いにかかりきりで、この両大国は南にいる風変わりで貧しい砂漠の住人など気にもとめていなかった。とはいえ、遠方で独立を保っていたアラブ世界にも一つの例外があった。モンスーンが吹き、肥沃な土壌を持ち、香料を生産する「アラビア・フェリックス」である。この地域がこの古代版グレート・ゲームにおいて不幸な人質となったのだ。

砂漠の過酷で無法な環境が、アラビア半島の経済と宗教を形づくり、現在に至るまでイスラム世界の文化に影響をおよぼしている。中央権力の存在しないアラビアでの生き残りは、家族や部族の努力にすべてがかかっていたし、いまでもそれは変わらない。

個人の自律と法の支配という西洋的概念は、砂漠ではまったく通用しない。部族の一員への攻撃は部族全体への攻撃であり、加害者がすばやくこっそりと立ち去れる地勢のため、法の下で被疑者が有罪か無罪かは大した問題ではない。被疑者の一族全体が報復を受ける責任を負う。結果として生じる名誉と復讐のもつれ――これは現代の中東でもよく見られる――は永遠のものであり、そこには始まりもなければ終わりもないように思える。被害者が最初に頼りとするのがいとこであり、警察でも独立した司法当局でもないのだから、貧困と政情不安は当然の帰結である。

こうした不毛で荒涼とした土地では、主な生計手段は近隣部族のテントや隊商からの盗みであることが多い。砂漠で目につく軍事行動は「ガズ」、つまりウマにまたがっての襲撃である（全速力で走るウマはラクダよりも速いうえに制御もしやすい）。襲撃者たちはこうした攻撃を、報復のきっかけとなる死傷者を出さないようにするために迅速に手際よくやり遂げた[22]。貿易のトリレンマを思いだしてほしい。貿易するか、防衛するか、略奪するか。部族を超えた権威がいっさい存在しないため、起業家はつねに略奪を選ぶことになる。

イスラム以前の砂漠の住人は多くの神に祈りを捧げていた。そのため、イスラム教は古代アラブのさまざまな信仰や宗教儀式を取り入れることになった。古代のアラブ人は数々の神のために神殿を建てたが、なかでも神聖なのはメッカのカーバ神殿だった。カーバの角にある大きな花崗岩の塊は、埋め込まれた黒石で、元は隕石だったとされていた。カーバがアラブの主神であるアッラーに捧げられたのか、あるいはより下位の神々の一人であるフバルに捧げられたのかは定かでない。古代中東の人びとは一般に流星の破片を崇拝していた。絹を愛したローマ皇帝ヘリオガバルスは、ある寺院の高僧として出発したシリア人だった。寺院はエメサ（現在のシリアのホムス）にあり、その種の天体の破片を安置していた。ヘリオガバルスが皇帝に即位し、首都に別の寺院を建ててその岩を収めると、ローマ人はあわてふためいたという(23)（ヘリオガバルスの死から二二年後、このきわめて多様な帝国の皇帝の座にはピリップス・アラブスがついた）。

西暦五〇〇年までに、砂漠のアラブ人はキリスト教徒やユダヤ教徒と頻繁に接触するようになっていた。ユダヤ教徒は、紀元前五八六年にネブカドネザルにエルサレムを征服されたあと南へ移住し、ヒジャーズにヤシ農園を開いていたらしい。同じくキリスト教は、北はビザンティウム、南はコプト人のキリスト教徒が住むアビシニアから、バブ・エル・マンデブ海峡を越えてアラビア半島にまで広まっていた。キリスト教徒とユダヤ教徒は、アラブ人が多神教を信仰し、包括的な教義も来世の観念ももたないことをしばしば嘲笑した。そのため、砂漠の住人のあいだに宗教的な劣等感が広がり、自らの包括的な信仰体系をもちたいという思いが鬱積していた。

ところで、メッカはいかにして活気あふれる商業中心地になったのか。これはちょっとした謎である。価値あるものをつくっていたわけでもなければ、消費や政治の一大中心地でもなく、戦略上の価値もほとんどなかった。メッカの主たる強みはその位置にあったとする歴史家もいる。アラビア半島に沿った二カ月にわたる旅のほぼ中間地点にあり、北のビザンティウムからも、アビシニア人が支配する南のイエメンからも遠く離れていたため、この両者から略奪行為を受けるおそれが比較的少なかったからだ。とはいえ、これはメッカが傑出した存在となった主たる理由にはならない。この都市の興隆に香料貿易が果たした役割もはっきりしない。主要な隊商ルートがメッカを通っていたかどうかについて議論があるのだ(対照的に、香料ハイウェイがメディナを通っていたのはほぼ確実である)。(24) メッカは乾燥した不毛な谷にあり、イスラム以前、七五マイル(約一二〇キロメートル)離れたターイフの果樹園や農地に全食糧を依存していた。(25) メッカは狭い意味で、小規模で乾ききった、内陸にあるアラビア版ヴェネツィアだと考えられるかもしれない。この都市が実際に主要な香料ルート上にあろうとなかろうと、その食糧供給と日常生活のリズムは貿易のメロディに合わせてハミングしていたのだ。

イスラム以前のアラビアで、メッカが早くから傑出した存在だった真の理由は、カーバ神殿の石と、砂漠のほかの神々に捧げられた近隣のいくつかの神殿にあるかもしれない。忠実な信者たちは毎年、ハッジとして知られるメッカへの巡礼の旅(イスラム教に取り入れられたのはずっとあとのこと)に出ては、カーバの黒石をあがめて周囲を歩きまわった。

ハッジは少なからず、メッカの富と権力に寄与したのである。

五世紀の末には、クサイイという名の長老《シャイフ》に率いられたクライシュ族が北からやってきてメッカを占領し、その後ビザンティン人とアビシニア人の侵略を退けた。ついでクサイイは、隊商を襲撃するよりも取引相手として保護したほうが儲かると、クライシュ族や周囲の諸部族を説得した。貿易商に課税し、安全通行権を売れば、恐れをなして減ってしまった運輸業者から略奪をするよりも実入りがいいからだ。[26] クライシュ族はメッカへの移住者を増やしつづけて裕福になり、きわめて共同体的で遊牧民的な伝統から徐々に離れていった。彼らの生活はその後、オアシスや砂漠のテントといった当てにならない存在ではなく、貿易を中心に展開したのである。

西暦五〇〇年頃からアビシニアはキリスト教に改宗を進め、同じ宗教を信奉するビザンティウムと緊密に連携して地域の強国となった。独立した「アラビア・フェリックス」の最後の支配者でハンサムなユースフ・アサイ王（ズー・ヌワス、また「一房の下げ髪の主」としても知られる）は、六世紀はじめにユダヤ教に改宗すると、自国の数千人というキリスト教徒を虐殺したり奴隷にしたりした。西暦五二五年、キリスト教徒を目の敵にしたユースフ・アサイの残虐行為に反発したアビシニア人は、バブ・エル・マンデブ海峡を渡って彼の軍隊を攻撃し、壊滅させた。失望したアサイ王は馬の背にまたがって海に消えたといわれた。[27]

イエメンのユダヤ王が敗れ、結果としてアビシニアのキリスト教徒が「アラビア・フェリックス」を支配下に収めたことで、現代にまで影響をおよぼす一連の出来事が動きだした。西暦五七〇年、「アラビア・フェリックス」に派遣されていたアビシニアの地方総督アブラハが自らの王に対して反旗を翻し、敵対する帝国をアラビア半島に築いた。アブラハは敬虔なキリスト教徒で、バブ・エル・マンデブ海峡を渡って運ばれてきたアフリカゾウを擁する軍隊を従えていた。ビザンティン帝国の皇帝ユスティニアヌスにそそのかされたアブラハは、アラビア半島で最後の異教徒の都市であるメッカを攻撃した。ところが古代世界のほとんどの戦場で恐るべき兵器として活躍していたゾウたちは、不運にもアラビアの焼けつくような砂にうまく適応できず、病気や過酷な気候のせいでメッカの門を目の前にして死んでしまった。メッカの人びとはそんな生き物を見るのははじめてだったし、動物生態学や微生物学の基礎にも明るくなかったため、神の御加護のおかげだと信じ込んだ。西暦五七一年は、アラビアでは「ゾウの年」として知られるようになった[28]。その同じ年、預言者ムハンマドがクライシュ族の一支族に生まれた。彼の誕生はゾウにまつわる神話的な出来事とともに、その後永遠にイスラム教徒の胸に刻まれることになる。ムハンマドが貿易商となったのはいうまでもない。

　アブラハとゾウの連合軍がメッカで勝利を収めていたら、ムハンマドは——ともかく彼が生まれたとして——キリスト教の修道士で終わっていたかもしれない。歴史上に実在したムハンマドは、よくいってもはっきりしない人物である。彼の生涯に関する物語がはじめて書かれたのは死後一世紀以上も経ってからで、それらの物語ですら初期の編年史家のイデオロギーによってゆがめられていた。とはいえ、いくつかの基本的事実に議論の余地はないようだ。ムハンマドは幼くして孤児となり、伯父で裕福な商人のアブー・ターリブに育てられた。おそらく伯父の仕事を観察し手伝いながら人格形成の大切な時期を過ごしたはずだが、若い頃の職業に関する正確な記録は残されていない。確かなのは、二五歳頃、ハディージャという年上の未亡人に雇われたことだ。ハディージャもまた貿易会社を繁盛させていた。彼女の隊商がどんな商品を扱っていたかは正確にはわかっていないが、近隣のターイフからナツメヤシや干しブドウや革、イエメンから乳香、エジプトその他から織物が運ばれていたのは間違いないだろう。

女性であるハディージャがこれらの積荷運搬の旅に加わることはなかった。そのためムハンマドは、シリアにおける彼女の代理人としてあっというまに経験を積んでいった。ムハンマドの能力と人柄に魅了されたハディージャは結婚を申し込み、彼は承諾した。ムハンマドはいまや地位と資力を兼ね備えた男となったのだ。

旅の途中、ムハンマドはユダヤ教徒やキリスト教徒――「啓典の民」――と出会い、その魅惑的な信仰体系の力を感じとった。だが、ユダヤ教もキリスト教も憎むべき他国で信仰されていたために好きになれず、ムハンマドとアラブの同郷人は独自の道を探るようになった。アラブ人のこうした願望をさらに膨らませたのが、当時メッカで新たな裕福層となっていたクライシュ族商人の儲け主義への反感だった。こうした人びとはこの古代部族の行動規範に背を向けているとみなされていた。[29] イスラム教徒で偉大な西洋史家のマクシム・ロダンソンの言葉を借りればこうなる。

砂漠の息子たちの伝統的な美徳はもはや、成功への確かな道ではなくなった。貪欲さや、私利をはかることのほうがはるかに有益だった。金持ちは尊大で横柄になり、自分の成功を個人のこととして得意がった——もはや部族全体の問題ではなかったのだ。血のつながりによる結束はますます弱まった。[30]

六世紀の末には、多くのアラブ人が一対の必要性から行動していた。一つは外国生まれの二つの一神教に対抗して唯一の統一的アイデンティティを生みだす必要性、もう一つはクライシュ族の富と堕落に立ち向かう政治勢力を形成する必要性である。社会経済のこの騒然とした雰囲気のなかで砂漠の神々からアッラーがただ一人現れ、メッカ近郊のヒラー山で苦悶していたムハンマドに天使ガブリエルの声を通じてコーランの最初の数節を植えつけた。六一〇年のことだった。宗教的熱情の乾いた火口《ほくち》についに火がつき、改宗と征服という大火へとまたたくまに燃えあがった。この大火は、アジア、アフリカ、ヨーロッパの大半を飲み込むことになる。

ムハンマドが預言者としての使命をまっとうするにはハディージャの支援が欠かせなかったというのが、長きにわたるイスラム教徒の共通認識である。アラブでは「アリーの剣とハディージャの富の助けがなければ、イスラム教の興隆はなかった」と言い伝えられている（ムハンマドのいとこで義理の息子のアリーはやがてムハンマドの四代目の後継者となった。彼が殺されたことで、イスラム世界は少数派のシーア派と多数派のスンニ派に分裂することになる。指導者の地位はアリーを経てムハンマドの血を引く者が後継すべきと信じるのが前者で、信じないのが後者である）。

世界の宗教のなかで唯一、イスラム教は商人によって創始された（ムハンマドの直接の後継者である織物商のアブー・バクルも商人だった）。この注目すべき事実は、イスラム教の信仰の魂を満たし、以後九世紀にわたってアジアの陸路とインド洋の海路で起こった歴史的事件を左右することになる。その痕跡は、インド人イスラム教徒による東アフリカの植民地から、西アフリカでいまでも活動しているレバノン人の商人、グレアム・グリーンの小説に出てくる第三世界の入植地に移り住んだ「シリア人」に至るまで現代の世界にも見られる。

イスラム教で最も神聖な文言が商業の重要性を述べている。たとえばコーランにはこんな有名な一節がある。「信仰する者よ、あなたがたの財産を、あなたがたの間で不当に浪費してはならない。だが、お互いの合意によって取引する場合は別である」[31]

しかし取引や商業に関する最も重要なくだりは、ムハンマドの生涯の物語を集めたハディースにある。そこでは、商業の総論から、次のような各論までの助言がなされている。

取引当事者はその場を離れるまでは取消権を有する。さて二人がその取引において正直に話し、商品について包み隠さず説明するならば彼等はその取引によって（アッラーから）祝福を受けるだろう。だが、何かを隠したり嘘をついたりすれば、祝福は失われるだろう。[32]

ジャービル・ビン・アブドッラーという語り手がムハンマドとの個人的な出会いについて述べている。ムハンマドはジャービルの手に負えないラクダを買おうと申しでて、一枚の金貨を代価に支払う。ムハンマドは慈悲心の証に、あとでラクダを返すいっぽう、金貨はジャービルに持たせたままにする。この話から後代の人びとにわかるのは、ムハンマドは生涯のその時点で商売から身を引いていたのかもしれないが、商売気はまだ抜けていなかったということである。[33]

ほんの数十年足らずでイスラム教はメッカからメディナ、さらにその先へと広がり、中東を横断すると、西はスペイン、東はインドへと伝わった。商業的な観点から考えると、初期のイスラム教は急速に膨れあがる通商バブルとみなすことができる。バブルの外側には異教徒がおり、内側には急成長する神学的、制度的な統一体があった。イスラム教の出現当初のめざましい拡大を詳述することは本書の守備範囲を超えている。だが、次の点は強調しておく価値がある。イスラム教が電光石火のスピードで拡大した原因の少なからぬ部分は、イスラム教が同宗信徒からの盗みを禁じるいっぽうで異教徒からは禁じていなかった事実と、ガズ（略奪）の経済的必要性のぶつかり合いにあったのだ。ムハンマドは商人として生まれたかもしれないが、侵略者として死んだ。六二二年にメッカを追放されるとすぐに、ムハンマドはメッカの異教徒の隊商を攻撃しはじめた。イスラム教の決まりによると、征服した異教徒の全財産を没収して、五分の一をアッラーとウンマ（イスラムの共同体）に捧げ、残りを勝利軍とそのリーダーで分けることになっていた[34]。平和的に改宗した部族は財産を没収されずにすんだ。したがって、遠くの部族が改宗を進めるにつれて抵抗する異教徒の部族から生活の糧を得るべく、さらに遠くまで略奪に出かけなければならなかった。六三二年にムハンマドが没すると、このプロセスは加速した。征服される部族があるいっぽう、状況を飲み込んで改宗する部族もあった。後者は、この新しい宗教の政治的、精神的、軍事的な力に屈しただけでなく、自分たちの資産を守りたかったのである。征服と平和的改宗という二つのメカニズムによって、イスラム教の境界線はアラビア半島の奥まった出発点からはるか彼方へと急速に動いていった。

六年後、アラブの軍隊がコンスタンティノープルの門で阻止されたのは、一連の例外的事態のせいだった。優れた戦略家であるイサウリアのレオ皇帝が少し前に即位したことや、冬の寒さによってアラビアの気候に慣れていた部隊やラクダを使って物資を補給していた軍が致命的な打撃を受けたことなどだ。イスラム学者のJ・J・ソーンダーズの言葉を借りれば「[コンスタンティノープルが]陥落していれば、バルカン半島は侵略され、アラブ人はドナウ川を船でさかのぼってヨーロッパの中心へと攻め込んだだろう。キリスト教はわけの分からないカルト集団として、ドイツの森のなかにひっそりと残ることになったかもしれない」(35)。

アラブ人が真っ先にやるべき仕事は、新たに信者となったアラビア半島の飢えた大衆を養うことだった。はるか昔からエジプトは地中海諸国の穀物倉だったが、イスラム教徒に征服されたことで、この供給源が需要の大きいアラビア市場に対しても広く開かれるようになった。カリフはまず香料ルートを使って隊商に穀物を運搬させたが、まもなくナイル川と紅海を結ぶ昔からの海面式運河を整備しはじめた。エジプトの食糧供給源とアラビア半島をつなぐ安上がりな海上航路をつくるためだ。現代と同様、この古代版スエズ運河の運命は戦略的な思惑に左右された。当初、指導者たちは運河を地中海にまで延ばそうと考えていた。この計画が実現していれば、運河のルートは現在とほぼ同じになっていたはずだ。ところが、地中海と紅海がつながっていることに乗じてビザンティン人がハッジを邪魔するのではないかと恐れたカリフのウマル（ムハンマドの二番目の後継カリフで、アブー・バクルの後任）は、この計画に反対した。養うことができるということは、裏を返せば食糧を断って飢えさせることもできるということだ。当時紅海を南下して運ばれていた穀物は、以前は北上してコンスタンティノープルへと向かっていたものだった。この貴重な食糧供給源を失ったことで、ビザンティウムの衰退は少なからず進んだ。一世紀後、カリフのアブー・ジャファルは最終的にこの運河を閉鎖した。アラビア半島の反逆者への食糧供給を絶ち切るためだった。

次に、六五五年のマストの戦い（リュキア沖の海戦）で、イスラム教徒は地中海西部の支配権をビザンティン人から奪取した。この当時、アラブ人はまだ海軍の実戦部隊を編成できておらず、キリスト教徒で経験豊富なコプト人水夫を自軍の船に乗り組ませた。コプト人たちは皮肉にも自らのギリシア人領主を軽蔑しており、イスラム教徒にとって最大の勝利の一つに手を貸す結果になった。この一撃によって、西洋とインド、さらには中国とのあいだの海路が切断され、八世紀半のちにヴァスコ・ダ・ガマがヨーロッパ人としてははじめてインド洋を横断するまでふたたびつながることはなかった。(36)

マストの戦いで勝利を収めたイスラム教徒の海軍は、地中海の支配圏を徐々に広げていった。七一一年、ウマイヤ朝のもとで自由の身になったベルベル人奴隷のターリク・イブン・ズィヤードが、大胆不敵な襲撃をみごと成功させ、当時ゴート族の支配下にあったスペイン南部の岩だらけの岬を手に入れた。彼らは、イスラム教徒によるスペイン全土の征服に三年先立つこの有名な勝利を祝って、岬の先の岩山をジャバル・ターリク（ターリクの山）と名づけた。それがのちにジブラルタルといわれるようになったのである。

六四九年、アラブ人による征服が最盛期を迎える頃、地中海の戦略的に重要な島々の一つであるキプロス島が陥落した。クレタ島は八二七年、マルタ島は八七〇年、そして地中海の至宝であるシチリア島は一世紀以上におよぶ争いの末、九六五年に陥落した。新たな千年紀の幕が開いたとき、キリスト教世界の軍隊は、かつてローマ人が「われらの海」と呼んだ地中海がいまやイスラム教徒の船であふれていると思ったことだろう。ヨーロッパにおいて、イスラム教徒が征服したり交易したりした範囲は非常に広かった。そのため、中央ヨーロッパ、スカンジナビア（とくにスウェーデン東部沖のゴットランド島）、イングランド、アイスランドといったはるか遠くの地域で、九世紀から一〇世紀に使われた大量のイスラムコインが発見されている。(37)

七五〇年を境に、それ以前はウマイヤ朝、それ以降はアッバース朝がイスラム世界を支配した。この二つの王朝はローマよりも広い地域を支配したが、版図が広がって獲得できそうな戦利品の供給源が尽きると、軍事上の優先順位はますます商業的な理由に左右されるようになった。貧しく遅れた西ヨーロッパは、豊かなシルクロードを抱える中央アジアほどには、両王朝の興味を引かなかった。ウマイヤ朝は、七三二年にフランスの都市ポワティエでフランク王国に敗れたあとガリアへ戻らなかったし、スペインとポルトガルの国土回復運動《レコンキスタ》に強く反発することもなかった。レコンキスタは七一八年にはじまり、一四九二年に最後のムーア人（とユダヤ人）を追放してようやく終結した。

これとは対照的に、イスラム軍は中央アジアの奥地をくり返し攻撃した。なかなか成果をあげられなかったが、七五一年にようやくタラス（現在のカザフスタン）で唐を打ち破り、儲けの多い隊商ルートを含め、その地域を支配下に置いた。現在に至るまでその状況は変わっていない。劇的な征服は、往々にして驚くような幸運につながるものだ。イスラム教徒がタラスで手に入れた最も重要なものは、領土でもなければ絹でもなかった。それは、地味ながらきわめて貴重な商品だった。タラスで捕まった中国人捕虜のなかに製紙職人がいたのだ。彼らはたちまち製紙技術をイスラム世界に、つづいてヨーロッパに広め、人類の文化と歴史の流れを永遠に変えたのである。

こうした初期のイスラム教徒による征服は、詰まるところパクス・ロマーナの再現だったが、規模はさらに大きかった。ウマイヤ朝とアッバース朝は事実上、広大な自由貿易エリアで活動していた。古い境界や障壁は一掃されており、とりわけ太古の昔から東洋と西洋の境界地域だったユーフラテス川沿いでそれが顕著だった。アジアへの三つの主要ルート——紅海、ペルシア湾、シルクロード——は、もはや競合する選択肢ではなく、むしろ統合されたグローバルなロジスティック・システムであり、カリフの宗主権を認めるあらゆる集団がその物流網を利用できた。

ほぼ次の千年紀のあいだ、イスラム教徒は征服や改宗のおよぶ範囲のはるか先まで船旅に出ることになる。驚くべきことに、ムハンマドの死後一〇〇年あまりの八世紀半ばには、数千人というイスラム教徒（おそらくペルシア人）の商人が、中国沿岸の港だけでなく内陸の都市にまで達していたのだ。[38] 対照的に、外洋を航行する中国の大型ジャンク船（平底帆船）がインド洋に冒険に乗りだしたのは一〇〇〇年頃のことだったし、伝説的な宦官提督の鄭和《ていわ》が大艦隊を率いてスリランカやザンジバルを訪れるのは、さらに四〇〇年後のことだった。

アラビア語は新しい帝国の共通語だったし、イスラム教徒の海軍はジブラルタル海峡からスリランカまでの港と海上交通路のパトロールを担っていた。九世紀には、中央アジアのイスラムの支配者たちはヴォルガ川流域のハザール族と関係を築いており、彼らを通じてスカンジナビア人とも接触していた。東洋では、イスラム教徒と中国人の交流が、シルクロードと海上ルートの両方を通じていっそう活発になっていた。北アフリカの商人たちは南のサハラ砂漠へ隊商を送っていた。ムハンマドの死後数世紀足らずで、後継者たちは、既知の世界のほぼ全域を巨大な「スーパーマーケット」へと変貌させていた。そこでは、アフリカの金や象牙やダチョウの羽を、スカンジナビアの毛皮、バルト地域の琥珀、中国の絹、インドのコショウ、ペルシアの金属細工などと交換できた。[39] さらに、征服によって活気づいていたアラブ人は、多くの分野にまたがる文化的な復興を成し遂げた。当時の最も偉大な文学、芸術、数学、天文学は、ローマ、コンスタンティノープル、パリではなく、ダマスカス、バグダッド、コルドバで生まれたのである。

パクス・イスラミカはいいことずくめではなかった。西洋と東洋の境界が西へ移動して地中海上になったためイスラム教徒もキリスト教徒も地中海を自由に航行できなくなってしまったのだ。歴史家のジョージ・ホーラーニーの言葉を借りれば「街道に代わって、地中海が国境に、戦いの海になった。この変化がアレクサンドリアの没落を招いた(40)」のである。イスラム教徒の通商網は、為替手形、高度な貸出機関、先物市場など、多くの先進的な特徴を備えていた。にもかかわらず、イスラム国家は現代世界でいう国立銀行や中央銀行にあたる基本的な金融機関を決してつくらなかった(41)。

だが、これはまた別の問題だった。ローマが滅亡して数世紀のあいだ、この古代の帝国の断片として残った地域は世界貿易の僻地として世に忘れ去られたままで、中東、インド、とくに中国で起こった商業と貿易の革命の大半を知ることもなかった。それでも、地中海を航行する船舶は、アラブの大三角帆の伝来によって恩恵をこうむっていた。大三角帆を使えば船を風上に向かって進めるという、西洋古代の四角い横帆では不可能な離れ業が演じられたのだ。

こうしたパクス・イスラミカに待ったがかかったのは一一世紀のことだった。復活を遂げたキリスト教徒が、スペイン、シチリア島、マルタ島のかなりの領土を取り返したのである。この収穫に気をよくしたローマ教皇ウルバヌス二世は、一〇九五年、クレルモン公会議を召集し、第一回十字軍の結成を呼びかけた。そして、この第一回十字軍が一時的にパレスチナを奪還したのだった。

一二世紀に現れたサラーフ・アッディーンはファーティマ朝の征服につづき、エルサレムから十字軍戦士を追いだし（いっぽうでは、敵であるキリスト教徒と喜んで交易した）、中東におけるイスラム教徒の力を確固たるものとした。サラーフ・アッディーンの数々の勝利によって、イスラム世界は最良の時を迎えた。ところがその後、過酷な不幸が次々と襲いかかってきた。一三世紀にはモンゴル人に侵略され、一四世紀には疫病が流行し、一五世紀と一六世紀にはヴァスコ・ダ・ガマがインド洋へ進出してきたのだ。

イスラム勢力の長期的な衰退にもかかわらず、イスラム商人は一六世紀まで、また多くの地域で、近代の幕が開いてしばらく経つまで遠距離貿易を支配したのである。

第4章　バグダッド―広東急行――一日五ディルハムで暮らすアジア

一三世紀末、地中海の二大海運国であるジェノヴァとヴェネツィアは交易ルートをめぐって死闘をくり広げていた。一二九二年頃のこと、ジェノヴァのじめじめした牢獄でヴェネツィアのある海軍司令官が、囚人仲間でいくらか名の知られたピサ出身の作家ルスティケロに自分の思い出話を書きとらせながら何日も何週間も過ごしていた。コルチュラ島近くのダルマチア島沖で捕虜となったこの海軍司令官が、同房の新しい友人に語らずにはいられなかった物語のなんとおもしろかったことか！　彼が捕虜になる一〇〇年以上前から、その一族は東方交易で財をなし、コンスタンティノープルのヴェネツィア人街にスパイスと絹でいっぱいの倉庫を構えていた。コンスタンティノープルは当時の交易の一大中心地だった。ヴェネツィアは東洋の希少な産品だけでなく、聖地に旅する巡礼者や十字軍戦士も富の源としていた。

このヴェネツィア人捕虜は東方世界に実に詳しかったものの、彼がその世界のパイオニアだったわけではない。ヨーロッパの商人、使節、宣教師たちは、すでに数世紀にわたって富、権力、改宗者を求めてシルクロードへ冒険の旅に出ていたのである。実際、四〇年ほど前に彼が生まれた直後、父ニッコロと叔父マッフェオはコンスタンティノープルの本拠地を出発し、モンゴル人の支配する中央アジアの奥地に足を踏み入れていた。やがて二人はブハラという交易都市（現在のウズベキスタンに位置する）で、部族間の抗争に巻き込まれて身動きがとれなくなった。ところがその地で、中央アジアを支配する大ハンであるフレグの特使に出会ったのだ。特使は兄弟が話すイタリア語に興味をそそられ、彼らを東方へ招待した。利にさとい二人の商人は絹とスパイスの地へ旅することを二つ返事で了承した。

一二六五年頃までに、兄弟はフレグの兄フビライ・ハンの中国にある宮廷に到着した。そこで一〇年ほど過ごしたあとヴェネツィアへ戻ることになり、その際フビライからローマ教皇クレメンス四世宛ての書簡を託された。好奇心旺盛で国際的視野を持つフビライは、西洋の強力な信仰について自国民に教えるには一〇〇人のキリスト教宣教師が必要だと考えたらしい。ところが二人が故郷に戻った一二六九年、教皇クレメンスはすでに没していた。そのため、ニッコロとマッフェオのポーロ兄弟は、新教皇がフビライに要請された修道士を用意してくれるまで待たなければならなかった。兄弟が富を求めて中国に滞在しているあいだにニッコロの妻が亡くなったため、一五歳の息子マルコの世話はニッコロの手に委ねられた。よちよち歩きだったマルコも一人前の男になろうとしていた。[1]
マルコ・ポーロの回想と覚書きをヴェネツィアからの要請でルスティケロが再構成したのが、『東方見聞録』である。おそらく原本はフランス語で書かれているはずだ。というのも、フランス語が当時のヨーロッパの共通語だったからである。『東方見聞録』の幻想的な物語は、ヨーロッパの人びとにしてみれば架空のお話に思えた。なにしろこんな話が次々に登場するのだ。ある土地では、ウシが神聖視されたり、未亡人が夫の火葬の火に身を投げたり、若者が誘拐されて大麻《ハシシ》づけにされた挙句に女性や贅沢品をあてがわれ、暗殺者に仕立てあげられたりする（すべてインドの話）。またある土地では、どろどろした燃える物質が地面から滲みだしている（メソポタミアの油田）。またある土地では、はるか北にあるため夏は太陽が沈まず、冬は太陽が昇らない。『東方見聞録』にはポーロが訪れたことのないビルマ、シベリア、ジャワ、さらに神秘的なスパイス諸島などに関する二次的、三次的な伝聞情報が含まれていたが、実は驚くほど正確だった。
ポーロ一族は名の知れた貿易会社を経営し、『東方見聞録』は異国の風習、産物、衣服、慣行などを数多く伝えていた。にもかかわらずマルコ・ポーロは、中世の遠距離貿易に関する有益で詳細な情報をあまり残していない。数値データが欠けているのはおそらくルスティケロの仕業《しわざ》だろう。ベテラン作家のルスティケロは、コショウの値段やモンスーンを利用した正確な航海ルートよりも、火葬の火に身を投じる未亡人や周囲何キロにもおよぶ

大都市の話のほうが中世の読者に受けがいいことを直感的に見抜いていたようだ。(2)

一世紀から二世紀にかけてパクス・ロマーナと漢王朝のおかげで政情が安定し、ローマ―中国間で多くの仲買人が介在する遠距離貿易がさかんになった。これと同様に、七世紀から九世紀にかけて初期のイスラム帝国と唐王朝が権勢をふるったおかげで、カリフが支配する地域と中国との交易がきわめて円滑になった。中国の資料から、イスラム教徒が広東に現れたのは六二〇年頃だったことがわかる。預言者ムハンマドが亡くなる一二年も前のことだ。(3)

一二世紀頃に中国人が羅針盤を発明するまで、船乗りたちの頼みの綱は天文航法だった。そのため航海に際しては、霧や曇り空は大嵐に劣らず致命的だった。船乗りは緯度の測定方法ならギリシア時代から知っていたものの、経度を正確に測ることは一八世紀になるまでできなかった。外海を行く中世の旅人は絶えず恐怖にさいなまれていた。五世紀にインドとのあいだを海路で往復したある中国人巡礼者がその様子を生々しく語っている。

大海原が果てしなく広がっている。東も西もわからない。太陽、月、星々を観測しながらでなければ、前に進めなかった。暗い空から雨が降っていれば、航路がはっきりしないまま船は風に運ばれていった。夜のとばりのなかでは波しか見えず、波はたがいにぶつかり合って炎の輝きのような光を発している。……商人たちはどこへ向かっているのかわからずにすっかり怯えていた。海は底なしに深く、錨を降ろせる場所はなかった。(4)

すでに七世紀には、中国人は大勢の中東商人を目にしていたので、港に押し寄せるイスラム教徒の違いを見分けられた。「ポッシ」、つまりペルシア湾を本拠に長い航海の伝統を持つペルシア人は、内陸で活動するアラブ人の「タッシー」よりはるかに数が多かった。中国人はイスラム世界を、さらに西の「フーリン」と呼ばれるいっそう神秘的な土地――ビザンティン帝国――ともはっきり区別していた。フーリンは驚くほど美しい宝石やガラスを産することで知られていた。(5) 七五八年の広東には、その都市を略奪し、火を放ち、戦利品を手に海へ逃げだしてもおかしくないほど大勢のイスラム教徒がいたのだ。(6)

イスラム教徒のなかでもとくにペルシア人は、中国人が彼らを知っているよりもはるかに中国に詳しかった。イスラム以前のペルシアと中国のあいだに交易が存在したかどうかは議論のあるところだが、六三六年にイスラム軍がクテシフォン（現在のバグダッドの真南に位置する）の戦いでササン朝ペルシアを破ってまもなく、アラビアとペルシアの船が中国の港へ直接やってきたのは間違いない。カリフ支配下でのイスラム世界貿易体制については、七二七年に書かれた中国の文献に詳しい。

そもそも通商に熱心だったポッシはつねに大型船で［地中］海を航行し、インド洋に入ってセイロン島までやってくると宝石を買いつける……また、クンルン国［おそらくアフリカ］へ赴いて黄金を持ち帰りもする。さらに、大型船で中国の広東へ直航し、絹の織物やその類の商品を手に入れる。ペルシアの民は好んで牛を殺し、天［アッラー］に仕え、仏陀の教えは知らない。(7)

ポッシは中国の沿岸一帯に貿易ディアスポラを築き、ますます増える輸出入品を売買した。ポッシとともに、あるいは彼らを追うようにしてユダヤ人がやってきた。同じ頃、ネストリウス派のキリスト教徒が西方から陸路で到着しはじめた。ネストリウス派のキリスト教徒は異端宣告を受けビザンティン帝国から追放されたが、イスラム世界では「啓典の民」として寛大な扱いを受けていたのだ。残忍で不寛容なカトリック教会に追われたキリスト教の分派が、比較的寛容なイスラム教に引き寄せられて、さらに東へと広がっていった様子が目に浮かぶ。

七五〇年にアッバース朝がウマイヤ朝を倒すと、イスラム世界の中心が内陸の首都ダマスカスから川沿いのバグダッドへ移り、東西交流はさかんになった。バグダッドならペルシア湾を利用しやすい。アッバース朝のある支配者は「これがチグリス川だ。われわれと中国のあいだに障害はない。海上のあらゆるものが、われわれのもとにやってくるのだ(8)」

と叫んだという。

近代以前の記録には、貿易に関する統計データはほとんど残されていない。だが、ときおり手書きの文書が発見されたときにだけ、中国とイスラム世界の通商が歴史の閃光によって照らしだされる。なかでも有名なのが、アラビア語で書かれた『中国とインドの諸情報』である。九世紀中頃に数名のアラビア商人、とくにスライマンなる人物によって書かれたものらしい。読者は、つむじ風に巻きあげられてバグダッドから広東へ旅をし、四〇〇年余りのちに『東方見聞録』が再現する驚異と冒険を先取りすることができる。

この文書には次のようなことが書かれている。まず、バスラやペルシア湾の水深のあるシーラーフ港で船に荷を積む。次いで、ホルムズ海峡のすぐ外側に位置するオマーンからモンスーンに吹かれて一カ月ほど海を旅すると、インドのマラバル海岸に達する。インドでは、船一隻あたり一〇～三〇ディナールの税を徴収される。現在の約八〇〇～二四〇〇ドルに相当する金額だ。ペルシア船はマラバル海岸からさらに一カ月の航海に出ると、途中のアンダマン諸島で食糧を補給し、ベンガル湾を横断した。

その島の住民には食人の習慣がある。肌は黒く縮れ毛で、顔や目は醜く、脚は長い。男は一キュービット［約五〇センチメートル］近い長さのペニスを持っており、みんな裸だ……この食人族が船乗りをうまく捕らえることもあるが、船乗りたちは首尾よく逃げ

だす。(9)

商人たちは東南アジアのケダーに上陸した。現在のマレーシアのペナン島のすぐ北である。彼らはそこで、南に進んでマラッカ海峡を抜けるか、マレー半島の狭いくびれを陸路横断するかを選んだ。ケダーからマラッカを経てインドシナへ至る旅には約二〇日間、インドシナから広東まではさらに一カ月を要した。『中国とインドの諸情報』では、バスラから広東までわずか四カ月ほどで航海できると書かれているが、気まぐれなモンスーンのダンスや、ルート上の各地で受ける官僚主義的な妨害を考えると、優に一年以上はかかったはずである。

商人や船長は、モンスーンを利用して母港を出てから戻るまでの往復スケジュールを一年単位で組みたがった。そのため、個々の船や乗組員は全行程の一区間だけを毎年定期的に往復することが多かった(多くの船旅を無事に終えられるほど幸運に恵まれればの話だが)。たとえばグジャラートのある商人は、故郷で高級綿布や藍(インディゴ)を船に積むと、夏のモンスーンに乗ってマラッカまで航海し、運んできた商品を絹、スパイス、磁器と交換して、冬のモンスーンとともに帰郷するのが常だった。あるいは、冬に西へ帆走し、夏にウマや香料を積んでアデンから戻ることもできたし、東アフリカ海岸のマリンディまで足を伸ばして黄金や奴隷を積んで帰ってきてもよかった。モンスーンの風向きに合わせな

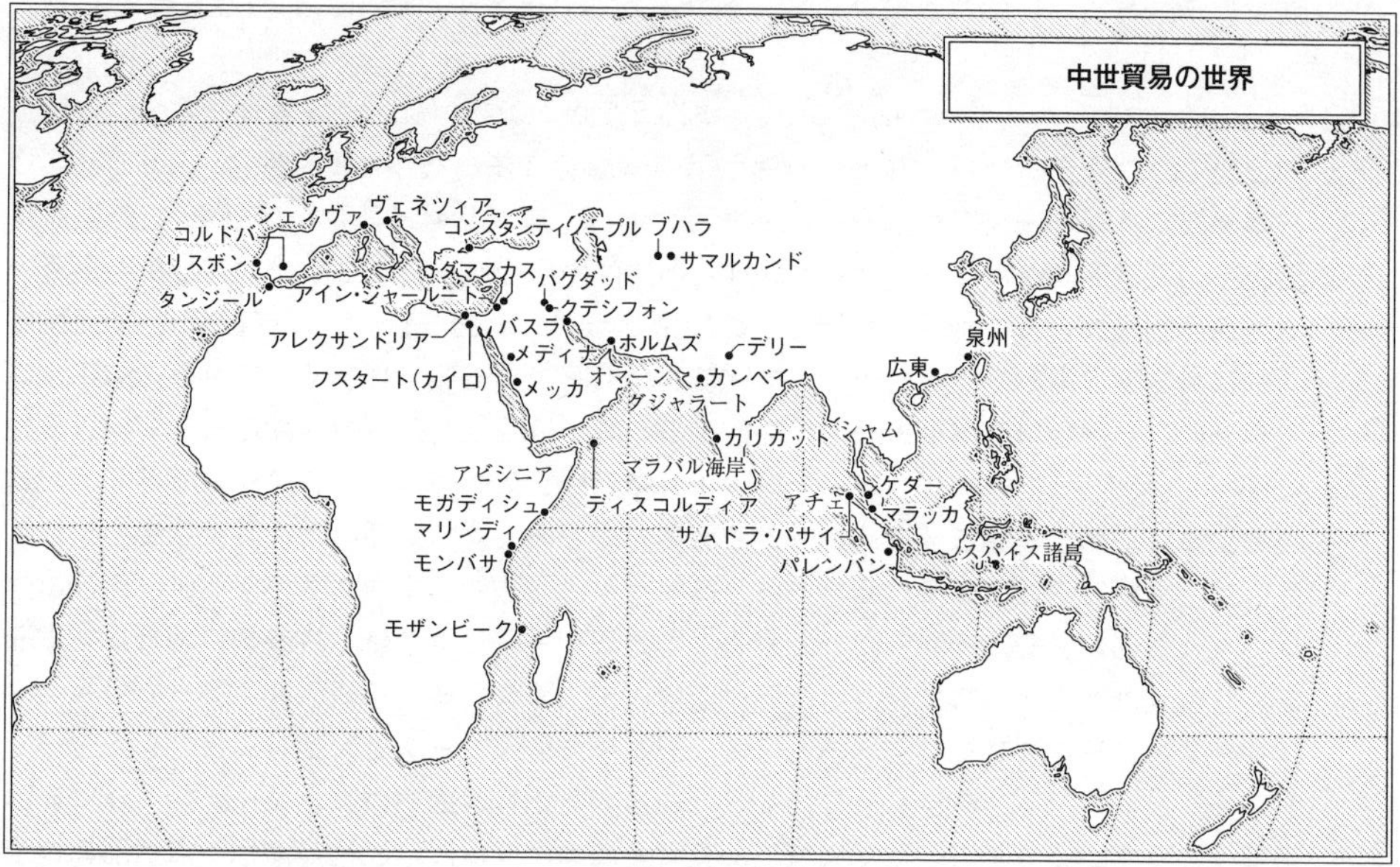
中世貿易の世界
コルドバ
リスボン
タンジール
ジェノヴァ
ヴェネツィア
コンスタンティノープル
ダマスカス
アイン・ジャールート
アレクサンドリア
フスタート(カイロ)
バグダッド
クテシフォン
バスラ
メディナ
メッカ
ブハラ
サマルカンド
ホルムズ
オマーン
カンベイ
グジャラート
デリー
カリカット
マラバル海岸
アビシニア
モガディシュ
マリンディ
モンバサ
モザンビーク
ディスコルディア
シャム
ケダー
マラッカ
アチェ
サムドラ・パサイ
パレンバン
スパイス諸島
広東
泉州

がら母港へ戻る必要性があったことを考慮すれば、バグダッド―広東の全行程を旅する商品は少なくとも三つの異なる船倉に積み替えられていたはずである。

中国人は、アラブ商人やペルシア商人から銅、象牙、香料、ベッコウを手に入れようとし、イスラム教徒は広東で、金、真珠、絹と金襴《きんらん》を船倉いっぱいに積み込んだ。この交換手続きは非常に厳格に行なわれ、中国政府の独占事業だったようだ。中国人はバグダッドからの商品を「次の船員の一団が到着する」までの六カ月間、広東の倉庫に保管した。商品の三〇％が関税として徴収され、その後「政府が欲するすべての品は、政府が最高値で購入し、即金で支払われる。不正取引が行なわれることはない」とのことである。(10)『中国とインドの諸情報』は、西洋における中国旅行紀の由緒ある伝統の先駆けである。この伝統はのちに、マルコ・ポーロ、イブン・バットゥータ、多くの後続の旅行者によって確固たるものになった。『中国とインドの諸情報』の匿名の作者らは中華帝国の広大さと洗練ぐあいに目を見張った。二〇〇を超える大都市、エキゾチックな生活様式、先進的な諸制度。「中国人なら誰でも、貧富、老若を問わず、筆で美しい文字を書く技術を身につけている」。社会保障をめぐる現代の論争に関心がある人は、ここに描かれた中国の税制および老齢年金制度を考察してみるといいだろう。

［税は］個人の資産に応じて一人ずつ徴収される。男子が生まれれば、その名前は当局

に登録される。男子が一八歳に達すると人頭税が徴収され、八〇歳に達すると免除される。八〇歳の男性には国庫から〔年金が〕支払われる。「男が若いときに徴税したのだから、老いたら俸給を支払う」というわけだ。(11)

敬虔なイスラム教徒の感性に従えば、中国のすべてが心地よかったわけではない。とりわけ不評だったのは、豚肉料理とトイレットペーパーの使用だった。ともに、イスラム教の衛生規範をひどく踏みにじるものだったからだ。最後に、イスラム教徒たちはきわめて風変わりな飲み物について書いている。

王の重要な財源に……湯と混ぜて飲む薬草がある。この薬草はどの町でもとても高く売られており、アル・サクーと呼ばれている。クローバーより葉が多く、いくらか香りが強めで酸味がある。沸騰した湯に薬草を散らして飲む。中国人にとっては万能薬である。(12)

西洋が茶に出会った瞬間だ。この商品が約一〇〇〇年後、それ自体を扱う貿易帝国を生みだし、砂糖、奴隷、磁器の世界的な需要を増やすことになる。

『中国とインドの諸情報』が書かれてから約一世紀後、ブズルク・イブン・シャフリヤールというペルシア人船長が、一二三篇の小話を書きとめた。じかに聞いた話もあれば、船乗りや商人から又聞きした話もあった。『インドの不思議』というタイトルで、南米の小説家が書くような架空の猛獣や人間を食らう巨人、さらには難破船の乗組員を襲う女たちの住む島などが登場した。

一〇〇〇人余りの女に対して男一人の割合だった。女たちは男を山へ連れていき、無理矢理快楽の道具にした……男たちは次々に衰弱し、疲れ切って死んだ。(13)

だが、この奇想天外な物語のいたるところにちりばめられた短い場面から、インド洋における中世貿易の本質が浮かびあがってくる。この本からはっきりわかるのは、商人も船乗りも難破をなによりも恐れていたことだ。ほとんどの話に、一度は難破船が登場する。中国への船旅は危険に満ちていたので、中国へ七度も旅したある船長の話に著者のシャフリヤールは仰天している。

彼の時代より前、事故に遭わずにこの旅を終えた者はいなかった。途中で死なずに中国に着くことは、それ自体が大変な偉業とみなされていた。そのうえ無事に帰郷するとなると、前代未聞の事態だった。(14)

ほぼ確実に命を落とすとわかっていても男たちが旅へと向かったのは、莫大な富という夢のためだった。『インドの不思議』にはイスハークというユダヤ商人に関する記述がある。

［イスハークの所有していた船には］一〇〇万ディナールの麝香《じゃこう》、同じ価値がある絹と磁器、さらに二倍の価値の宝石類に加え、大量のすばらしい中国製の工芸品が積んであった。(15)

『インドの不思議』にはまた、イスハークからイスラム教徒の友人への贈り物の話がある。贈り物は、黄金の蓋のついた黒い磁器の壺だった。何が入っているのかと聞かれてイスハークは答えた。「中国で君のためにつくった魚料理さ」。もう二年も経っているから、せっかくのご馳走もすっかりだめになっているに違いないと友人はいった。彼が蓋を開けると、「ルビーの目を持ち、最高級の麝香が添えられた黄金の魚がいた。壺の中身には五万ディナールの価値があった」。イスハークは結局、イスラム教徒の嘘つきの隣人に財産を騙しとられ、その後、スーダン人の支配者に贈るはずだった賄賂を用意できずに処刑された。(16)

この本の最も長い物語のなかで、中世のインド洋貿易の二つの特徴が辛辣に描かれている。一つは、恥知らずで悪辣で大儲けのできる奴隷貿易。もう一つは、中国人、アラブ人、ペルシア人、インド人を一つの通商システムにまとめあげるイスラム教の力である。この通商システムの慣行と法規は、バグダッドから広東の一帯で周知徹底されていた。

物語は例によって難破ではじまる。舞台は東アフリカの海岸だ。孤島にとり残された商人たちは食人族におびえている。ところが、彼らはうれしい驚きを味わう。その土地の王が彼らを受け入れ、歓待してくれたのだ。そのうえ商売することも認めてくれた。「実にいい商売だった。制約は一切なく、税金を払う必要もなかった」。取引が終わり、王と従者たちは修理がすんだばかりの船に商人と一緒に乗り込む。いよいよ出帆という段になって物語の語り手は、厚遇してくれた人たちを奴隷市場で売ったときの価格を計算している自分に気づく。

あの若い王は、オマーンの市場で少なくとも三〇ディナールにはなる。従者たちはまとめて一六〇ディナール。彼らの服は安くても二〇ディナール。あわせて、三〇〇〇ディルハムは下らない儲けになる。しかも指一本動かさずに、だ。(17)

商人たちは捕虜を連れて島を離れる。王は自分の丁重な扱いを思いださせて商人たちの気を変えさせようとするが、なんの効果もない。航海の途中で、さらに二〇〇人を超える奴隷が積み込まれ、王と従者を含む全員が予定どおりオマーンで奴隷として売られてしまう。

数年後、運の悪いことに語り手はまたしても難破して東アフリカの同じ海岸に流れ着く。さらに悪いことに、出迎えに現れたのは、ずっと前に奴隷として売り飛ばした王だった。自分に向けられて当然の恐るべき断罪の目をまっすぐ見つめながら、語り手は、王が穏やかに礼儀正しく語る内容に驚く。オマーンの買い主にバスラやバグダッドへ連れていかれ、その地でイスラム教に改宗したというのである。バグダッド到着後まもなく王は逃亡し、カイロで、ナイル川で、アフリカの奥地で、身の毛もよだつ数々の冒険を重ね、気がつくとかつての自分の王国に戻っていた。その国も王の留守中にイスラム教に改宗していた。

王の治めるこの貿易国は、イスラム教における商業上の慣行と法規を守ることによって見返りを得ていた。こうした慣行と法規に従うなら、この裏切り者の商人を歓待しなければならない。王がいうように「イスラム教徒は、われわれのもとを兄弟同然に訪れてかまわないことを知るべきです。なぜなら、われわれもまたイスラム教徒なのですから」というわけだ。王はこう嘆いた。自分のなによりの望みは、バグダッドの以前の主人に自分が逃亡したことによる損害を賠償すること、しかも「賠償が遅れた埋め合わせに、ご主人様が支払った額の一〇倍を」賠償することだと。残念ながら、この望みはとてもかないそうにない。それを託す相手は正直者であるべきで、この語り手でないことは明らかだからである。(18)

『中国とインドの諸情報』と『インドの不思議』にみごとに描かれた、中国を中心とする直接貿易のかつてない繁栄は、九世紀に唐王朝の政情が急速に不安定になると同時に終わりを告げた。現代の中国人がインドネシアで、インド人が東アフリカで、ユダヤ人がほぼ世界中でいやというほど思い知らされたシナリオのとおり、中国沿岸の外国商人の居留地は厳しい時代の便利なスケープゴートにされてしまった。

早くも八四〇年、唐の皇帝である武宗は自国の苦境を外国思想のせいにした。八七八年、反乱を起こした黄巣は広東を略奪し、市内の商業地区に住むイスラム教徒（主にペルシア人）、ユダヤ教徒、キリスト教徒を一二万人も虐殺した。[19] 商人を殺しただけでは飽き足りず、黄巣は南部の桑畑を壊滅させて中国の主要輸出産業の息の根も止めようとした。[20] この惨事のあと、中国の外国貿易の中心は台湾海峡の泉州の港へと徐々に北上していった。この地こそ、マルコ・ポーロやイブン・バットゥータが描いた伝説の港ザイトンだった。対外貿易の表玄関だった広東は、近代に入るまでその地位をとり戻すことはなかった。

この北寄りの貿易拠点である泉州は、朝鮮や日本と長らく貿易関係を結んでおり、両国の品々はアラブ人やペルシア人の貿易商を魅了した。イスラム船のなかには数十メートルの梯子がなければ乗船できないものもあり、船のあまりの大きさや大量の積荷は、八世紀から九世紀にかけての中国人を大いに驚かせた。まもなく、皇帝は海上貿易を監督するために「市舶使」を任命し、船舶の登録から税の徴収、「稀少かつ貴重な物品」の輸出防止などにあたらせた。(21) こうした査察官の一人が、一三世紀はじめに泉州で海外貿易の監督にあたった趙汝适《ちょうじょかつ》という貴族だった。学識があり几帳面な性格だった趙は、故郷を懐かしむ数百人の船乗りや商人の思い出話を『諸蕃志』にまとめあげた。この本は、『西方見聞録』とでもいうべきものだった。趙は中国を離れたことはなかったが、『諸蕃志』には遠く小アジアやアレクサンドリアといった地域のことまで記されており、アレクサンドリアの有名な大灯台の詳細な情報も——不正確な点もあったが——含まれていた。(22)

モンゴル人が北部のステップ地帯から中国へ押し寄せた一三世紀には、ペルシアとアラブの貿易商が中国の遠距離貿易を事実上独占しており、広東と泉州に大規模で比較的自治的な二つのイスラム共同体を築いていた。趙は次のように述べている。

外国人を友好的に扱いつつも監視の目を光らせるため、わが国政府は［泉州］および広東に［海上貿易の］市舶司を置いた。外国の商人が問題に遭遇したとき、あるいは不服を申し立てたいときは、かならず市舶司に訴えでなければならない。……種々の貴重な商品を大量に持つ豊かな国々は、すべてアラブ人の貿易圏に含まれている。(23)

ほかにも多くの中世の旅人たちがさまざまな視点から語りかけてくる。一二世紀の中頃、スペイン人のラビ（ユダヤ教の指導者）であるトゥデラ出身のベンヤミンは、ヨーロッパと中東をあまねく旅し、アレクサンドリアやコンスタンティノープルの賑わいと壮麗さについて伝えている。ベンヤミンはとくにバグダッドの知的活動に感銘を受け、「哲学者、数学者、その他あらゆる科学の集まる場所」と評した。同じ頃、イスラム商人のシャリーフ・イドリースィーは、ヴァイキングのシチリア王ルッジェーロ二世の庇護のもと、地理学書『世界のさまざまな国を知り尽くしたい者の慰みの書』を書きあげた。この書では、当時の紅海貿易の様子が非常に詳しく説明されている。イドリースィーはとくにアデン港に魅せられていた。彼がその港で出会った中国のジャンク船には、「コショウ（香りの強いものもあれば、ないものもあった）、沈香《じんこう》にアロエ、ベッコウや象牙、黒檀に籐《とう》、磁器、馬具用のなめし革」などが積まれていた[24]。

こうした貿易世界は、架空の王妃シェヘラザードがペルシア王の夫に殺されまいとして語った作者不明の一連の物語、かの有名な『千夜一夜物語』のなかにも見いだされる。『千夜一夜物語』には、アリババ、アラジン、シンドバッドなどが登場する。これらの話は一四世紀のいずれかの時期に書きとめられたらしい[25]。

船乗りのシンドバッドの冒険は決して子供向けの物語ではない。その多くは『インドの不思議』のなかの話によく似ている。両作品を読んだ人は、シンドバッドの伝説の多くが先行する本からの全面的な剽窃《ひょうせつ》ではないにしても、少なくとも同じ言い伝えをもとにしていると思うだろう。

英雄シンドバッドはスパイスと宝石を探して七度の商業航海に出るのだが、そのたびに、難破したり船に置き去りにされたりして、恐ろしい怪物や悪漢たちと次々に戦う。たとえば三度目の航海で、シンドバッドと仲間たちは奇怪な巨人に捕まる。巨人はまず「これから殺すヒツジに触って肉づきを確かめる肉屋」のように犠牲者となるべき者を吟味する。巨人は結局、一番ふっくらとしておいしそうなご馳走を選ぶ。それは船長だった。

［巨人は］肉屋が家畜を扱うように船長をわしづかみにすると、地面に投げつけ、首を踏みつけてへし折った。それから長い串をとりだして、尻から頭のてっぺんまで突き通した。次に、熾《おこ》した火の上に船長の刺さった串を渡すと、串を回しながらこんがりと焼いた。焼きあがったところで火からおろし、カバブのように自分の前に据えた。それから、鳥を関節で切り分けるように手足をもぎとって体をばらし、爪で肉をむしり、食べはじめた。骨までかじると、わずかに残った一部の骨を壁の片側に投げ捨てた。(26)

シンドバッドの仲間は全員同じ運命をたどるのだが、骨と皮ばかりのヒーローは食べる価値がないとして解放される。シンドバッドの物語にははらはらどきどきの冒険に加え、アッバース朝やファーティマ朝時代の遠距離貿易の厳しい現実が描かれている。『千夜一夜物語』にざっと目を通すだけでも、シンドバッドは船乗りではなく、多くの豪邸や倉庫を所有するバグダッドの豪商一家の御曹司であることがわかる。シンドバッドは乗り込んだ船の持ち主でも船長でもなければ、われわれの知るかぎり乗組員でもない。公正を期していえば、インド洋における商人と船員の区別はとても微妙なもので、給料をもらっている乗組員はほとんどいなかった。大半の乗組員は自分の裁量で貿易品を船に持ち込み、それで商売をして生計を立てていたのである。[27] シンドバッドの正確な職業がなんであろうと、彼が語る仕事の手順は、ゲニザ文書の読者にはおなじみのものである。

航海に必要な品物や商品を買い揃えると、海に出たくて我慢できず、商人仲間と一緒にバソラ［現在のバスラで、ペルシア湾の最も奥に位置する］行きの船に乗り込んだ。バソラで船を乗り換え、昼も夜も航海をつづけた。島から島、海から海、海岸から海岸へと進みながら、船がどこかに着くたびに商品を売買したり交換したりした。[28]

すでに述べたように、紅海では海賊、狭い水路、危険な浅瀬、向かい風などが行く手に立ちはだかったし、シルクロードではそもそもの自然条件が旅に不向きだったうえ、陸路につきまとうさらに大きな危険や政治的問題が待ち受けていた。アジアとヨーロッパを結ぶ三つの主要ルートのうち、「シンドバッドの道」――地中海を経てシリア砂漠を横断し、チグリス川かユーフラテス川を下り、ペルシア湾を出てインド洋へ入る――が好ましいルートだったのは明白である。

シンドバッドの冒険はいずれも、外国で交換するための商品、とくにバグダッドの高級な織物をアッバース朝の故郷で仕入れるところからはじまる。シンドバッドはバグダッドから小さな川舟でバスラへ下り、大型の外洋航海船に乗り換えると、ペルシア湾を抜けてインド洋を横断する旅へ出た。

数々の困難をくぐり抜けながらシンドバッドはたいてい商品を失うが、あとで取り返し、「その品々を売って莫大な利益をあげ、現地の流行の品物や道具を仕入れて」故郷の実家の倉庫をいっぱいにするのだ。巨人のディナーからかろうじて逃げ延びたシンドバッドはこう語る。

いくつかの島で売買をつづけながら、ヒンドの国［インド］に着くと、クローブとショウガのほか、あらゆる種類のスパイスを買い入れた。そこからシンドの国［中国］へと旅をつづけ、そこでも商品を売買した……それから、追い風と全能神アッラーの恵みを受けてふたたび出帆し、順調な航海を経て無事にバソラに着いた。バソラに数日滞在してからバグダッドへ戻ると、自分の住む街区と自宅へ直行し、家族、友人、知己に挨拶をした。(29)

シンドバッドを突き動かしているものは何だろうか？　それこそ、アダム・スミスのいう取り換え引き換えする人間の性向を、中世のイスラム教流に敬虔に翻訳したものにほかならない。つまり「さまざまな人種からなる社会への、また通商と利益への」欲求である。それらに加えて、バグダッドから広東に至る海上交通路を舞台とする夢と冒険があったのだ。(30)

シンドバッドの冒険に登場する架空の生き物たち、たとえば宝石がちりばめられた腐肉をむさぼる獰猛《どうもう》な巨鳥（これとそっくりな動物が『インドの不思議』に出てくる）、船乗りが島と間違うほど巨大な魚、人間を食らう巨人などは、前近代世界における地理的知識の限界を反映しているにすぎない。ヨーロッパ人も負けず劣らず空想的な東洋の物語を紡ぎだしている。旧約聖書に出てくるゴグとマゴグの国や、膝がなく毛むくじゃらで血液が貴重な赤い染料として中国の織物に使われる人間そっくりな動物、プレスター・ジョンが統治する極東のキリスト教王国など。中国人も同じく荒唐無稽な西洋の物語をつくりあげた。水中に棲むヒツジがいて、このヒツジから綿が刈りとられているといった話だ。(31)

中世のインド洋貿易時代から伝わる虚実とり混ぜたこれらの物語は、各地に散らばっているうえに未完である。だが、中国で産する主な四つの贅沢品――絹、白檀、スパイス、磁器――が、東洋で人気の高いアラビアやアフリカの産物――純血種のウマ、象牙、香料、綿、金、銅――と交換されていたことを明らかにしている。例のごとく船の底荷としては

穀物が積まれていた。古米のほうが品質がよい場合もある米は、傷みやすい小麦よりずっと好まれた。(32)

いにしえから、洋の東西を問わず、偉大な文明は周辺の遊牧民族の来襲に悩まされてきた。さすらいの侵略者はヨーロッパの北部からモンゴルまでの広い地域で勢力を保っており、アジアではチュルク語族、ヨーロッパではゲルマン・スカンジナビア人を起源とすることが多い。彼らは数千年にわたって定住農民を襲いながら戦闘技術を磨いた。自分たちより農業に長け、進んだ社会制度を持ち、文化的にも成熟した定住性の近隣民族をくり返し壊滅させていた。五世紀にローマ帝国が滅亡させられたのもその例である。

しかし、こうした遊牧民が最もめざましい成功を収めたのは一三世紀はじめのことだった。チンギス・ハンが中央アジア全域を征服しようと、怒号をあげながらステップ地帯を猛進してきたのだ。数十年足らずのうちに、偉大なチンギス・ハンの子孫たちが一群の帝国を支配するようになった。それだけ広大な領土を手にした王朝は後にも先にも例がない。

一二五五年、チンギス・ハンの孫モンケは、弟のフレグをイスラム世界制圧のために派遣した。一二五八年、フレグはバグダッドを破壊し、数十万人を殺戮した。イスラム世界では現在でもこの悲劇が嘆かれている。そのときモンケが死ななかったら、フレグ率いるモンゴル軍は地中海まで侵攻をつづけただろう。ところが、フレグは亡き兄の後継者候補として名乗りをあげるために、モンゴルへ戻らざるをえなくなった。一部の軍隊が残されたが、一二六〇年にこの軍隊はパレスチナのアイン・ジャールートの戦いでマムルーク朝エジプトに敗れた。悪いことは重なるもので、フレグは帝位を引き継げず、代わって兄のフビライが皇帝の座についた。フビライはやがて宋王朝から中国を奪取することになる。

一三世紀中頃から一四世紀中頃にかけての約一〇〇年間、中国からヨーロッパの入口に至る陸路には、程度の差はあれ政情の安定したモンゴル人国家が連なっていた。これらの国家は商業を重視したのはもちろん、征服地の宗教や文化を熱心にとり入れた。アジアの四つのモンゴル帝国のうち三つは、やがてイスラム教に改宗し、唯一改宗しなかったフビライの伝説的な元朝は、中国の古代文化を急速に吸収した。また、イスラム教とキリスト教の影響も受けた。フビライは既存の官僚体制を信用せず、多くの外国人を登用した。そのなかにはポーロ一族の三人も含まれていた。

一二六〇年頃にチンギス・ハンの孫たちの征服劇ではじまり、内乱と疫病によるモンゴル帝国の崩壊で終わる約一世紀のあいだ、シルクロードを遮るものはなかった。多くのヨーロッパ人やイスラム教徒がこの比較的短いチャンスを活かし、中国と西洋を楽々と往来した。だが、そうした人びとのなかでも二人の名前が歴史上に燦然と輝いている。マルコ・ポーロとイブン・バットゥータである。

きわめて有能な貿易商であるポーロ一族は、チンギス・ハンの孫たちが門戸を開放するや、それをいち早く利用した。いっぽう、イブン・バットゥータは商人でさえなく、イスラム世界の裁判官であるカーディーだった。一三〇四年にモロッコのタンジールで学者の家に生まれ、先祖代々の男たちと同じくイスラム法を学んだ。法律を学び終えると、義務としてメッカへの巡礼の旅に出された。マルコ・ポーロの死から一年後の一三二五年のことだった。

巡礼の旅はバットゥータを魅了したに違いない。その後、彼は三〇年以上にわたってアジア、アフリカ、ヨーロッパをめぐる七万四〇〇〇マイル（約一一万二六〇〇キロメートル）にもおよぶ旅をしたのだ。ユーレイルパス〔ヨーロッパの鉄道乗り放題の切符〕を携えた現代のヒッピーは、ギター、ハーモニカ、募金箱を使って旅費を補うのが得意だが、バットゥータはいわばその中世イスラム版だった。シャリーア（聖なるイスラム法）の専門知識を懸命に売り込みながら、右肩あがりに財産を増やし、権力や女性の連れを手に入れたのだ。退屈したり、逆境に立たされたり、身の危険を感じとったりすると、旅を先に進めた。彼が去ったあとには、捨てられた愛人や、不幸な元妻、子供、義理の両親などがとり残された。

一三〇〇年頃、野心に満ちたチュルク系イスラム教徒の一派が、インドの北部と中央部を古代ヒンドゥー王朝から奪い、デリーにスルタン国を建てた。こうしてインドを征服した初期のイスラム教徒として名を馳せたのがムハンマド・ビン・トゥグルクである。トゥグルクは一三二五年から一三五一年までスルタンの地位にあったが、これはバットゥータの壮大な旅の期間とほぼ重なる。トゥグルクは軍事、農業、統治機構の向こう見ずな改革で悪名をとどろかせた。四〇〇マイル（約六四〇キロメートル）南の埃っぽく荒涼とした南インドのデカン高原への遷都に失敗したり、農業を統制して飢餓と反乱を招いたり、中央アジアのモンゴル人制圧のために大軍を召集したものの計画の大半を断念したりといった具合だ。ただし、山岳部族に破壊されたカシミールへの派兵だけはどうにか実行した。

だが、トゥグルクが本当に情熱を注いだのはイスラム法だった。スルタンに即位するとすぐに、イスラム世界の高名な学者を招聘《しょうへい》しはじめた。魅力的な人材には大枚をはたき、信じられないほど好待遇の名誉職、宿舎、特典などを与えた。この頃、バットゥータはインド北西部のヒンドゥークシ山脈を越えようとしていた。約八年も旅をつづけていたうえに豪勢な旅に慣れていたため（荷運び用のラバ、可搬式の豪華な家具やテント、多くの奴隷と女）、バットゥータの所持金は底をつく寸前だった。デリーの宮廷に仕事口があるとの話を耳にして、バットゥータはその呼びかけに応じることにした。

その道中、バットゥータはインダス川の下流域を通った。そこは、八世紀にインド亜大陸で最初にイスラム教を受け入れた地域として信者に崇められていた。途中、一行はヒンドゥー教徒の山賊に襲われた。バットゥータは事もなげにこう書いている。

インドの住民の多くは異教徒［ヒンドゥー教徒］である。そのなかには、イスラム教徒の庇護を受けて村や町で暮らす者もいれば、山地に出没して街道沿いで盗みを働く者もいる。二二人の男の一行で旅をしていたとき、馬上の二人に徒歩の八〇人というヒンドゥー教徒の一団に襲われたことがあった。だが、われわれは応戦し、神のご加護により馬上の一人と徒歩の一二人を殺して敵を追い払った。(33)

中世の旅行者にとってこんなことは日常茶飯事だった。バットゥータと仲間たちは、一三人の不運な山賊の首を街道沿いの最寄りの砦の壁にぶら下げた。(34)バットゥータもまた（ポーロ一族のように）、夫の火葬の火に身を投じる妻に出くわしている。

女は盛装し、異教徒であるヒンドゥー教徒や僧侶《バラモン》の行列が付き添っている。太鼓やラッパの音が響き、男たちはイスラム教徒も異教徒も後をついていくが、これは野次馬にすぎない。燃えさかる火のなかに夫の亡骸が投げ込まれた。すると、妻がその上に自ら身を投げ、二人とも完全に焼き尽くされた。もっとも、妻が自らの身を焼くことが絶対に必要だと考えられているわけではない……だが、それを拒めば、夫への貞節が足りないとして、その後ずっと粗末な身なりをさせられ、親類縁者たちのあいだで肩身の狭い思いをしながら生きることになる。(35)

バットゥータはようやくデリーに到着した。そこで、ファイナンスの歴史上、きわめて奇妙な金融市場を目にする。多くの事業が（また、間違いなくバットゥータのような外国人カーディーの運命も）トゥグルクの一存にかかっており、貢ぎ物がかかせなかった。その見返りにトゥグルクに目をかけてもらえば十二分な利益を得られるのだが、そのせいで今度は宮廷に大きな借りがあるという意識が芽生えることとなった。こうした高価な貢ぎ物は一般人の資力でまかなえるはずもなく、事業許可を願い出る者はほぼかならず借金をしなければならなかった。

中国やインドの商人は新参者にまず数千ディナールを貸しつけ、貢ぎ物として差しだしたい品物は何でも提供してやった……自由に使える資金と人員を用意してやり、新参者の前に付き添い人のように立つ。新参者はスルタンに拝謁すると、豪華な贈り物を与えられ、それで借金を清算する。商人同士のこうした取引は非常にさかんで、莫大な利益を生みだしている。(36)

望みがかなっても、宮廷の豪華な暮らしを維持するために、新参者はたいてい借金地獄に陥った。バットゥータはやがてデリーのカーディーとなって王家の霊廟を管理するようになり、いくつかの村の徴税担当者となったが、それでもディルハム銀貨で五万五〇〇〇枚（ディナール金貨で約四〇〇〇枚）の借金を抱えていた。

バットゥータはデリーの金融界のトラにまたがると同時に、政界のトラにもまたがっていた。当時にあっても、トゥグルクはとりわけ残忍な君主だった。イスラム法への関心から、イデオロギー的な純粋さという現代世界ではおなじみの危険の種を手にしてしまったのだ。不忠な行為は、それが事実であろうと疑いをかけられただけであろうと多くの臣下たちの死期を早め、教義を虚心に信じなければあの世への確実な近道になった。現代のある学者はこう述べている。

反逆者を罰するため、真っ二つに切り裂いたり、生きたまま皮を剝いだり、牙に剣をつけたゾウにもてあそばせたりすることはあったにせよ（バットゥータはこの最後の罰を一度ならず目撃することになる）、国政に関する質問をしただけで一流の学者や聖職者にそうした屈辱を味わわせたとなれば、話はまったく別である。(37)

反体制のスーフィー派と少しばかり関係を持ったせいで、バットゥータは九日間にわたり武装した衛兵の監視下に置かれる羽目になった。その間、恐ろしい末路が次々に脳裏をよぎった。待遇に幻滅していたバットゥータは、メッカへの巡礼を許してほしいとスルタンに願いでた。ところが願いはかなわず、代わりに断われそうにない申し出を受けた。フビライ・ハンの支配する中国へ大使として出向けというのだ。巡礼者として西へ逃げだすより、大使つきの奴隷、何人もの愛人、一〇〇〇人の騎兵による護衛団などを従えて東へ向かうほうがいいと考えたバットゥータは、中国へと旅立った。

最も平穏な時代でも、デリーからマラバル海岸への陸路の旅は危険に満ちていたが、バットゥータの大旅団はマラバル海岸から中国へ向けて船出することになっていた。そのうえ、トゥグルク朝はぐらついていたから、平穏など望むべくもなかった。デリーを出発して数日後、一行は四〇〇〇人の反乱軍に襲われた。数のうえでは圧倒されていたにもかかわらず、使節団は敵を破り、わずかな犠牲者を出しただけですんだ。それからまもなく、バットゥータは別の反乱軍に捕まったが、処刑寸前に逃げだした。

バットゥータはふたたび一行に加わった。一行はインド北西部のカンベイ港から比較的小型のインド船四隻に分乗し、南西部のカリカット港へ向けて出発した（カリカットはインド亜大陸を挟み、二世紀後にイギリス人が植民したカルカッタとは反対側にある）。インドはコショウの国で、南へ行くほど町は豊かになった。土地が肥沃になるにつれ、中国の巨大なジャンク船を目にする機会が増えた。黒いスパイスを山のように買いつけるためにやってきているのだ。フビライの家来は料理の風味づけにそれを用いた。五〇年前、マルコ・ポーロは泉州のスパイス市場についてこう述べている。「輸入されるコショウの量は膨大で、それにくらべれば、世界の西側の需要を満たすべくアレクサンドリアへ運ばれる量は微々たるものだ。せいぜい一%くらいだろう」[38]

バットゥータは、海運技術やインド―中国間の貿易量といった細かいことにはほぼ無関心だった(さらにいえば、イスラム法と贅沢な暮らしにしか興味がなかった)。しかし、豪華な中国船には心を打たれた。いくつもの甲板、個室トイレ、旅客係、救命ボート、そしてもちろん「女奴隷や女性連れの利用者が内側から鍵をかけられる」船室などを備えていたのだ。[39]

バットゥータにとって腹立たしかったのは、大型船の最高級の船室がすでに中国役人にとられてしまい、個室トイレのない小ぶりの船室しか残されていなかったことだ。こんな部屋は自分にふさわしくないとして、バットゥータはやや小型のインド船でもっと広い船室を使うことにした。ところがバットゥータが金曜礼拝に出ているあいだに、大型ジャンク船とやや小型のインド船からなる小船団は突然の嵐を避けるために出港してしまった。ジャンク船は座礁して沈没し、バットゥータが乗るはずだった小型船は、彼の召使い、手荷物、何人かの愛人(一人はバットゥータの子を身ごもっていた)を乗せたまま彼を置いて南進し、その後スマトラで「野蛮人」(つまりヒンドゥー教徒)に捕らえられた。

バットゥータはやがて、すっかり減った従者を連れてさらに小さな船に乗り、中国へ旅立った。その途中、マレー半島西部で一人の王の客となり、ある異様な光景を目撃することになる。王の臣下の一人が忠誠心を示そうと、自分の首にナイフを当てたのだ。

男はそれから長々と演説をしたが、私にはまったく理解できなかった。そして男はナイフを固く握りしめた。ナイフはとても鋭利で、男が大変な力を込めたため、頭は体から切り離され、地面に転がった……王は私にいった。「あなた方のなかにここまでする者はいますかな?」。こんなことをする者は見たことがないと私は答えた。王は笑みを浮かべていった。「ここにいる召使いたちがそうするのは、王への愛からなのです」(40)

それからまもなく、バットゥータはスマトラ島北部のサムドラ・パサイ(現在のバンダアチェの近く)に数カ月間滞在し、中国へ北上するためモンスーンの向きが変わるのを待った。バットゥータが訪れたサムドラ・パサイは、東南アジアではじめてイスラム法を受け入れた国だった。インドからやってきたイスラム商人がイスラム法を広めたのだ。バットゥータがサムドラ・パサイに着いたのは一三四五年のことだった。彼には知る由もなかったが、現代世界で最大のイスラム人口を誇る国インドネシアを生みだす改宗の端緒を目撃していたことになる。

中国到着後、バットゥータの旅行記はしだいに大ざっぱになっていく。広い地域にまたがる中国の旅について述べられているのだが、北京と広東のあいだの数千キロにおよぶ道路や運河を数カ月で踏破したらしい。だが、これは考えられないほど短い期間である。バットゥータは目にしたものが気に入らなかった。バットゥータの『三大陸周遊記』ではおなじみのことなのだが、彼はパック旅行の不機嫌な西洋人の気分を味わわされているのだ。こうした旅行者は、同郷人とだけつきあい、慣れない食べ物を供され、標準以下のホテルに泊まり、いたるところで現地の人間にだまされる。

私は異教信仰が支配するこの国の現状について考え、ひどく悩んだ。外出するたびに非難に値する物事を目にした。そのせいでとても気持ちが乱されるので、大半の時間を宿に閉じこもって過ごし、必要なときにしか外出しなかった。(41)

バットゥータは、中国の驚くべきイノベーションである紙幣も気に入らなかった。海外に行って外国の「偽金」に腹を立てる典型的なアメリカ人のように、バットゥータは不平を漏らしている。「ディナール金貨やディルハム銀貨を市場へ持っていっても、紙の札に交換しなければ誰も受けとろうとしない」(42)(これに対し、マルコ・ポーロは中国の宗教的・文化的な多様性をおもしろがった。「この国は愉快だ。人びとは偶像を崇めている」(43))。

だが、バットゥータは中国で目にしたものがすべて気に入らなかったわけではない。マルコ・ポーロと同様に、泉州の街の大きさには驚いている。泉州は、一般中国人区、守備隊区、ユダヤ・キリスト教徒区、船乗り・漁師区、行政府区、イスラム教徒区の六区画に分かれていた。当時おそらく世界最大だったこの都市は、ひとめぐりするのに丸三日を要した。また、中国国内の旅の安全性についても好意的に論評せざるをえなかった。これは、アジアや中東の路上で出くわす危険に慣れていた者にとって考えられないほどの贅沢だった。バットゥータの筆に最も熱がこもったのは、当然ながら、福州という港湾都市でタンジールの自分の生家近くからやってきたモロッコ人に出会ったときのことだった。この男は、バットゥータに多くのすばらしい贈り物をくれた。そのなかには、白人男性の奴隷二人のほか、現地の女性二人が含まれていた(44)。

ヴェネツィア人のマルコ・ポーロとモロッコ人のバットゥータは、中世の英雄的放浪者として多くの点で対照的だった。キリスト教徒のポーロは、訪問先の人びと、風習、土地に強い好奇心を持ち、中国や中央アジアのモンゴル人ハンの好意にほぼ全面的に甘えた。いっぽう、イスラム教徒のバットゥータは、イスラム世界以外にはまるで関心がなく、途方もない富、名声、影響力をデリーのイスラム法廷で勝ちとった。

ポーロは熱心にアジアの非キリスト教徒と接触しようとした。たとえその理由が、生き延びて商売をすることだけだったとしてもである。ポーロが外の世界の影響力に魅力を感じて率直に向き合っていたことは、『東方見聞録』の記述からありありと伝わってくる。ところがバットゥータは違う。バットゥータの著作は、イスラム教と無関係な人びとや出来事に対しては驚くほど無関心だ。二つの物語の共通点をあげるとすれば、東方世界を舞台とし、プロの作家によって書かれたということくらいである。

だがまさに、ダール・アル・イスラーム（イスラムの家）の外側の人びとにバットゥータが無関心だった事実こそ、イスラム教徒が中世アジア貿易を支配していた証拠なのだ。一四世紀、バットゥータはモロッコ、東アフリカ、インド、中央アジア、東南アジア、中国を通って七万四〇〇〇マイル（約一一万二六〇〇キロメートル）にもおよぶ旅をしながら、イスラム文化圏から一度も外れることはなかった。イスラム文化圏外の人びとと意味のある交流をしなくても、生き延び、旅をし、生計を立てられたのである。

カイロやタンジールのイスラム教徒のスパイス輸入商は、宗教上、倫理上、そしてこれが最も重要だが商業上の決まりに従っていた（だから、バットゥータのような「カーディー」の仕事が必要だったのだろう）。カンベイやマラッカのイスラム教徒の輸出商もそうだった。イスラム教徒の支配者は、アフリカ、アラビア、インド、東南アジアのどこであれ、関税をはじめ税率に関する同一基準を守った。一般的に、イスラム教徒は二・五％、保護を受けているジンミー（キリスト教徒とユダヤ教徒）は五％、保護されていない異教徒（ヒンドゥー教徒やアニミズムを信じる先住民）は一〇％を課された。(45)

ハッジとはメッカやメディナへの巡礼のことで、イスラム教徒の義務である。このハッジがインド洋貿易の世界を統一するのに一役買った。誰でもハッジに出るだけの経済的余裕があったわけではなく、多くの者が（ほとんどではないにしても）、スパイス、絹、綿といった手荷物を売って高額な旅費を捻出した。やがて、ジェッダ港は当時の一大商業中心地となった。

程度の差はあれ独立した通商国家の点在していたインド洋が、イスラム教徒だけのものでなかったことは確かである。各国の支配者はさまざまな国籍と宗派に属しており、なかにはイスラム教徒でない者もいた。たとえば、カリカットはヒンドゥー教徒の「ザモリン（君主）」によって統治されていた。とはいえ、一四世紀の中世インド洋貿易の世界は、本質的に同一の「ダール・アル・イスラーム」だったといっても過言ではない。

バットゥータはイスラム法とイスラム世界に執着し、それ以外のほぼあらゆることに興味を持たなかった（中国のジャンク船の快適さは別だが）。ここから、現代世界で目につくイスラム教の諸刃の剣的性格がはっきりと見てとれる。普遍的かつ独善的な信仰によって、広範囲に散らばる人びとを一つの信念体系と法制度のもとにまとめあげる力を持ついっぽうで、他者を分析して吸収する力はきわめて限られているのだ。

バットゥータはインド洋を航行する中国の巨船を賞賛した。それらの船は、中世の驚くべき科学技術の粋を集めたものだった。ステップの遊牧民によって中国の南岸地域に追い立てられた宋王朝は、一一世紀以降、戦略の焦点を海に移した。一一三二年、宋の皇帝は常備海軍を創設した。東洋では前例のない革新的組織だった。中国軍の指導者たちは海運技術を最重視し、造船所ではさまざまな巨大軍艦や外洋船が製造されるようになった。鉄釘が使われた多重船殻、複数の甲板、船尾に設置された非常に効率のいい舵、羅針盤（曇天でも正確な航行ができた）、先進的な縦帆（このおかげで風上にほぼまっすぐ間切り走りができた）などを備えた船である。束の間ながら、中国人は文化的優越主義を捨ててペルシア人やインド人の高度な航海技術をとり入れたのだ。(47)

こうした先進的な中国船とくらべてインド洋を航行する伝統的なダウ船は、ココナッツの繊維で縫い合わせた一重の船体で、不格好な大三角帆を持ち（間切りをするたびにこの帆を揚げ降ろししなければならなかった）、甲板はなく非常に壊れやすかった。そのためマルコ・ポーロは、ホルムズでダウ船に乗るよりも過酷で危険で費用のかかるシルクロードの旅に耐えるほうを選んだ。

ある西洋人はダウ船についてこう書いている。

とても壊れやすく、不格好で、鉄も防水材も使われていない。布のように紐で縫い合わせてあるのだ！　これでは一カ所でも紐が切れれば、本当に裂け目ができてしまう！　海に出る予定があるなら、年に一回、多かれ少なかれ船を修繕する必要がある。テーブルの天板のような壊れやすい薄っぺらな舵がついていて……間切りをしなければならないときは大変な苦労である。強い風が吹けば間切りはまったくできない。(48)

別のヨーロッパ人は中国のジャンク船はたいてい次のようだったと書いている。

とても大きく、一〇〇を超える船室がある。追い風が吹けば一〇の帆を張る。それだけの大きさがあるのは、三重の厚板でできているからだ。一枚目はわれわれの船の厚板くらいあり、二枚目はそれと交差するように張られ、三枚目はまた元の方向に張られている。実に頑丈な代物だ。(49)

船舶史の研究家たちは実際、こういぶかってきた。インド人やアラブ人がそれほど長く、ほぼ現在に至るまでダウ船にこだわり、中国やヨーロッパの優れた設計を採用しなかったのはなぜなのかと。答えは少なくとも三つある。第一に、インドの造船技師は安全な外航船に対する船乗りのニーズよりも伝統のほうをはるかに重視したこと。第二に、インドの西海岸では造船に使われる鉄が十分に産出しなかったこと。第三に、縫合船は外洋航海には向かなかったかもしれないが、「沿岸航行」には向いていたこと。つまり、堅い厚板張りで肋材《ろくざい》を持った中国やヨーロッパの船とくらべるとしなやかなため、砂州、岩礁、浅瀬などにたびたび出くわす沿岸貿易では生き残りやすかったのだ。(50)

中国の優れた海運技術を考えると、マラッカより西で中国の貿易商の影がやや薄かったのは注目に値する。中国人がインド洋で意識してその力を誇示したのは、一四〇五年から一四三三年にかけてのことにすぎなかった。儒教は商人を寄生者とみなし、低い社会的地位しか認めなかった。そのため、最も有能で野心的な人びとは経済活動に保守的な官僚社会をめざすことになったのかもしれない。また、中国の（のちに日本の）中央集権的な政治機構は外界との接触をすぐに断つことができた。

反対に、きわめて分権的な性格を持つ中世インド洋貿易の世界では、ダーウィン的な経済競争がくり広げられていた。こうした競争では、貿易や通商に最も適した政治的「突然変異」を起こした国々が繁栄し、適していない政治制度の国は衰退した。これとほぼ同じように、山や川の多い地形のせいで数千もの競合国に分裂していたヨーロッパの政治環境においても、経済的に最も効率のいい制度を持つ国が有利だった。そうした国の一つであるイギリスが、史上初の真にグローバルな覇権国として登場することになる。(51)

一三八二年、モンゴル軍の残党を追っていた明の初代皇帝、朱元璋（洪武帝）の軍隊が、イスラム教徒の一〇歳の農夫を捕まえた。少年の名は馬《ま》といった。司令官がこの幼い捕虜にモンゴル人の帝位僭称《せんしょう》者の居場所を訊ねると、生意気にも「池に身を投げました」という答えが返ってきた。不敵さを見込まれた馬は王宮に連行された。三年後、習慣に従って去勢され、王宮の宦官《かんがん》の一員に加えられた。そこは、洪武帝の二六人の息子の四番目にあたる朱棣《しゅてい》（永楽帝）の住まいだった。

たいていの宦官と異なり、馬は甲高い声にならず、女性的な仕草を身につけることもなかった。それどころか、よく響く太い声を持った、気が強く聡明で大柄な戦士に育った。主君の朱棣が、甥の建文帝との激しい内戦の末にようやく皇帝に即位すると、若き腹心の馬は宦官の最高位である太監に抜擢された。(52) 名は鄭和《ていわ》と改めた。西洋では最近までチェン・ホーと呼ばれ、宝船《ほうせん》艦隊の司令官にしてインド洋の主として知られていた。

歴史のなかで、一四〇五年から一四三三年にかけて全部で七度におよんだ宝船艦隊の大航海は鄭和と結びついている。だが、これらの壮大な派遣団はどの点から見ても、拡張主義者である永楽帝の大構想の一歯車にすぎなかったし、結局は儒学者と宦官の古くからの抗争における尖兵だったのだ。

永楽帝は、孤立主義者で農民兵の出身だった父とは異なり、教養ある統治者だった。国際主義者にふさわしい世界観を持ち、多額の費用を投じて海外遠征を数十回にわたって敢行した。こうした取り組みのなかには、かつての敵であるモンゴルへの外交・軍事上の使節の派遣や、成功とはいいがたいベトナムへの侵略などもあった。後者は、長期にわたる過酷なゲリラ戦の引き金となった（現代のフランスやアメリカがここから適切な教訓を学ぶことはなかった）。

永楽帝による多くの壮大なプロジェクトのなかで歴史に最も大きな足跡を残したのが、

宝船艦隊だった。バットゥータがあれほど乗りたがった船の後継となる巨大船団である。船の大きさは、全長「わずか」三〇メートルの比較的小さな支援船から、九〇～一二〇メートルの巨大な「宝船」があり、釘止めした複数の防水区画のある船殻、最大九本のマスト、数十もの広々した船室、ヨーロッパでは近代初期まで見られなかった精巧な船尾舵などを備えていた(53)。

宝船艦隊の船旅は、たいてい約三万人の乗組員を擁する三〇〇隻ほどの船団から成り、マラッカ、スマトラ、ジャワ、インドへ向かう二年間の遠征だった。のちには、ホルムズ、紅海、東アフリカ沿岸の大半の地域まで足を伸ばした。宝船艦隊が、中国の通商のために新たな市場を開拓することはほとんどなかった。ポーロ、バットゥータ、そして中国人やイスラム教徒の観察者が教えてくれるのは、前の世代の中国の外交使節や商人たちがアジアの港をすでにいくつも訪れていたという事実だ。宝船船団による七度の遠征の主な目的はむしろ、外交的、軍事的、象徴的なものだった。

各遠征ではモンスーンが周到に利用された。鄭和の艦隊は、秋になると中国南部の太平《タイピン》という投錨地に集合し、ジャワ島のスラバヤへ運んでくれる冬の北東モンスーンが吹くのを待った。スラバヤには七月までとどまり、南西モンスーンが吹くとそれに乗ってスマトラ、マラッカを通り過ぎ、スリランカやインドのマラバル海岸に達した。それから、やや小規模な分遣艦隊がはるばるホルムズやアフリカまで足を伸ばした。その後の一二カ月は先のプロセスを逆にたどり、冬の北東モンスーンを利用してジャワ島まで南下し、夏の南西モンスーンに乗って帰国するのである。

この冒険によって重要なマラッカ海峡の政情が安定したことは、なによりの成果だった。マラッカ海峡は改宗したスマトラのスルタンが支配していたが、シャム人が支配権を主張してインド洋への中国の出入りを規制していた。鄭和はマラッカ海峡に横行していた海賊行為をやめさせたうえ、重要な水路をめぐって争うシャム人とマラッカ人の利害を巧みに調整し、通商に携わるすべての者が海峡を通過できるようにした。鄭和には、口に出せないもう一つの任務があったのかもしれない。永楽帝の甥で、海外逃亡したといわれていた前皇帝の建文帝の捜索である。(54)

宝船艦隊に関する情報の多くは、馬歓という中国人イスラム教徒の回想録によっている。アラビア語に堪能だった馬歓は、通訳として鄭和の後期の航海に同行した。マラッカのスルタンを訪問した際の記述は「宝船艦隊外交」の本質を雄弁に語っている。

［永楽帝はスルタンに］銀の印章二個、帽子、印綬、官服を授けた。［鄭和は］石盤を設置し、［マラッカを］都市に昇格させたため、その後は「マラッカ国」と呼ばれた。それ以降、［シャム王が］マラッカをあえて侵略することはなくなった。王に任ぜられる光栄に浴したスルタンは、妻と息子を伴って［中国の］宮廷に赴き、礼を述べて自国の産物を

献上した。中国の宮廷は、マラッカ王が帰国して国土を守れるようにと、外航船を与えた。(55)

インドとアラビアで、馬歓は西洋の一神教の源流に出会った。カリカットに滞在中、ひそかに語り継がれてきたエジプト脱出の不思議な物語を書きとめた。それは次のような人物の話だった。

ある宗派を起こしたモーセ。人びとはモーセが間違いなく神の使いであると知った。すべての人が彼を崇拝し従った。やがて、聖人はほかの地へ向かう人びとを率いて去り、人びとを治め導くよう弟に命じた。

不幸なことに、弟は黄金の雄牛を崇拝するよう人びとに教えたという。「この雄牛は絶えず黄金の糞をする。人びとはその黄金を手に入れ、大喜びした。そして天の道を忘れた。誰もが、その雄牛を本当の主だと思った」と馬歓は書いている。預言者モーセが戻ると、雄牛を破壊し、弟を追放した。弟は「大きな象に乗って姿を消した」。(56)

外交や異文化交流における功績がいかに大きくても、鄭和が手にした経済的見返りは微々たるものだった。国内の木材および造船能力の大半と、兵力の多くを費やした努力の結果がそれだった。艦隊の貨物として最も有名で尊ばれたもの、つまりアラビアやインドの支配者から献上されたアフリカ産のキリンも束の間の象徴的価値を生んだにすぎなかった。キリンが珍重されたのは、風変わりで愛嬌のある姿形のためだけでなく、中国人の知る「麒麟《きりん》」と同じ動物だと思われたためだった。この架空の動物は、一角獣の角、ウマの蹄、オオカミの額、雄牛の尾、ジャコウジカの体を持ち、平和と繁栄の時代にだけ現れるといわれていた。マラッカから贈られ、中国人の心をとらえたもう一つの献上品は、小さな文字を拡大する不思議な透明のガラス製品だった。これがヴェネツィアで発明されたばかりの初期の眼鏡だったことはほぼ間違いない。(57)

さらに悪いことに、艦隊の行き帰りの貨物——行きは磁器と絹、帰りはスパイス、宝石、毛織物、絨毯——は、鄭和の同僚の宦官たちの倉庫を経由した。彼らが中国の海外貿易の大部分を支配していたのだ。一四二四年に永楽帝が没すると、宦官と外国嫌いの儒学者官僚による権力争いに火がついた。儒学者が勝利した結果、中国の偉大な遠征の時代に終止符が打たれることになった。鄭和は七度目の航海を指揮しているあいだに亡くなり、一四三三年七月に艦隊が揚子江に戻ってきたあとは彼の遺志を継ぐ者はいなかった。

数世代のあいだ、中国人は海軍や商船隊の衰退に歯止めをかけようとはしなかった。一五〇〇年、三本以上のマストを持つ船の建造は死罪との勅令が出され、一五二五年にはあらゆる外航船の建造が禁止された。海軍がいない海には、海賊がはびこる。一六世紀の半ば、日本の「倭寇《わこう》」が中国沿岸を恐怖に陥れた。そのせいで、福建省の女性は現代に至るまで青いスカーフで顔を覆っている。(58)これはそもそも、外国の盗賊の好色な眼差しから女性を隠すために考えられたものだった。

近年、鄭和の航海は歴史修正主義者の研究課題になっている。イギリスの退役潜水艦長ギャヴィン・メンジーズは、『一四二一――中国が新大陸を発見した年』で、鄭和の第六次航海の別動隊がアメリカ（および、オーストラリア、ニュージーランド、ブラジルの大西洋岸、カーボヴェルデ諸島）を訪れたことを示唆した。しかし、海事史家はメンジーズの大半の主張を真に受けてはいない。(59)

こんにち、新たに築いた軍事力と経済力を行使しつつある中国は、鄭和の航海を例に、中国の外交政策の本質は歴史的にみて慈悲深く穏やかなものだったと世界に向けてアピールしている。それなら、鄭和の航海の細部には目を向けすぎないほうがいいだろう。皇帝の権威にきちんと敬意を表さない人びとを拉致して、虐殺することも珍しくなかったからだ。たとえば鄭和は最初の遠征で、マラッカ海峡の海賊を五〇〇〇人以上も殺害し、海賊の首領は中国に連行され、皇帝の前に引きだされて首をはねられた。その後の航海では、スリランカ、東スマトラのパレンバン（現在のシンガポールとジャワ島のほぼ中間に位置する）、サムドラ・パサイなどの支配者を捕らえては中国へ引っ立てたり、自軍を率いてたびたび戦ったりした。(60)

図表４・１　現代の中国政府は、15世紀の宦官の武将、鄭和の７度にわたる大がかりなインド洋航海の物語を復活させた。それが平和目的だったことを21世紀の現代に示すためだ。

図表４・２　マルコ・ポーロが世界各地で集めた嘘のような本当の話（未亡人が夫の遺体を焼いている火に身を投げる土地の話、大麻で精神が錯乱した暗殺者が自分たちは天国にいると勘違いしている土地の話、夏には太陽が沈まず、冬には太陽が顔を出さない土地の話）は、ヨーロッパ全体で嘲笑の的になった。

ヴァスコ・ダ・ガマと鄭和は、ちょうど六五年の差で相まみえることはなかった。インド洋を訪れた最初のヨーロッパ人が宝船艦隊に出会っていたら、どうなっていたかは想像するしかない。なにしろ宝船艦隊の最小の支援船でさえ、ポルトガルのちっぽけなキャラベル船とくらべれば、そびえ立つほど大きかったからだ。ポルトガル人は幸いにも、歴史の気まぐれな女王のおかげで、そんな屈辱を味わわずにすんだ。ヴァスコ・ダ・ガマがインド洋へ押し入ったとき、彼を撃退する力を持った勢力はちょうど競技場を後にしたところだったのだ。

一五一一年四月二〇日、トメ・ピレスという薬剤師(したがって珍しいスパイスに詳しい)がインドに出世の道を求めてリスボンを出航した。ピレスは二度と故国に戻らなかった。初の公式なヨーロッパ人大使として中華帝国へ派遣され、そこで囚われの身となり七〇歳で客死したからだ。一九三〇年代にフランス国立図書館を訪れた一人のポルトガル人研究者が「パリ絵文書《えもんじょ》」を偶然みつけなかったら、ピレスの物語は埋もれたままだったかもしれない。「パリ絵文書」には、ほかの文書に混じってピレスの旅の記録である『東方諸国記』が含まれていた。ピレスは、ヨーロッパ人に踏みにじられて消滅寸前のインド洋貿易について記述し、アジア本来の通商世界の最後の様子を詳細に教えてくれる。

当時、アジア貿易の幹線はグジャラート地方の大規模港カンベイ(現在の西インドの中心都市アーメダバードから南へ六〇マイル［約九六キロメートル］の場所）から発していた。カンベイは東のマラッカへ運ばれるインドの織物とヨーロッパの商品の一大集散地であり、マラッカではそれらの品々が貴重なスパイスや中国の絹、磁器と交換された。ピレスは、カンベイに面した広大なマヒ川河口について「二本の腕を広げており、右腕はアデンまで、左腕はマラッカまで伸びている」と述べている。[61] カンベイを統治していたのはイスラム教徒のムガール人だったが、この都市の遠距離貿易を支配していたのはヒンドゥー教徒の商人カーストだった。

これらの人びとが、貿易の要諦を押さえているのは疑いない。彼らは商品をよく理解している。商品の奏でる音色とハーモニーに浸りきっているので、それにかかわるどんな過ちも許されるべきだとグジャラート人はいう。いたるところにグジャラート人が住んでいる……彼らは貿易に関しては勤勉で機敏だ。われわれと同じような数字を用い、われわれのような書き方で勘定をつける。……カンベイにはカイロの商人も住んでいるし、アデンやホルムズからやってきたコーラサン人やギーラーン人も大勢住んでいる。彼らはみな、港湾都市のカンベイで大商いをしている……われわれの同胞で売り子や仲買人になりたい者は、カンベイへ行って学ぶといい。商取引とはそれ自体が科学であり、ほかの崇高な行為を妨げるのではなく、むしろ大いに助けるものだからだ。[62]

一六世紀のポルトガル人は、アジアや南北アメリカへ侵入した西洋人のなかでも並外れて熱狂的な愛国主義者だった。それを考えると、異教徒のグジャラート人から同胞が学ぶべきことは多いというピレスの見解は、本来のアジア貿易の広がりと先進性を雄弁に物語っている。

ピレスはインドで九カ月ほど働くと、ポルトガルのインド総督アフォンソ・デ・アルブケルケの命によって、ポルトガルの手に落ちたばかりのマラッカへ派遣された。ピレスが赴いた当時、マラッカは比較的新しい街で、創建されたのはポルトガル人に征服される約一世紀前のことにすぎなかった。一四〇〇年頃のこと、スマトラ島の街パレンバンを支配していたヒンドゥー教徒のパラメスワラは、ジャワ島のヒンドゥー教国マジャパヒトの王に逆らい、北のシンガポールとマラッカ海峡方面へ逃げだす羽目になった。パラメスワラはまずシンガポールを征服し、その後マラッカに居を定めた。マラッカの名は古いマレー語の「マラカ（malaqa）」つまり「隠れた逃亡者」に由来する。(63)

ヒンドゥー教国のマジャパヒトは、ジャワ島やスマトラ島に飛び領地を持つイスラム教徒に攻撃されるいっぽうで、紛争や汚職によって内部から分裂し、滅亡寸前だった。パラメスワラはまさに現れるべくして現れた人物だった。抜け目がなく、通商に慣れており、パレンバンやその他の土地で活動する地元商人や外国商人と数えきれないほど接していたからだ。そのうえいまや、ジャワ島やスマトラ島南部の紛争地域から離れた天然の良港を支配しつつ、依然としてマラッカ海峡を制圧していた。パラメスワラが、マラッカ海峡を往来する貿易に注力していたのは偶然ではなかった。彼は、シュリーヴィジャヤという海洋帝国の最後の王子だったのだ。パレンバンに首都を置くこの帝国は、かつてスマトラ島、ジャワ島、マレー半島の大部分を統治した時期もあった。遠近を問わずマラッカ海峡を往来する貿易を支配したことによって、それだけの富と権力を手にしたのである。

パラメスワラの後継者たちも同じく有能で、マラッカはまもなく世界の通商を支える柱の一つとなった。現代世界にとってのシンガポール――世界の海運の要衝の一つを押さえている広大な貨物集散地――の役目を果たすのが、中世においてはマラッカだった。現在のシンガポールの北西一三〇マイル（約二一〇キロメートル）に位置していたマラッカは、シンガポールと同様、西はインド、アラブ世界、ヨーロッパに、東は中国や伝説のスパイス諸島につながっていたのだ。

ピレスはマラッカに驚嘆した。その都市の光景、匂い、活気が、「約束の地」を目の前に見せてくれたのだ。細心な観察者であるピレスは、当時の植民地の役人には珍しく数字の扱いに長け、行政や貿易の細かい問題を見きわめる目を持っていた。『東方諸国記』は浜辺でのんびり読むような書物ではないが、ポルトガルが征服した当時のマラッカの抗しがたい魅力を生き生きと伝えている。ロンドンやニューヨークにも劣らない多文化都市だったマラッカでは、以下のような人びとが八四もの言語を話していたという。

カイロ、メッカ、アデンから来たムーア人、アビシニア人、キルワ、マリンディ、ホルムズの人びと、パールシー教徒〔インドにおけるゾロアスター教徒の呼称で、「ペルシア人」の意〕、ルーム人、トルコ人、トルクメン人、アルメニア人のキリスト教徒、グジャラート人、チャウル、ダボル、ゴア、デカン王国の人びと、マラバル人、クリン人、オリッサ、セイロン、ベンガル、アラカン、ペグー、シャムの商人、クダの人びと、マレー人、パハン人、パタニ人、カンボディア人、チャンパ人、コーチシナ人、中国人、レキオ人、ブルネイ人、ルソン人、タンジョンプラ人、ラヴェ人、バンカ人、リンガ人（彼らはほかに一〇〇〇の島を所有している）、モルッカ人、バンダ人、ビマ人、ティモール人、マドゥラ人、ジャワ人、スンダ人、パレンバン人、ジャンビ人、トゥンカル人、インデラギリ人、カパタ人、メナンカバウ人、シアク人、アルカ人、アル人、バタすなわちトミアノの国の人びと、パセー人、ペディル人、モルディブ人。(64)

歴史家にして社会学者のジャネット・アブー＝ルゴドが指摘するように「ここに登場する人びとを措いて、一五世紀の世界システムの「形」を捉えきれる事実は一つもない」(65)。「ルーム人」の存在はきわめて興味深い。この呼称は、南ヨーロッパ人、トルコ人、ビザンティウム（六〇年前にトルコ人に征服されたコンスタンティノープル）のギリシア人といったさまざまな人びとを指していた。イタリア人は、ポルトガル人がマラッカに達する前にすでにその地にいたのだろうか？　人びとを熱狂させたマルコ・ポーロの報告後の一三二六年には、ジェノヴァ商人の姿が中国最大の泉州の港でよく見かけられるようになっていた。そのため、ピレスがマラッカでジェノヴァ商人を目にしても驚きはしなかっただろう。ジェノヴァ人も少なくともヴェネツィア人と同じくらい旅をしていたが、周知のとおり、莫大な利益をもたらす貿易ルートの詳細については口をつぐんでいた。極東についての最初の詳しい報告が、マルコ・ポーロのような口達者のヴェネツィア人によって書かれたのは偶然ではないのである。(66) マラッカにイタリア人がいなかったとしても、イタリアの特産品はアレクサンドリアで積み替えられ、インド商人によって紅海経由でカンベイに運ばれ、マラッカにあふれていた。そうした特産品には、緋色の染料、染めた毛織物、ビーズ、ガラス、あらゆる種類の武器などがあった。

マラッカ港へ流れ込む大量の商品は四人の港長によって監督された。各港長がそれぞれ、中東とインド、シャムと中国、地元のスマトラ島の諸港、スマトラを除くインドネシア諸島という四つの地域から運ばれてくる積荷を担当した。貿易の幹線はインド西部のグジャラート地方、とりわけ主要港のカンベイとマラッカのあいだにあるとピレスは述べている。インドの商品で最も珍重されたのは、ピレスが三〇種類も記録した織物のほかに、西から来るアヘンと香料だった。これに対し、メース、ナツメグ、クローブ、白檀、錫、中国産の絹や陶磁器といった多様な品々が、西のインド、ペルシア湾、エジプトやヨーロッパへと運ばれた。ピレスによると、年に四隻の船がグジャラート地方のいくつかの小さな港からやってきたという。各船の積荷の価値は、三万クルザード（現代の価値で約二四〇万ドル）までだった。いっぽう、カンベイからは大型船が年に一隻だけ来航し、その積荷の価値はだいたい「七万から八万クルザードあるのは間違いなかった」そうだ。(67) これらはすべてインドの西海岸から届くものだが、インドの東海岸とのあいだを行き来する船も同程度の商品を運んでいたらしい。

マラッカを成功に導いたものは何だろうか？　マラッカの繁栄は、海運世界の要衝の一つ、つまり「モンスーンの終点」という有利な立地条件だけによるものではない。(68) なにしろ、マラッカ海峡はマレー半島とスマトラ島のあいだを数百キロにわたってつづいており、シンガポール側の狭い出入口のほうがはるかに支配しやすかった。しかも、一四〇〇年にパラメスワラがマラッカ王国を建国する何世紀も前から、マレー側にもスマトラ側にも交易都市が点在していたのだ。

むしろ、マラッカの富と突出した地位は、パラメスワラと後継者たちの天才的な制度設計の賜物かもしれない。マラッカ海峡に連なる多くの交易都市のなかでマラッカだけが、課貿易するか、略奪するか、防衛するかという問題への答えを見つけていた。マラッカが課す関税は、伝統的なイスラムの慣習で決まっていた額よりも低く、「西方」からの輸入品――インド人やアラブ人が買ってきた商品――に最大で六%（通常は一〇%）しか課税しなかったのである。西洋人が夫婦でマラッカに住んでいれば、わずか三%を支払うだけでよかった。現地のマレー人やインドネシア人（貴重なスパイスを手にしているモルッカ人を含む）、シャム人や中国人といった東洋人は正規の関税を払う必要はいっさいなかった。すべての輸入品からスルタンと家臣への「贈り物」が差し引かれ、東洋人の輸入品であってもこの点は変わらなかった。その額は積荷の価格の一%から二%だったとピレスは推定している。東洋人、西洋人、現地人にかかわらず、どの商人も輸出関税は払っていなかった。

非公式なものであったにせよ、中世イギリスの先進的なコモンローに匹敵するほどの、かなりしっかりした法体系が整っていたようだ。スルタン配下のベンダラと呼ばれる行政長官は市長兼首席裁判官のような役職で、紛争を監督し、円滑な商取引を保証していた（ベンダラは前述の「贈り物」を受けとる一人でもあった）。ベンダラの兄弟の一人がトゥムンゴン、つまり税関判事に任命されるのが普通で、トゥムンゴンは地元と外国の輸入商からなる審査員団とともに商品を値踏みした。その後、税が徴収され、商品が公開され、さらに大きな商人グループによる入札にかけられた。

時間が短いうえに商品は大量だったため、貿易商はさっさと仕事を片づけ（つまり積荷はすべて売れ）、次いでマラッカの商人が商品を自分の船に積み込み、好きなように売りさばいた。こうして、貿易商は決済して利益を手にし、現地の商人も儲けた……取引は整然と行なわれたので、下船した商人がちやほやされることも、またその商人が腹を立てて帰ってしまうこともなかった。マラッカでは法律も商品価格もよく知られていたからだ[69]（傍点筆者）。

アダム・スミスもきっと満足したことだろう。というのも、この短い文章のなかに自由市場の成功の秘訣が述べられているからだ。つまり競売のプロセスは、ある時点で周知徹底されたルールにもとづき、十分な情報を持つ大勢の参加者によって、参加者が公正だとみなす行政機関の支援のもとに進められなければならないのである。要するに、熱帯の中世版イーベイのようなものだ。そこでは、すぐれたルールがすぐれた参加者を引きよせ、今度はその参加者がさらにすぐれたルールを要求するのである。

パラメスワラが、ジャワのマジャパヒト王国の攻撃をかわすため、イスラム教に改宗したのは正解だった。パセー王国（スマトラ北部に位置する）のイスラム王の娘と結婚し、王にヒンドゥー教徒の敵から庇護してもらう必要がどうしてもあったからだ。一四〇〇年までには、地元民は別として、マラッカ海峡で活動する商人の大部分がムハンマドの弟子となっていた。東南アジアの人びとがイスラム教へ改宗する前に、イスラム教徒による通商がさかんになっていたのは偶然ではない。キリスト教や東洋の大宗教を支える原動力が神学であるのに対し、イスラム教の根幹は商取引を含むあらゆる行動領域を律する法体系である。それゆえ、アラビアで生まれたこの新しい一神教は、組織的な経済活動に携わる人びとにとってとりわけ魅力があった。経済活動がさかんになるのは、ルールが明白で、それが第三者によって強制される場所だからだ。この点もまた、より現世的なイギリスのコモンローの場合と同じだった。

宗教的情熱に駆られたわけではなくても、ともかくイスラム教を信仰すれば驚くほど信用を獲得できた。一般住民も近隣のイスラム商人の富と敬虔さに感心し、ほどなく彼らの後を追って改宗した(70)。東南アジアの多くの地域で人びとをイスラム教へ改宗させたのは、アラビアやペルシアから押し寄せてきた征服者ではなく、カンベイやカリカットからやってきた織物商やスパイス商だった。彼らは現地女性と結婚することも多かった。その子供たちは、母親の宗教にかかわらずたいていイスラム教徒として育てられ、自分の仲間、母親の友人や家族にムハンマドの教えを広めていった(71)(ピレスがマラッカへやってきたとき、イスラム商人は依然として、ジャワ、スマトラ、インドネシア東部のヒンドゥー王国にムハンマドの教えを積極的に広めていた。いっぽうで、西洋諸国はスペインや東南ヨーロッパのイスラム領を奪還しつつあった)。

かつてのシュリーヴィジャヤと同じく、パラメスワラは中国との交流ルートを維持しつづけた。そうした交流の一つが鄭和の艦隊の来訪だった。パラメスワラと中国人はたがいに相手を求めていた。目的の一つは、共通の敵だったシャム人を寄せつけないでおくことだった。一四一一年から一四一九年にかけてパラメスワラはたびたび中国を訪れ、永楽帝に貢ぎ物を献じたと考えられている。一四三三年に中国がインド洋から撤退したときには、マラッカ人はマラッカ海峡にできた空白を埋める力を十分に蓄えていた。

沿海交易国家として繁栄するための基本公式を発見したインド洋の国は、決してマラッカだけではなかった。ピレスの回想録は大成功を収めた国の美点に焦点を合わせているにすぎない。中世にヴェネツィアと広東のあいだで栄えた都市や港市は、だいたい同じ教訓に従っていたはずである。カリカットでは、ヒンドゥー教徒の世襲の支配者である歴代のザモリンが、通商上の成功に必要な法律、商業、海軍にかかわる諸制度を整備した。カリカットの不運は、その後ダ・ガマのインドでの最初の寄港地になったことだった。

悲しいかな、こんにちの英国人が証明するように、きわめて力強い王族の血統もいずれは先細りになって消えていく。マラッカにとって不幸だったのは、ポルトガル人が水平線に姿を現しつつあったまさにそのときに、自堕落なマフムード・シャーがスルタンの座についたことだった。ヨーロッパ人はこのスルタンの手から、丸々としたアボカドさながらにマラッカをもぎ取ったのである。まもなくして、古代からインド洋貿易に携わってきたイスラム教徒やほかのアジア人に対し、ゲームのルールが変更された。しかも悪い方向に。次の事実は、歴史というもののきわめて奇妙な因果関係の連鎖の一つだといえる。つまり、残忍で有能な新参者を突き動かしていたのは、よりによって現代の西欧の台所ではほとんど使われずに放置されている食材への渇望だったのだ。

第5章　貿易の味と貿易の虜

ヨーロッパ大陸の日々の生活でおなじみなのが、地方で毎週開かれる定期市だ。地元住民にとっても旅行者にとっても楽しみなこうした集いは、商人が常駐するには小さすぎる町で、旅商人が定期的に開いた集まりに歴史的ルーツがある。

中世の市は、屋台が整然と連なる現在とはまったく違っていた。当時は、同心円状の形をしており、動物の販売や食肉処理は市の周縁部で行なわれ、食べ物屋台、代書人、金属細工師、理髪師、歯医者、カーペット織人、焼き物師などはより中央に近い場所で作業や商売に精を出した。にぎわいの中心を占めていたのはたいてい、商業ヒエラルキーの上位にいたスパイス商だった。一四世紀から一七世紀にかけて、シナモン、ナツメグ、メース、クローブはありふれた調味料ではなく、世界で最も人気のある商品だった。これらの調味料の産地と供給ルートが諸国間の貧富の差を生んだ。スパイスは二一世紀の石油やパラジウムのように、きわめて重要なものだったのである。

中世のスパイス貿易によって生みだされた富の壮麗な遺産は、現在でも見る者の目を奪う。ヴェネツィアの威厳ある宮殿や巨大な公共建築物の大半は、コショウ、シナモン、ナツメグ、メース、クローブなどの利益で建てられたものだ。中世のアレクサンドリアで約四五キログラムのナツメグを一〇ダカットで仕入れれば、ヴェネツィアの波止場では三〇ダカットから五〇ダカットで簡単に売れた。アレクサンドリアでもヴェネツィアでも、船賃、保険料、関税を払っても利益率が一〇〇％を優に超えるのが当たり前だった。一般的なヴェネツィアのガレー船は一〇〇トンから三〇〇トンの積荷をエジプトからイタリアへと運び、創意や幸運に恵まれた人びとに莫大な富をもたらした。中世では太った大金持ちは「コショウ袋」と呼ばれたが、まったくの侮辱だったわけではない。なにしろコショウ一袋の値段は、人間一人の値段より高いのが普通だったからだ。(1)歴史家のフレデリック・レーンの見積もりによると、ポルトガルがインド洋へ進出する前夜、つまり一五世紀の最後の数年間、ヴェネツィアの高速ガレー船は年間約一六〇〇トンのスパイスを運んでいたという。その大半がアレクサンドリアで船積みされ、地中海を横断したのである。(2)

こうした大規模なスパイス貿易には一つの疑問がつきまとう。西洋諸国は、この旺盛な食欲の対価をどうやって払ったのだろうか？　ペルーとメキシコの鉱山でとれた銀が大西洋を越えて流れ込む一六世紀まで、ヨーロッパは輸入品の支払いにあてる貨幣が足りずに苦しんでいた。そのうえ西洋人は、東洋人がほしがるような新商品をほとんどつくりだせなかった。

近代以前、「製造（マニュファクチャリング）」という言葉と「織物（テキスタイル）」という言葉は事実上同義だった。ヨーロッパの二大布製品のうち、リネンはインド綿布との競争になかなか勝てなかったし、毛織物は暑い地域の住民には受けが悪かった。地中海では大量のアカサンゴがとれたし、イタリア人が上質のガラス製品をつくる特殊技術を持っていたのは確かである。しかし、こうした贅沢品に対する東洋の市場は、中世西洋の貿易赤字のごく一部を埋めたにすぎなかった。

もちろん、ヨーロッパ人は喉から手が出るほどほしいスパイスと引き換えに、アレクサンドリアやカイロで差しだせるほかの商品を生みだしていた。イスラム軍の飽くなき兵士需要を満たすための商品が奴隷だったのだ。だいたい一二〇〇年から一五〇〇年にかけて、イタリア人は世界で最も成功した奴隷商人となり、黒海の東岸で奴隷を仕入れるとエジプトやレヴァントで売った。この積荷は、ダーダネルス海峡（古くはヘレスポントス海峡）とボスポラス海峡という二つの要衝を通過した。そこを守っていたのはかつて権勢をふるったビザンティン帝国だった。ビザンティン帝国は、イタリアの二つの貿易大国に狙われていることを意識せざるをえなかった。ヴェネツィアとジェノヴァである。

こうして、中世の遠距離貿易は三つの物語を中心に回っていた。スパイス貿易、奴隷貿易、そしてボスポラス海峡とダーダネルス海峡の覇権をめぐる古くからの争いである。

コショウとシナモンはそれぞれ、ヨーロッパ人が耳にしたことくらいはあるインドとスリランカから輸入されていた。いっぽう、メース、ナツメグ、クローブを輸出するスパイス諸島は、一五世紀になるまで未知の土地だった(3)。これらの伝説的な島々はあまりにも遠く離れていたため、ジェノヴァやヴェネツィアの商人でさえもその正確な位置を知らなかった。エジプト、レヴァント、黒海の港でスパイス諸島の貴重な産品を買いつけていたにもかかわらずだ。ヘロドトスが語った錫諸島と同じく、スパイス諸島というまさにその名前が物語るのは、その島々の住民、地理、言語といったその他のことは知られていなかったか、無視されていたということである。西洋人にとって唯一の目的がかなえば、それで問題ないからだ。

中世におけるこれらのスパイスの重要性が理解しにくければ、ゴディバの箱詰めチョコ、BMWの自動車、グッチの靴など、持つ者の心をくすぐる現代の高級ブランド品について考えてみるといい。生産地を少しばかり曖昧にすることで商品に神秘的な雰囲気をまとわせてみよう。たとえば、そのすばらしい履き物について知っているのは、どこか東のほうから港に運ばれてくるということだけだとする。こうした状況では、グッチの販売店は格好のビジネスチャンスを得るどころか、紙幣を印刷する免許を持っているのも同然である。この靴のサプライチェーンのどこかに食い込めれば名声と莫大な富へのチケットを手にしたことになる。この例における架空の消費者が、グッチの靴がフィレンツェのどこにでもあるような普通の工場からやってくると知ったらどうなるだろうか?

中世のナツメグ、メース、クローブについても事情は同じだった。ヨーロッパ人にとって、食欲をそそる別のスパイスやハーブなら手に入れやすかったのは間違いない。サフランはアラブ商人が八世紀にはじめて持ち込んで以来、スペインやイングランドで栽培されていた。コショウはインドで簡単に手に入った。コリアンダーとクミンは近東から輸入された。ベイリーフ、タイム、ローズマリー、マージョラム、オレガノはすべてヨーロッパ原産だった。ところが、ナツメグ、メース、クローブにははるかに魅力があった。稀少で、高価で、なによりも神秘的だった。その芳香と風味が伝えるメッセージとくらべれば、味覚的な魅力などどうでもよかった。富と地位を持つ者にとってはこのメッセージにこそ意味があったのだ。

ローマ人同様、ヨーロッパ人もスパイスに夢中になった。医師はあらゆる慢性疾患をスパイスで治療し、チョーサーはクローブやナツメグが生い茂る幻想的な森の詩を吟じた。クローブは衣装箱を燻蒸消毒するための、ナツメグはビールに風味を添えるためのスパイスである。手袋、熱い飲み物、リキュール、裕福な家庭でつくられるほとんどの料理に、さまざまなスパイスや香料が用いられた。歴史学者によれば、稀少なスパイスが珍重されたのはもともとその薬効成分のためだったという。たとえばある専門家は、中世フランスのスパイス店と一九世紀アメリカの薬局の品揃えはほぼ同じだったはずだと指摘している。しかし、これらの「薬」に効き目はあったのだろうか？　さまざまな治療手段のなかでも有数の効力を持つプラシーボ（偽薬）効果は、用いられる材料や方法の目新しさに少なからず依存している。本章で触れるどのスパイスも、薬理効果が科学的に立証されているわけではない。薬効のある植物生成物はごくありふれたものでできていることが多い。たとえば強心剤のジギタリスは、美しいがどこでも見られるキツネノテブクロからつくられる。ローマやギリシアの医師たちは、稀少なスパイスであるガランガルを「腎臓病」に処方した。[4]だが正確にいって、腎臓病とはどんな症状だったのだろうか。古代の医師が治療していた病気が何であれ、おそらく腎機能とはおよそ無関係だったに違いない。

稀少なスパイスが調合薬に使われたのはその威光のためにほかならない、というのが真相ではないだろうか。迷信は不死身だ。こんにちサイが絶滅に瀕するほど殺されているのは、その角からつくられた粉末に催淫性があると信じられているからだ。稀少な動植物からの生成物が持つとされる魔術的効果は、バイアグラの出現が人類を救うという話と同じくらいあやしげなものである。

すべてのスパイスが西へ旅をしたわけではない。いまでも人気のコリアンダーは東地中海原産である。紀元前一三〇〇年にはミノア人やエジプト人に広く知れわたっていて、およそ一〇〇〇年後に漢王朝がシルクロードを開くと中国へ運ばれた。はるかに不吉だったのは、地中海原産のもう一つのスパイス、ケシの実の東方への伝播である。その後ケシは、ヨーロッパ人の厳しい監視のもとにインドで栽培されるようになった。彼らはきわめて中毒性の高いケシの抽出物、すなわちアヘンの輸出によって貿易収支を改善したいと強く願っていた。

ヘロドトスの錫諸島とは違い、スパイス諸島は実在した。チョウジノキという高木の未開花の蕾であるクローブは最近まで、インドネシア東部の群島であるモルッカ諸島北部のちっぽけな五つの島――テルナテ、ティドレ、モティ、マキアン、バカン――の火山性土壌でしか育たなかった。ナツメグとメースはニクズクの実の別々の部分からつくられる。この木は、モルッカ諸島南部の小さな九つの島が集まったバンダ諸島でしか育たなかった。

モルッカ諸島の人びとは、ヨーロッパ人がやってくるはるか以前からスパイスを売っていた。数万年前に先住民がはじめて定住したあと、紀元前二〇〇〇年から一〇〇〇年頃に「オーストロネシア語族の拡散」がこの群島にもおよんだ。その際に、ダブル・アウトリガーカヌーに乗った中国や台湾の部族がマダガスカルからイースター島に至る広い地域でインド洋や太平洋の沿岸に住みついた。テルナテ島とティドレ島の先住民は現地のスパイス貿易で力をつけ、周囲の島々がオーストロネシア語族の波に飲み込まれるなか、自らのアイデンティティと文化をどうにか守った。

これら小さな火山性の「内島」ではスパイスとココナッツしか育たなかったため、食物はもっと大きなモルッカの「外島」——ハルマヘラ島やセラム島——でつくられる栄養も生産性も高いサゴヤシに頼っていた。当初、この取引は島と島のあいだでのみ行なわれていた。バンダ人は内島と外島に挟まれた海域を小舟で定期的に往復し、サゴヤシとスパイスを交換した。

ローマに輸入されていた中国の絹のように、ナツメグとメースもおそらくローマ人に知られていたはずである。プリニウスはナツメグとメースのことを『博物誌』に書いていたようだ。絹と同じく、スパイスの産地も西洋人の知識の限界をはるかに超えたところにあった。まず中東へ持ち込まれ、次いでヨーロッパに至る流通経路は長く危険なうえに複雑で、当然ながら莫大な運搬費用がかかった。(5)

古代から中世にかけてナツメグとメースの輸出市場が広がるにつれ、スパイスを産出する島々は繁栄を遂げ、やがてモルッカ諸島の大半を従えるまでになった。たとえばテルナテ島は、ずっと大きなセラム島をオランダ人がやってきたあともしばらく支配していた。先住民であるバンダ人はスパイス栽培に長けていたものの、本拠地の島々を遠く離れてスパイスを売買することはなかった。モルッカ諸島からスパイスをジャワやスマトラへ運んだのは、もう少し肌が白く航海の得意なオーストロネシア語族の子孫、とりわけ、大きなスラウェシ島出身で伝説に名高いブギス族だった。スラウェシ島はジャワとスパイス諸島のほぼ中間に位置していた。スパイスはジャワやスマトラから、やがて中国やインドへ、

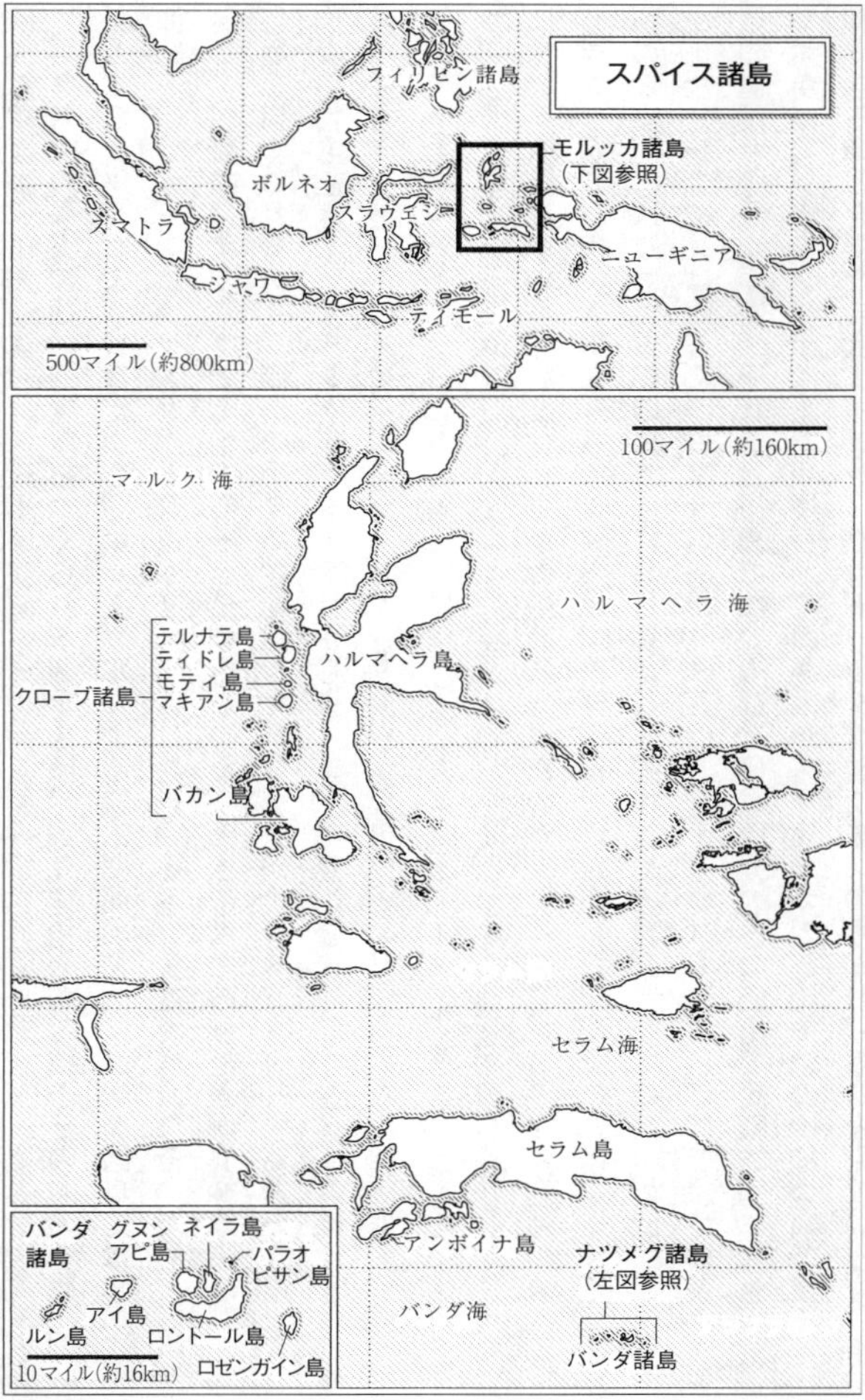
スパイス諸島
フィリピン諸島
モルッカ諸島
(下図参照)
ボルネオ
スラウェシ
スマトラ
ニューギニア
ジャワ
ティモール
500マイル(約800km)
100マイル(約160km)
マルク海
ハルマヘラ海
テルナテ島
ティドレ島
モティ島
マキアン島
クローブ諸島
ハルマヘラ島
バカン島
セラム海
セラム島
アンボイナ島
ナツメグ諸島
(左図参照)
バンダ海
バンダ諸島
バンダ
諸島
グヌン
アピ島
ネイラ島
パラオ
ピサン島
アイ島
ルン島
ロントール島
ロゼンガイン島
10マイル(約16km)

そして最終的にはヨーロッパへ運ばれた(6)。

ニクズクの果実の薄い外皮からつくられるメースは、より体積のある種子そのものを原料とするナツメグより貴重だった。ポルトガルによる統治期間の初期、バンダ諸島では年間約一〇〇〇トンのナツメグがとれたが、メースは約一〇〇トン程度だった。そのため、メースの価格はナツメグの七倍から一〇倍にもなった。ときにはこの価格差が異様な市場行動を招くこともあり、価格の吊りあげを狙ったバンダ人がナツメグを焼却するという皮肉な事件も起きた。オランダ東インド会社から東インド諸島総督に対して「メースだけを栽培するように」という有名な（おそらく作り話の）命令が出されたという馬鹿馬鹿しい話もあった(7)（こんにちでは状況が逆転し、ナツメグのほうが食材として人気が高く、メースはパウンドケーキやクリームスープといったフルーティーな風味を必要とする淡色の料理に使われる）。

スパイス諸島産の香味料とコショウの中間にあったのがシナモンである。その産地のスリランカが、ローマ人の知りうる世界の東端に浮かんでいたからだ。シナモンはローマ帝国の最盛期にはじめて首都のローマにお目見えし、調味料や芳香薬として最高の贅沢品となった。シナモンは四五〇キログラムあたり一五〇〇デナリウスもし、ほぼ同じ重さの黄金の値段と等しかった。それほど裕福でない人びとは、四分の一の価格で比較的手に入れやすかったシナモン・オイルで我慢した(8)。西洋人がスリランカのシナモンの木について信頼できる情報を得たのは、イブン・バットゥータがシナモンの木が散らばる海岸でいとも簡単にその貴重な樹皮を拾っているインド商人の様子を記してからのことだった。[9]
中国では同じ原理が逆方向にはたらいた。象牙や香料といったヨーロッパでは比較的ありふれた品物が中国では珍重されたが、それらの産地であるアフリカやアラビアは距離という神秘のベールに包まれていたのだ。同様に、比較的近いモルッカ諸島から運ばれるクローブは、中国人にはそれほど異国情緒豊かなものではなく、早くも漢王朝の時代から口腔清涼剤として使われていた。「クローブには口臭抑制効果があり、宮廷の高官たちは皇帝に上奏する際に口に含んだ[10]」という。
ローマ帝国が衰退すると、コショウの供給が減少し価格は上昇した。ローマ帝国の最盛期には、四五〇グラムの黄金で約一三五キログラムのコショウが買えたのに対し、四世紀初頭にはわずか四〇キログラムしか買えなかった。アラリック一世がローマと和平を結ぶ代わりに一トン半のコショウを要求したときには、さらに少ない量しか買えなかったはずである。コショウがどれほど不足して高価になろうとも、ヨーロッパへの流入は中世の暗黒時代のさなかでさえ途切れることはなかった。[11]
七世紀はじめにムハンマドがメッカへ凱旋した直後、イスラム軍はバブ・エル・マンデブ海峡をぴしゃりと閉じた。ギリシア船が暖かく強烈な南西モンスーンに乗り、インドの西ガーツ山脈をめざして東へ航行することはもはやできなくなった。コショウは依然としてイスラム教徒の手により問題なく西へ運ばれていたが、東方に関する情報は途絶えた。

インドは、ストラボン、プトレマイオス、ポンポニウス・メラといったギリシアやローマの地理学者によく知られていたし、インドの大使はアウグストゥスのご機嫌伺いをよくした。だが、そのインドが実在の水平線のかなたに去って神話の海に消え、エメラルドと黄金の山脈が伝説上のドラゴンや空飛ぶ怪物に守られる土地になってしまったのだ。預言者ムハンマドの勝利からバルトロメウ・ディアスとヴァスコ・ダ・ガマの喜望峰周回までの九世紀のあいだ、ヨーロッパ人はインド洋に櫂を入れることすらできなかったのである。

ナツメグ、メース、クローブがはじめて西洋に到来してから一〇〇〇年近くのあいだ、ヨーロッパ人もイスラム教徒も実際の産地については何も知らなかった。アラブ人の歴史家イブン・ホルダーズベは九世紀に書いた自著のなかで、クローブとナツメグをインドの産物に数えている。正解との距離のずれは四〇〇〇マイル（約六四〇〇キロメートル）ほどあった。マルコ・ポーロ、イブン・バットゥータ、中国人（前の二人はスパイス貿易に関する多くの知識を中国人から学んだのだろう）はみな、こうした香味料はジャワ産だと考えていた。だんだん正解に近づいている。実際には、スパイス諸島はジャワの東北東一〇〇〇マイル（約一六〇〇キロメートル）の場所にあった。(12)

インドやモルッカ諸島から、紅海あるいはペルシア湾を経てバグダッドやアレクサンドリアへ至る二つの主要な海上ルートは、ウマイヤ朝とアッバース朝のカリフの支配下にあった。アッバース朝は九一〇年頃まで中東を統治していた。それ以前は、より安全なペルシア湾ルートである「シンドバッドの道」が大いに好まれたが、その後エジプトのファーティマ朝とマムルーク朝が優勢になると、インドやモルッカ諸島から到着するスパイスの主な通路は紅海へと移った。

量は少なめながらスパイスは陸路でも輸送された。だが、シルクロードは対立する数百もの部族や公国によって寸断されており、インド洋ルートと競うには全行程の政治的安定が必須条件だった。ほぼ実現不可能なこの条件が近代以前に一度だけ、一三世紀から一四世紀にかけてモンゴル人の手によって満たされたことがあった。当時でさえ、ハンたちは海上貿易の利点を知っていたため、遠距離輸送のかなりの部分を南へ向け、ペルシアの高地を通ってペルシア湾岸の都市へ荷物を運ぶルートを選んだ。そこからは、船を使って比較的容易に中国とスパイス諸島に到達できた。

いうまでもなく、この三つのルート――紅海経由、ペルシア湾経由、シルクロード経由――はすべて、イタリアの一大交易国家ジェノヴァとヴェネツィアの支配がまったくおよばないところを通っていた。キリスト教世界の熱狂的な愛国主義者たちは東洋の香味料をますます好きになるにつれ、スパイスあるところに異教徒ありというおもしろくない事実に気づかされた。

ヨーロッパに対するイスラム教徒の通商上の優位性は、中国貿易において際立っていた。インド洋を自由に航行できた時代ですら、ギリシア人やローマ人は絹を産出する国についての知識はまるでなかった。同じように、中世ヨーロッパ人にとって中国は別の星にあるのも同然の存在だった。中国がアラブやペルシア商人の大規模な居留地を設けていた時期でさえそうだった。地中海でもイスラム教徒の影響力がますます強まっていたので、ヨーロッパ人から見れば状況はそれほどよくなかった。六三二年のムハンマドの死後二年足らずで、アラブ軍は地中海の東端でエルサレムとレヴァント沿岸を征服し、その直後のマストの戦いではビザンティン帝国の海軍を破った。

九世紀から一〇世紀にかけての地中海でイスラム勢力は絶頂期を迎えた。にもかかわらず、サレルノ、アマルフィ、ヴェネツィアのイタリア船は、世界貿易のイスラム支配にはじめて本格的に挑むことができた。第一千年紀が終わると、ヨーロッパはゆっくりと繁栄に向かい、力を蓄えていった。やがてヴェネツィアとジェノヴァに先導されたイタリア人が、アレクサンドリア、カイロ、テュロスで西洋の品々をスパイスと交換するようになり、レヴァントを拠点とする遠距離貿易をイスラム教徒の手からもぎとる端緒を開いた。一〇七二年から一〇九一年にかけてノルマン人は、パレルモ、マルタ島、さらにシチリア島を制圧した。その間にスペイン人がトレドを奪い返した。これら一連の勝利がキリスト教徒を勢いづかせ、現代まで影響をおよぼすある事件の舞台を整えた。一〇九五年、ローマ教皇ウルバヌス二世がクレルモン公会議を召集すると、そこに集ったキリスト教世界の政治的支配者たちは聖地エルサレムの奪還を誓約した。一〇九九年、第一回十字軍がエルサレムを陥落させ、城門内にいたイスラム教徒、ユダヤ人、アルメニア人の男女、子供のほぼ全員を虐殺して聖なる任務を完遂した。

実をいえば、十字軍にはツキがあった。セルジューク朝とファーティマ朝エジプトは、キリスト教徒の襲来に先立つこと数十年にわたってエルサレムをめぐって争っており、両国とも戦いと内紛ですっかり疲弊していたため、十字軍がやってきたときには異教徒を追い払う余力が残っていなかったのである。

聖地エルサレムの大部分は、十字軍による奪還からほぼ一世紀近くを経た一一八七年まで、キリスト教徒の支配下にあった。だがこの年、サラーフ・アッディーンがハッティンの戦いでギー・ド・リュジニャンを完膚無きまでに打ち負かし、三カ月後にエルサレムを手に入れた。一〇九九年に十字軍が敵方を殺戮したのとは対照的に、サラーフ・アッディーンはエルサレムの一般市民の命を助けてやった。イスラエル北西部の港湾都市アッコ(現在のハイファの近く)もまもなく陥落し、テュロスの要塞にキリスト教徒の残党が身を寄せ合って残るのみとなった。その要塞の有名な城壁が十字軍をしばらく守ってくれたおかげだった。一五〇〇年前、この砦の古代の城壁がアレクサンドロス大王の軍勢を一時的とはいえ阻止したように。

エルサレム陥落の知らせを受けるや、教皇ウルバヌス三世はショックのあまり世を去ったといわれている。後継者のグレゴリウス八世が、十字軍の結成を呼びかけることは避けられなかった。二年後、第三回十字軍が出帆した。ヴェネツィア人は熱狂し、とりわけ大規模なヴェネツィア人居留区があったアッコの奪還に加わった。だが、かの有名なリチャード獅子心王の参加にもかかわらず（あるいはそのせいで）、サラーフ・アッディーンから聖地を奪い返すことはできなかった。

第四回十字軍の情けない歴史から明らかになったのは、西洋世界が聖地奪還に固執したおかげで、ジェノヴァとヴェネツィアが大儲けしたという事実だけではない。当時の二つの重要商品、つまり奴隷とスパイスの二国間貿易の詳細が判明したのだ。ここで、人類の歴史において注目すべき一人の人物、エンリコ・ダンドロが舞台の中央に現れた。一一九三年にヴェネツィアの総督《ドージェ》になったとき、ダンドロはすでに八〇歳を迎え、ほとんど目が見えなかった。彼は、西欧軍の騎士四五〇〇人と彼らのウマ、従者九〇〇〇人、歩兵二万人をヴェネツィア共和国のガレー船で聖地エルサレムへ運ぶことを承諾した。その代金は、銀貨八万四〇〇〇マルク（現在の価値で約二〇〇〇万ドル）に加え、サラーフ・アッディーンから奪いとるはずの領土と戦利品の半分だった。

ところが、西欧軍の司令官ジョフロワ・ド・ヴィルアルドゥワンに聖地を攻撃する気はなかった。数年前、イングランドのリチャード王から、イスラム帝国の弱点であるエジプトを集中攻撃するようといわれていたからだ。しかも、ヴィルアルドゥワンの部下たちは、実際には聖地に向かわないことを聞かされていなかった。ダンドロはヴィルアルドゥワンの真意を重々承知していた。そればかりか、自らエジプト人を相手に旨味の多い貿易協定の交渉をしており、協定にはエジプトを侵略しないという約束が含まれていた。

ダンドロには別の計画があった。その一つが、アドリア海沿岸のザダールという都市を手に入れることだった。一番やりたくなかったのが、ヴェネツィアの最も裕福な貿易相手であるエジプトの侵略だった。では、どうすればいいだろうか？　簡単なことだ。ダンドロは、ヴェネツィアの船着き場に待機している十字軍の戦士たちに本当の目的地を漏らした。聖地へ向かわないと聞くや、西欧軍の大部分はそろって任務を放棄し、期日に乗船のために隊列を組んだ兵士は予定の三分の一にすぎなかった。さらに悪いことに、逃亡した軍隊とともに軍資金も消えていた。当然ながら、ヴェネツィア人は十分な前払いなしに貴重なガレー船を出帆させる気はなかった。

一二〇二年一一月、ガレー船団がようやく錨をあげたときには、十字軍は追加報酬をもらう代わりにザダールを略奪することを承諾していた。その任務を成し遂げるとまもなく、ダンドロは願ってもない申し出を受けた。廃位させられたビザンティン皇帝イサキオス・アンゲロスがコンスタンティノープルの王座へ返り咲くのを助けてくれれば、その見返りとして、アンゲロスの義理の息子であるスワビア王フィリップがエジプトへの遠征休止の補償金を支払うというものだった。

ダンドロはいわれるまでもなく、キリスト教世界で最も富裕な都市を略奪し、そのあいだにエジプト侵攻をご破算にするチャンスがめぐってきたことを悟った。侵略軍はただちにボスポラス海峡に向け出帆した。ヴィルアルドゥワンはこう書いている。

老いて目の見えないヴェネツィア総督は、ガレー船の船首に完全武装で立ち、聖マルコの旗印を眼前に掲げていた。そして部下たちに大声で告げた。われを上陸させよ、さもなくば、わが手をもって汝らに報いを与えんと。(13)

長く恐ろしい包囲攻撃のあと、コンスタンティノープルは陥落し、富は奪われた。コンスタンティヌス帝の馬術演技場にあった四体の巨大なウマのブロンズ像は、ヴェネツィアのサン・マルコ大聖堂に持ち去られた(サン・マルコ広場を見渡している像は複製で、オリジナルは大聖堂の美術館に保管されている)。戦果は、そんな取るに足らぬものにはとどまらなかった。ヴェネツィア人は「ローマ帝国の八分の三の主人」になった。つまり、コンスタンティノープル自体の八分の三に加え、ビザンティン帝国の領土の同じく八分の三を手にする権利を得たのだ。そのうえ講和条件には、ビザンティン帝国の旧領土の自由通行権を認めることや、ヴェネツィアのライバルであるジェノヴァやピサを帝国との貿易から排除することなどが含まれていた。ダンドロの望みどおり、第四回十字軍はエルサレムには到達せず、ヴェネツィアとエジプトの貿易は守られた。九〇歳になる老人にとっては申し分

図表5・1　エンリコ・ダンドロ総督は第4回十字軍を、ヴェネツィアがエジプト相手に行なっているスパイス貿易にとって脅威だと考えた。彼は十字軍遠征を中止し、90歳で残りの戦力をコンスタンティノープル略奪に振り向けた。

のない結果だった。[14]

ヴェネツィアとエジプトの貿易のなんとすばらしかったことか！　幸運にも聖地から帰還できた十字軍兵士は東洋の魅惑的なスパイスに対するヨーロッパの需要を拡大し、富とステータスの芳香で家々を満たした。たとえば、ドイツの修道士にはショウガ入りクッキーの「レープクーヘン」を配る習慣があったが、十字軍のあとでは、コショウを加えるほうが好まれるようになった。これが伝統の「プフェファークーヘン」だ。[15]

歴史上きわめてゆゆしき取引の舞台が整った。ヨーロッパ人はスパイスに夢中だった。イスラム教徒はモンゴル人や十字軍と戦うための兵を徴集しようと躍起になっていた。そして、イタリアはいまや大切な貨物である人間が運ばれてくる海峡を実効支配していた。

最初のアラブ人帝国であるウマイヤ朝は、イスラム教への初期の改宗者によって難なく軍隊を編成できた。つまり、誇り高く、自立心が強く、戦闘に長けたベドウィンたちである。しかし、イスラム教徒の征服地が中東全域に拡大するにつれ、アラビア半島の少ない人口では、ますます巨大化するイスラム軍にこうした恐るべき砂漠の民を十分には供給しきれなくなった。

もっと農業化した、したがって「文明化」したイスラム教徒の新しい領土では、戦士ではなく農民が育っていた。アッバース朝メソポタミアやファーティマ朝エジプトではとくにそうだった。こうした定住性の自給自足農民は兵士としてはたいてい役立たずだったし、比較的穏やかで豊かな生活に慣れているカイロの商人やバグダッドの書記を有能な将校に仕立てあげることも同じく容易ではなかった。(16)

ほかの不足商品と同じく兵士も、腹をすかした凶暴な人間が大勢いる地域から輸入せざるをえなかった。歴史家のダニエル・パイプスの指摘によれば、こうした戦士たちは昔から中央政府の力がおよばない「辺境地域」からやむをえず出てきたのではないかという。

「そうした地域の住人は悲惨な環境に追い立てられて」集団をつくり、相互信頼の絆を深めることで自衛した……秩序を守るため、複雑な社交儀礼が生まれ、自警活動がさかんになった。これらの総合的な効果として、各人の知力と戦闘能力が研ぎすまされた。略奪品を求めての襲撃や集団間の争いは日常茶飯事だった。攻撃と防御の両方を目的に、すべての男が幼少時より武術を習い、兵士として訓練を積み、つねに鍛錬を怠らなかった。(17)

パイプスのいう、イスラム帝国が兵士を徴集した「辺境地域」とは、主にアナトリアとカフカースの一部だった。こうした地域の騎馬兵は定期的に南や西へ押し寄せ、中東やヨーロッパの「先進的な」住民を略奪したり征服したりした。兵士の供給源として最も適していたのは、カフカースのチェルケスだった。この地域の奴隷は男女とも容姿のよさで高く評価されていた。

辺境地域で訓練される「武術」の筆頭は、弓術だった。弓術に熟達していれば、狩猟はもちろん戦場でも役に立った。中世のステップ地帯の住人が若いうちに身につけるもう一つの技能は、ウマとあぶみというすばらしい組み合わせの使いこなしだった。おそらく五世紀に中国で発明されたあぶみは徐々に中央アジア全域に広まり、やがてイスラム世界へ浸透した。ウマと乗り手を力強く一体化し、馬上の闘士の槍、剣、棍棒による攻撃力を何倍にもする、この一見ありふれた馬具は、戦いに革命をもたらした(18)。

早くも九世紀半ば、すでにアッバース朝の軍隊は、主としてこうした辺境地域出身の奴隷兵士で編成されていた。エジプトでは、ファーティマ朝の前のブワイフ朝が多数のトルコ人を買い入れた。ファーティマ朝は網をさらに広げ、トルコ人のほかにスラブ人とベルベル人を手に入れた。

イスラム世界に特有のこの制度、つまり奴隷兵士《マムルーク》制度は、中世イスラム世界の軍事、人口、政治にまつわる要請および人間本性の働きから自然に生じたものだった。古代から中世にかけて奴隷制度は人種にかかわる現象ではなかった。実際問題として、マムルーク制度は概して褐色の肌をもつ人間と白い肌をもつ人間が築いた仕組みだった。ある歴史家の言葉を借りれば「マムルークに関するかぎり、アフリカの奴隷市場は無視されていた」のである。(19)

女は家庭やハーレムに入った。男は訓練所や軍隊に送られ、そこで「異教徒からイスラム教徒へ、少年から大人へ、新兵から一人前の兵士へ、奴隷から自由人へ変身した」。軍事的団結のための昔ながらのこうした手法がマムルークの士気を高め、自らも解放奴隷だった訓練係や上官による自由と富の約束が、マムルークの忠誠心を確かなものにした。(20)マムルーク制度研究の第一人者であるデイヴィッド・アヤロンは次のように書いている。

支配者であるスルタンに買われ、自由の身にしてもらったマムルークが、そのスルタンによる支配の屋台骨となった。隷属にもとづくマムルーク制度のおかげで、マムルークは主人であり解放者でもある人物へ強い忠誠心を抱くいっぽう、奴隷仲間を心から信頼した……スルタンとマムルークは緊密な関係を築き、そのメンバーは強い絆で結ばれた。スルタンとマムルークのあいだには一種の二重結合が存在していた。つまり、スルタンの支配がつづくかぎりマムルークも力を手にし、スルタンの権力をマムルークが支えてくれるかぎりスルタンは支配者でいられたのである。[21]

解放された奴隷は軍人として最高司令部に身を置くまでに出世した。まもなく彼らは現地人のスルタンを追放しはじめた。ところが権力のもたらす特典や贅沢のせいで、最も成功を収めたマムルークの闘争本能や技術も、せいぜい一世代か二世代のうちに衰えた。こうして、カフカースの奥地やエジプトの訓練所から出てきたばかりの、やせて空腹を抱えた奴隷兵士の新たなグループが、軟弱で怠惰な主人から権力を奪う道が開かれた。その後、マムルーク出身の新たなスルタンが、以前のスルタン軍の上層部――いわゆる「ロイヤル・マムルーク」――を追放して自分の家来に置き換え、サイクルは振りだしに戻った。グループ間の権力の交代は、急に起こることもあれば徐々に進むこともあったし、剣による場合もあれば金銭による場合もあった。どの時期であれ、罷免されたマムルークが普通の市民や階級の低い軍人として数世代にわたり共存することも珍しくなかった。[22]

こうした制度全体が崩壊したのは、マムルークのあいだに、自分たちの情けがなければ現在のスルタンは権力を維持できないという意識が広がったからだった。パイプスによれば「これらの兵士はスルタンに貸しがあると考え、スルタンを調停者としてしか認めていなかった」[23]。やがてスルタンは「古くからの友人」に手を焼いて、彼らのような権利意識を持たない「新たな友人」が必要だと感じるようになった。この「新たな友人」はどこからやってきたのだろうか？　いうまでもなく、新参の奴隷兵士の訓練所からスルタンを支える見返りに自由と特権を与えられてやってきたのである。[24] クルド人に率いられたアイユーブ朝の末期、宮廷の一員が、スルタンを警護する奴隷兵士の風変わりな制服について同僚にたずねたという。その答えは「あれが、やがてわが国を乗っ取り、富や財宝を奪う者たちの服装だ」というものだった。[25] 一世代足らずのち、これが現実になる。

　すでに述べたように、マムルーク制度がはじまったのは、アラブ人が最初にエジプトを征服してから遅くとも一世紀か二世紀後のことである。その後、アッバース朝、ブワイフ朝、ファーティマ朝のもとで徐々に形を整えていき、これらの王朝は飽くことなく新たな奴隷を求めた。商才豊かで、ボスポラス海峡の制海権を手にしたばかりのヴェネツィア人は、一三世紀前半を通じてエジプトの奴隷需要をまかなうことができた。

一一八七年のエルサレム征服に先立ち、クルド族のサラーフ・アッディーンはファーティマ朝最後のスルタンを倒し、短命に終わったアイユーブ朝を建てた。サラーフ・アッディーン配下のトルコ人とカフカース人のマムルークたちは乗馬に長けていたばかりか弓矢の腕も確かで、これがとりわけ十字軍との戦いで圧倒的な威力を発揮した。ハッティンの戦いでは、主にマムルークの射手は四〇〇本の矢を与えられ、さらに七〇頭のラクダに積まれた予備の矢が「争いのさなかに」放たれたという。マムルークの中核部隊なしには、サラーフ・アッディーンのクルド軍は聖地から西欧人を追い払えなかっただろう。サラーフ・アッディーンの伝説的な突撃部隊のハルカでさえ、主体はトルコ人のマムルークだった。[26] さらに、マムルーク部隊がいなければ、イスラム教徒はビザンティン帝国、インド、中央アジアを征服できなかっただろうし、現在では、中東と北アフリカのちっぽけな包領に閉じ込められた比較的小規模な宗派となっていた可能性が高い。[27]

一三世紀の幕が開けても、サラーフ・アッディーンが建てたアイユーブ朝エジプトはマムルーク部隊に強く依存していた。こうした奴隷を運んでいたのは地元商人の隊商で、アナトリア（現在のアジアトルコ）とメソポタミアを通過して陸路を南下するルートが使われていた。まもなく、エジプトはモンゴルに包囲されていることに気づく。一二四三年頃、トランスカフカースからエジプトへの陸路が通るアナトリアとメソポタミアが、[28] モンゴルの支配下に入った。マムルーク兵士の供給路が絶たれてしまうおそれがあった。

第四回十字軍の結果、ヴェネツィアは、東地中海、ボスポラス海峡、黒海の支配権を獲得し、これらの海や海峡の貿易を実質的に独占するとエジプトを快く支援した。一二〇四年にダンドロがコンスタンティノープルを征服したおかげで、モンゴルの力が比較的およばない海上ルート経由でアイユーブ朝へ奴隷を供給できるようになっていた。ヴェネツィアは古くから、十字軍の最盛期においてさえエジプトとの貿易をつづけてきた。その間、船舶、軍隊、武器を聖地のさまざまなキリスト教世界、とりわけ大規模なヴェネツィア商人居留区を抱えるアッコのような都市に供給してきたのだ。ヨーロッパ人はほかのヨーロッパ人と戦うための武器を喜んで売ってくれるのだと、サラーフ・アッディーンがカリフに自慢したことは有名である。まもなく、ヨーロッパ人はサラーフ・アッディーンの子孫に兵士まで売るようになる。(29)

一二五〇年はきわめて重要な岐路となった。揺るぎない立場を固めていたマムルークは、アイユーブ朝最後のスルタンとなったトゥーラーン・シャーを殺害し、名実ともにマムルークによる王朝を建てたのだ。このマムルーク朝は二五〇年以上も存続し、兵士たちは一九世紀までエジプト軍の中核を担いつづけた。(30)

一三世紀半ばは歴史上、際立った戦乱期の一つだった。一二五〇年にマムルーク朝が誕生したばかりでなく、同年フランス王ルイ九世がエジプトに侵攻して悲惨な目に遭っている。一二五八年にはモンゴル人がバグダッドを破壊し、一二六〇年にはアイン・ジャールート(おそらく現在のイスラエル近辺)でマムルーク朝エジプトがフレグのイルハン朝モンゴルを撃破し、一二六一年にはコンスタンティノープルのラテン帝国が崩壊した。ラテン帝国は、第四回十字軍のあとにヴェネツィアとフランク人が建てた傀儡《かいらい》国家である。デイヴィッド・アヤロンが述べたように「アイン・ジャールートの戦いでは、仲間同士がとことん戦い、昨日の異教徒が明日のイスラム教徒を打ち負かした」。(31)つまり、カフカース人のマムルークはモンゴル人と近縁関係にあったが、前者が戦闘訓練中にイスラム教へ改宗していたのに対し、フビライの国を除くすべてのモンゴル人国家が、のちに改宗することになったということだ。こうした一連の出来事により、マムルーク朝エジプトは東地中海で傑出した勢力となり、レヴァント地方における西洋人の野望を打ち砕いたのだった。

あらゆるイタリア勢力のなかで、モンゴル人の敗北とラテン帝国の崩壊による影響を最も受けたのは、長らくヴェネツィアの後塵を拝してきたジェノヴァだった。ジェノヴァが精力的に支援したルイ九世のエジプト遠征隊の敗北は、当初ジェノヴァを軍事面で弱体化させたのみならず、通商面でも大きな打撃を与えた。ジェノヴァはルイ九世の造船所の役割を果たしていたのである。ところが、突如として形勢が好転した。一二六一年、ジェノヴァのもう一つの主要同盟国だったビザンティン帝国が、ダンドロとフランク人の建てたラテン帝国からコンスタンティノープルをとり戻したのだ。短期間ながら復活したビザンティン帝国はその後、歴史ある帝都と重要な海峡から憎きヴェネツィアを追放した。これらの海峡ではそれ以前、ヴェネツィアが排他的通商権を握っていたのだ。いまや、ジェノヴァとビザンティン帝国の事前の協定にもとづいて、黒海貿易の独占権がジェノヴァに渡ったのである。

マムルーク朝エジプトがどうしても必要な奴隷兵士を手に入れるには、海上ルートを利用するしかなかった。そのため、ジェノヴァやビザンティン帝国ばかりか、キプチャク・ハン国とも友好関係を築こうとしていた。キプチャク・ハン国はイルハン国の北隣のモンゴル人国家で、カフカースやクリミア半島にある奴隷の祖国を実質的に支配していたのだ。

マムルーク朝とビザンティン帝国のあいだで結ばれた多くの正式な条約によって、ボスポラス海峡の自由通行権がエジプトの奴隷船に対して特別に認められた。加えて、マムルーク朝エジプトは、モンゴル人が奴隷売買のための隊商宿《フンドウク》をアレクサンドリアに設けることを許した。(32)

マムルーク朝エジプトは黒海への出入りが自由だったにもかかわらず、海上輸送能力の不足から奴隷需要を満たせなかった。そのため、ジェノヴァの港と船がどうしても必要だった。ジェノヴァの船はクリミア半島のカッファという港で奴隷を船積みしていた。カッファはテオドシアという黒海の古代の穀物港のあった場所に建設され、一三世紀にキプチヤク・ハン国から買い取られた港だった（その後、町の名は元来のギリシア名をスラブ式に発音したフェオドシヤへ戻り、現在はウクライナの一部となっている）。ジェノヴァのほうも、マムルーク朝がアッコとテュロスの十字軍最後の砦に最終攻撃を仕掛けるのを大目に見たばかりか、海軍によるイスラム軍への援助を約束した節さえあった。

奴隷を積んだ船は南への旅に出るとアレクサンドリア（そこにはコショウの門と呼ばれる入口があった）やカイロに向かい、そこでアラブ商人が東方から運んできたコショウ、ショウガ、シナモン、ナツメグ、クローブを積んで船倉を満たした。この取引は、ジェノヴァがライバルのヴェネツィアに対抗するうえで財政上および戦略上の助けとなった。レヴァント地方にあった十字軍の前哨地の終焉が、ジェノヴァ人の輸送した奴隷兵士によって

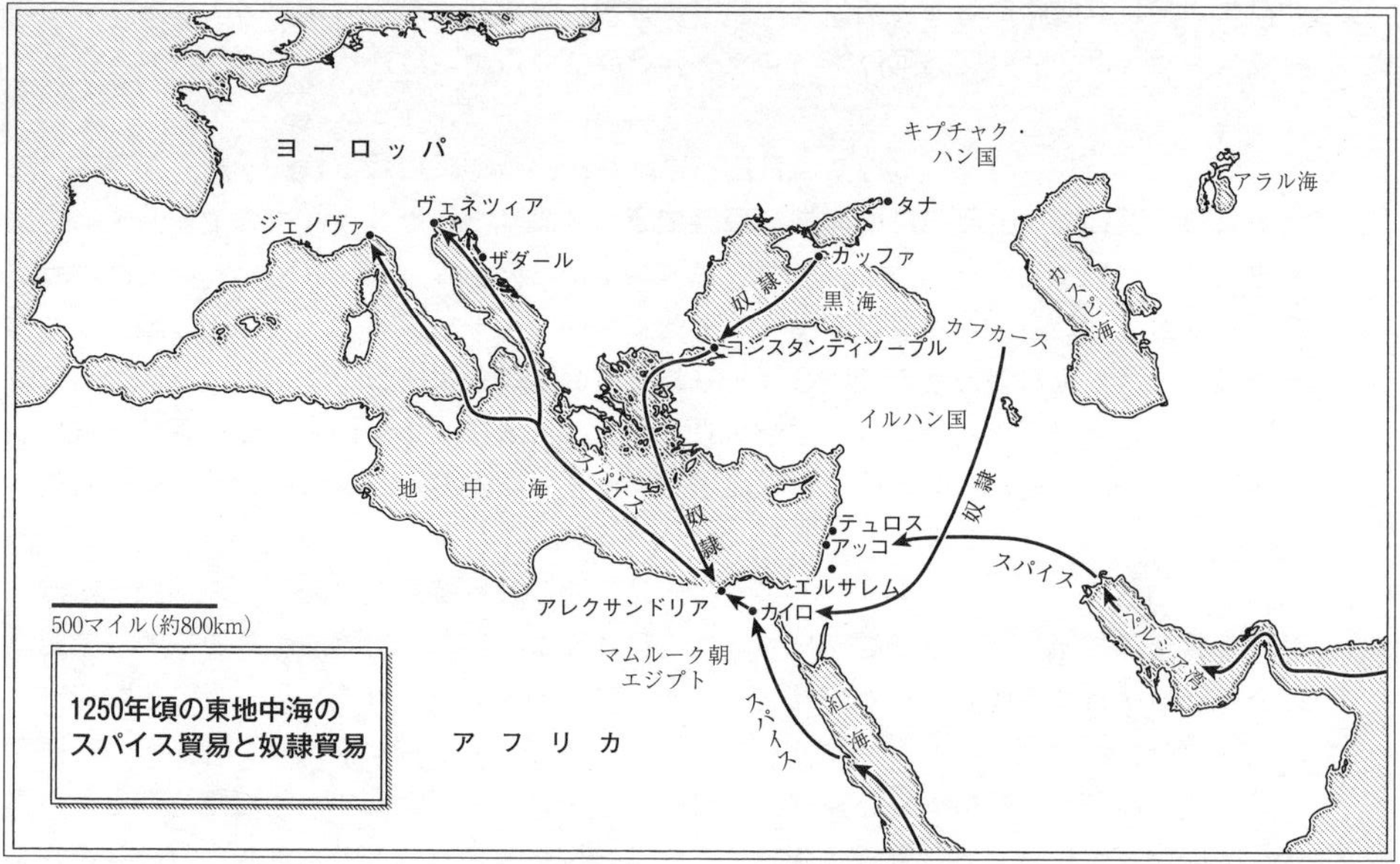
1250年頃の東地中海の
スパイス貿易と奴隷貿易
500マイル（約800km）
ヨーロッパ
アフリカ
ジェノヴァ
ヴェネツィア
ザダール
地中海
スパイス
奴隷
黒海
カッファ
タナ
コンスタンティノープル
キプチャク・
ハン国
アラル海
カスピ海
カフカース
イルハン国
テュロス
アッコ
エルサレム
アレクサンドリア
カイロ
マムルーク朝
エジプト
紅海
ペルシア湾

早められたことは疑いない。ジェノヴァ人は、神か富かの選択に際してほとんど迷うことはなかった。歴史家アンドリュー・エーレンクロイツは次のように述べている。

抜け目のないジェノヴァのキリスト教徒にとって、マムルーク朝とのビジネスライクな関係から得られる実質的利益にくらべれば、レヴァント地方のキリスト教徒が味わった最後の屈辱など、大した問題ではなかった。(33)

ボスポラス海峡―黒海の奴隷輸送ルートへの需要はあっというまに増えたものの、イルハン国の脅威が消え一二九一年にアッコとテュロスが陥落すると、その需要は一転して急激に落ち込んだ。これらの出来事を通じてマムルークの必要性が大幅に減っただけでなく、イルハン国の退却によってアナトリアとメソポタミアを通る古くからの奴隷隊商ルートが再開したからだ。ジェノヴァは海上の奴隷貿易ルートを失った。だが、マムルーク、モンゴル、十字軍が対立していた一三世紀後半の短期間に獲得した専門知識、通商上のコネ、造船技術は、戦争主導の奴隷貿易が絶えても長く役に立った。

スパイス貿易によって大金持ちになったのはイタリア人だけではなかった。ジェノヴァ人やヴェネツィア人は、奴隷、ガラス、織物をアレクサンドリアの船着き場に降ろしたり、カイロの隊商宿に運んだりしたあと、手に入るかぎりのスパイスを仕入れた。このサプライチェーンの東端では、インド人やマレー人のイスラム商人が、パセー、パレンバン、のちにマラッカといった海峡地域の貨物集散地でクローブ、シナモン、ナツメグ、メースを買い入れていた。これらの品は地元の貿易商によってスパイス諸島の産地からもたらされたものだった。こうした貴重な積荷はその後、冬の北東モンスーンに乗り、インド商人の手でベンガル湾を渡ってインドへ運ばれ、それから次のモンスーンに乗ってイエメンへ向かったのだ。そこでインド商人を出迎えたのがカーリミーだった。カーリミーは、マムルークと一緒に地位を築いた途方もなく裕福な商人の同業組合《ギルド》だ。カイロやアレクサンドリアの隊商宿でイタリア人と駆け引きしたのは、カーリミーだったはずである。

　カイロとアレクサンドリアのうち、ヨーロッパ人旅行者がより生き生きと描いたのはカイロのほうだった。狭く曲がりくねった通りには、トルコ、アラブ、イエメン、ペルシア、イタリア、フランス、インドの商人があふれ、東洋の宝である香料の強い香りが満ちていた。現代と同様に当時も、商人たちはせわしないバザールをいっとき抜けだし、ウマで遠乗りに出かけてはピラミッドをぼんやり眺めていたようだ。「カイロからの道中は、ナツメヤシ、オレンジ、レモン、ザクロがいっぱいに植えられた庭園がつづく。いい目の保養になる[34]」

　カーリミーの起源は歴史に埋もれてしまい、彼らの商売のやりとりの様子もやはりはっきりしない。しかし、中世における集中した富の最大の源泉を理解するにあたってカーリミーは欠かせない要素である。歴史的文献によれば、一一五〇年頃、つまりファーティマ朝が終焉に向かう頃、この同業組合は十分な規模に達していた。おそらく海賊の跋扈《ばっこ》する紅海やバブ・エル・マンデブ海峡で、ファーティマ海軍の保護を金で買えるだけの力があったのだろう。ゲニザ文書に登場するユダヤ商人のようなもっと小規模な貿易商は、海軍の保護を受けるほどの資金力はなく、カーリミーに駆逐されてしまったようだ。カーリミーはそもそもヒンドゥー教徒なのかイスラム教徒なのか、インド人なのかエジプト人なのかもはっきりしない。あるいは、もともと商人だったのか船主だったのかさえわかっていない。とはいえ多くの資料によれば、彼らは前者だったようだ。この集団の起源がインド人のヒンドゥー教徒であることは、カーリミーの語源が「商売」を表すタミル語の「カールヤム」にあるらしいという事実からうかがえる。[35]

どういうわけか、マムルーク朝期には、カーリミーの大部分をアラブ人のイスラム教徒が占めるようになっていた。だが、決してエジプト人しかいなかったわけではない。「コショウとスパイスの商人」としてあまねく知られる集団となっており、イエメンとエジプトのあいだの貿易を支配していたのだ。この同業組合は父から息子へ受け継がれる家族事業であり、イスラム教の商業的・社会的規律とスパイス貿易に特有の要件によって結束していた。彼らは、紅海を通る長い供給ルート全域に巨大な隊商宿を建設した。両端のイエメンとエジプトを拠点とするこのサプライチェーンは、おなじみの古代ルート——紅海を北上してエジプト海岸へ向かい、隊商を組んで砂漠を横断し、ナイル川を下る——に沿った多くの港と中継地点を経由しながら蛇行していた。ムハンマド・ビン・アブド・アッラフマーン・ビン・イスマイルという一三世紀の商人は、シリア、メッカ、エジプト、イラク、ペルシア湾岸諸国のあいだを行き来して生涯を送り(当時は珍しいことではなかった)、そのうえ中国へも三度旅をした。彼が五〇〇ディナールではじめた事業は、引退時には五万ディナールの価値を有するまでになっていた。(36)

イスラム世界のどこであれ「カーリミー商人のようだ」といえば、二〇世紀はじめに「ロックフェラーのように大金持ちだ」というのと同じ意味になった。多くのカーリミー商人は約一〇〇万ディナールを超えていたと推定され、ヤシル・アルバリシという商人は一〇〇〇万ディナールを所有していた。現在の価値で約五億ドルに相当する。産業革命以前の世界においては想像を絶する額だ。(37)カーリミーの資金で、たくさんのモスク、学校、病院が、アレクサンドリア、カイロ、メッカ、ジェッダに建設された。だが、ずば抜けて多額の資金がつぎ込まれたのは軍事関係だった。一三五二年にシリアがマムルーク朝に手向かったとき、また一三九四年に残忍なティムールがレヴァント地方を脅かしたとき、三人の指導的カーリミー商人が資金を提供し、エジプトに勝利をもたらしたのだ。(38)

やがて、あらゆる帝国と同じくマムルーク朝は貪欲になって腐敗し、現金箱に手を突っ込まずにはいられなくなった。一四二八年、スルタン・バルスバイはカーリミーからスパイス貿易の独占権を奪い、彼らの地位を代理業者に引きずり下ろした。一四五三年、オスマン帝国のトルコ人がついにコンスタンティノープルを手に入れ、キリスト教徒との貿易をすべて停止した。もっともそのときには、イスラム教徒とイタリア人のスパイス貿易はほとんど消滅していたのだが。同じ頃、ポルトガル人がアフリカ西岸をゆっくりと南下していた。一四八八年、バルトロメウ・ディアスがアフリカ南端の岬を回り、その一〇年後には、ヴァスコ・ダ・ガマがインド洋に船を乗り入れた。この出来事で、イスラム教徒による西洋とアジア間の貿易の独占に永遠の終止符が打たれることになった。

スパイス—奴隷貿易の、最も忌まわしく最も長く残る遺産が、モンゴル人がジェノヴァ人に贈った「死の贈り物」から飛びだした。その現場となったのは、ジェノヴァ人が新たに建設したカッファという黒海の港だった。この名前は覚えておいてほしい。数百万人というヨーロッパ人の死、モンゴル人によるアジア支配の崩壊、イスラム貿易帝国の弱体化、最終的に西洋の不死鳥のような隆盛といった出来事の背景で、この名前がくり返しこだますることになる。

第6章　貿易の病

中世におけるカッファは、開拓時代のアメリカ西部における終着駅のような存在だった。ヨーロッパの最果ての町であり、はるか東へ中国にまで広がるハン諸国との境界が目と鼻の先に迫っていた。一二六六年頃、キプチャク・ハン国——北西アジアと東ヨーロッパにまたがるモンゴル帝国——は、カッファの土地をジェノヴァに売った。ジェノヴァは、シルクロード西端のクリミア半島に位置するその街の価値を知っていたのだ。商人たちはカッファの船着き場から、奴隷をエジプトへ、東洋の贅沢品をイタリア、フランス、さらにはヨーロッパ北部の大西洋岸の港へと輸送した。

カッファの繁栄を目にしたモンゴル人は売ったことを悔やんだ。やがて、カッファ略奪の誘惑に耐えきれなくなり、この新たに価値を持った土地をめぐって壮大な覇権争いがはじまった。キプチャク・ハン国のトクタ・ハンは、同胞のチュルク族がイタリア人によって奴隷として輸出されていることを侵略の口実にした。一三〇七年、トクタ・ハンは、カッファの七〇〇マイル（約一一二〇キロメートル）東にある自国の首都サライに住むイタリア人を逮捕すると、同じ年にカッファそのものを包囲攻撃した。ジェノヴァ人は抗戦ののち、一三〇八年に火を放って町を放棄した。モンゴル人がカッファを略奪し尽くしたあと、ジェノヴァ人が戻ってきて街を再建した。

カッファの真東にあってキプチャク・ハン国の脅威にいっそうさらされていたのが、ヴェネツィアの奴隷購入拠点のタナだった。一三四三年に攻撃を受けると、タナのイタリア人は西のカッファへ逃げ込んだ。これがキプチャク族――キプチャク・ハン国の盟友である地元のチュルク族――にさらに大きなチャンスを与えることになった。キプチャク族は三年にわたってカッファを包囲し、恐るべき石弓で断続的に攻撃を仕掛けたものの結局は失敗に終わった。一三〇八年の惨事のあと、ジェノヴァ人はボスポラス海峡を通るカッファへの海上補給路を強化し、重厚な二重の環状壁で街の城壁を補強していたのだ。

攻守両軍とも気づかないうちに、ある終末兵器が東からやってきて両軍を敗北に追い込んだ。当初それは攻撃側を壊滅させ、カッファで身を寄せ合っていたイタリア人に思いがけない勝利をもたらした。ところが、すぐさま防衛側の命をも奪うと、やがてジェノヴァのガレー船でひっそりと南に運ばれ、まずヨーロッパを、ついでムハンマドの王国を、灰色の廃墟に変えたのである。

ペスト菌は多くのヒト病原体と同じく、「病原菌保有動物」つまり慢性的に感染している齧歯《げっし》類の個体群のなかで大半の時間を過ごす。中世には、ヒマラヤ山麓、アジアのステップ地帯、アフリカの大湖群地帯に棲む地上性のリスやマーモットがペスト菌を保有していた。なかでも最も重要だったのはタルバガンだろう。太ったリスのような風貌の穴居動物で、体長六〇センチ、体重八キロ余りに成長し、冬眠する。

数千年にわたり、ステップの住人はペストに感染した齧歯類に近づかないようにしていた。感染した動物は動きが鈍いのですぐにわかった。しかし、こうした感染に対する文化的な免疫がときおり崩れることがあった。たいてい地元の習慣を知らないよそ者がペストにかかった動物を捕まえたときだった。こうなると、黒死病は野火のように広がった。(1)

こんにち感染症の起源とその歴史的影響について正しく認識できるのは、シカゴ大学の偉大な歴史家ウィリアム・H・マクニールのおかげである。一九五五年頃のこと、マクニールはエルナン・コルテスによる一五二一年のアステカ征服について調べながら、ある疑問に首をひねった――人口数百万、しかもその多くが勇猛で冷徹な戦士であるアステカが、いったいなぜたった六〇〇人のスペイン人に敗れたのか。ヨーロッパ人のウマ、銃、鋼鉄の剣が大きな力となったのは事実だが、マクニールは何か別の要因がはたらいていたのではないかと考えた。

事実アステカは前年の一五二〇年、首都テノチティトランでコルテス軍を破り、スペイン軍は退却を余儀なくされた。いわゆる、屈辱的な「悲しき夜」である。四カ月後、天然痘がアステカ全土に蔓延した。戦いに勝ったアステカ司令官の天然痘による死を伝える記述を見つけたとき、マクニールはぴんと来た。一瞬にして、スペイン人のアステカ征服における病気の役割を理解し、われわれの世界史認識に新たな地平を切り開いたのである。マクニールは、テノチティトランでの出来事とその二世紀前のヨーロッパでの出来事が、同じ現象だと見抜いた。つまり双方とも、免疫のない住民のあいだに新しい病気が広まり、壊滅的打撃を与えたのである。マクニールはこうした文明の衝突のメカニズムを解明した。その第一の原動力は往々にして貿易だったのである。

現在ではよく知られているように、交易や旅(さらに現代世界における人口密度の高まり)によって病原菌が——新種であれ既知のものであれ——複数の大陸にあっというまに広がることがある。古代や前近代の状況は、多くの点でいまよりもずっと危険だった。当時、世界は疫学的な火薬庫で、地理的に分離したいくつかの「疾病プール」から成っていた。各プールの内部にいる人びとは、その地域特有の病原菌には相応の抵抗力を持っていても、別のプールの病原菌にはなす術がなかった。何千年ものあいだ一つの国におとなしく閉じ込められていた病原菌が、数百キロ離れた場所に大惨事をもたらすことは十分考えられる。一四世紀から一八世紀にかけて交易がグローバル化すると、世界に散在していた疾病プールが混ざり合い、恐ろしい事態を引き起こした。ありがたいことに現代では、既存の病原菌がさらに混ざり合う可能性は比較的低そうだ。病気が世界的に大流行するパンデミックは、人間以外の宿主に潜む病原体がＨＩＶウイルスのように突然変異して人に感染する能力を獲得したときに限られる。こうした事態は、コロンブス以前の時代における感染爆発よりもはるかに起こりにくい。当時は、隣の疾病プールからやってきた商人、船乗り、あるいは齧歯類が死の伝染病を流行させることができたのである。

マクニールは一八五九年にはじまったある出来事に注目した。その年、イギリス人の入植者がウサギをオーストラリアに持ち込んだ。イギリスの田園地帯への郷愁を癒し、狩猟や食糧用になじみある動物を定着させようとしたのである。不幸なことに、新たな生息地にはこの愛らしい動物を捕食するものがいなかった。ウサギは当然のごとく繁殖し、オーストラリア大陸のひ弱で乏しい牧草地を裸にして、はじまったばかりの牧羊業を脅かした。フェンス、毒薬、罠、ライフル銃なども、生後六カ月で子を産める動物の数を抑える役には立たなかった。なんらかの妙策が必要な状況だった。

一九五〇年、オーストラリア人は、ウサギだけを殺す粘液腫ウイルスを野生のウサギの群れに放った。野生のウサギは過去にそのウイルスに接したことがなく、免疫がなかった。つまり、メキシコやヨーロッパで天然痘やペストが流行した状況に酷似していたわけだ。その後数年にわたってウサギは大量に死に、個体数は八割減少した。感染したウサギの死亡率は九九・八％に達した。

ウサギがオーストラリアから消滅しかけたまさにそのとき、自然選択が機能しはじめた。ウイルスへの抵抗力が最も強い系統が選びだされたのだ。さらに、この自然選択のプロセスはウイルス側にとっても実にうまく機能した。あまり早く宿主を殺しても、ウイルスにとっていいことはなかったからだ。やがてウイルスは致死性を弱めて長生きし、効率よく増殖していった。一九五七年には、感染したウサギの四分の一が死んだだけだった。きわめて致死性の高い病原菌とまったく無防備な宿主という一方的な関係は、毒性の弱まった病原菌と抵抗力を強めた個体群という対等な関係に変化したのである。

人間が新たな感染症にさらされるときにも同じプロセスがはたらく。当初の死亡率は高いが、自然選択の結果、抵抗力の増した個体群と致死性の弱まった病原菌の両方が現れるのだ。宿主と病原菌がたがいに適応する「病気の平衡」のプロセスには五世代から六世代が必要らしく、ウサギの場合で数年、人間なら一〇〇年から一五〇年程度かかる。人間の集団において、かつて大人を死亡させたはしかや水疱瘡なども、いまでは主にまだ免疫を持たない子供の病気だ。こうした病気がもともとは人間のそばで暮らす家畜から生じたのは偶然ではない。たとえば、天然痘は牛痘から、インフルエンザはブタから、はしかは犬ジステンパーや牛疫から生まれたのである(2)。

ペストの場合、状況はもう少し複雑だ。人間について見れば、ペストがこうした「平衡」レベルにまで達していないことは間違いない。現在でもペストの致死性は、一四世紀に旧世界を壊滅状態に陥れたときとほとんど変わっていない。だがこの点はペスト菌にとってはどうでもよく、人間への感染は二次的な問題にすぎないのだ。ペスト菌にとって唯一の大切な宿主は、タルバガンをはじめとする地上性齧歯類である。こんにちまでに世界中で数百万匹という齧歯類がペストに感染しているはずだ。ペストは人間と同じく動物をもすみやかに死に至らしめるが、こうした穴居動物はばらばらに暮らしているため、コロニーからコロニーへの伝染はゆるやかである。なかでも南西アジアの砂漠に棲むスナネズミだけはペストにかかっても進行が遅く、個々のネズミは長患いながら軽症ですむと考えられている。(3) ペスト菌に感染した地上性齧歯類が最初の病原菌保有動物としてどこに現れたかは、科学者にもはっきりとはわからない。最有力と目されているのが中国南部のヒマラヤ地域である。

人間、マーモット、地上性のリスだけがペスト菌の宿主なら、それらに近づかないことで身を守れたはずだ。ところが、この致死性の病の連鎖にはほかに二種類の動物が含まれている。一つはノミである。ノミの一刺しによってペスト菌が哺乳類から哺乳類へと伝染するのだ。とはいえ、ノミは遠く離れた場所に棲む動物と人間のあいだを何キロも移動できるわけではない。もう一つはクマネズミである。クマネズミは地上性齧歯類と文明を結ぶうえで不可欠な「橋」となり、病原菌をもつ動物が人間の生活圏へ達する手助けをする。ペスト菌は、人間と同じようにノミやネズミも殺す。では、ネズミが死んだらどうなるのか。ペストに感染したノミは死んだネズミを見捨て、命のあるうちに不運な人間に向かって最後の数十センチを跳躍するのだ。

この死の連鎖において重要な役割を果たすのが、ケオプスネズミノミである。このぱっとしない昆虫は二つの特徴を備えており、その役割を果たすのにぴったりの存在なのだ。第一の特徴は、クマネズミに寄生することだ。タルバガンが人間と近しく接することはめったにないのに対し、クマネズミは生ゴミをあさり、残飯を食い散らかしながら人間の生活圏のごく近くに適応している。クマネズミはタルバガンとも生活圏をともにしている。つまりケオプスネズミノミとその体内に潜むペスト菌は、タルバガンからクマネズミへ跳び移れることになる。ケオプスネズミノミはネズミが死ぬなどのやむをえない場合にかぎって、ネズミから離れて自由になり、ペスト菌もろとも人間に向かって最後の華麗なジャンプを敢行する。ケオプスネズミノミの第二の恐るべき特徴は、消化器系がペスト菌にきわめて敏感だということだ。このため、腸閉塞や嘔吐《おうと》を起こし、刺した齧歯類や人間に大量の感染物質を注入するのである。[4]

ネズミが死ぬと、ケオプスネズミノミはウマやラクダへ逃げ込むが、そこはまさしくノミのホテルである。[5] これらの荷役用の動物はほかの多くの哺乳類や鳥類と同じく、ペスト菌にとても感染しやすい。

ペスト菌から見れば、ケオプスネズミノミ、クマネズミ、人間は脇役であり、不運な第三者にすぎない。ペスト菌の最優先の任務は、宿主である地上性齧歯類のなかで生きていくことにほかならないのだ。さらに悪いことに、定住農業が発達すると過密で複雑な都市が生まれ、そうした都市が都会の環境に順応するのが得意なクマネズミを引きつけるのである。

クマネズミは、自らの恐ろしい役割を見事に果たす。この動物は人間の間近にいることを好むだけでなく、高いところに登ることにかけては超一流である。ローマや漢王朝が隆盛を極めていた頃、クマネズミはシルクロードや海上のモンスーン・ルートに沿って広く遠く生息圏を拡大しはじめた。西暦紀元の初期に、クマネズミはモンスーン・ルートを往復するダウ船やギリシア船の係留ロープを登り、ヨーロッパへと渡っていった。

「ペスト」という言葉自体が混乱を招いている。疫病の大流行が古代のさまざまな文献に記録されているが、いずれも「ペスト菌」の仕業ではないことがわかっている。シュメールの記録には、紀元前二〇〇〇年という大昔の疫病のことが述べられているし、紀元前一〇〇〇年から五〇〇年のあいだに書かれた旧約聖書の『歴代誌』には、肥沃な三日月地帯の住民のあいだに広がった疫病が神の罰として描かれている。現代の翻訳者は、こうした出来事を記述するために「ペスト」という言葉を思いつく。だが聖書をはじめとする古代の資料に、病気の原因となった菌やウイルスを特定できるほど詳細な臨床データが含まれている例はめったにない。

紀元前四〇〇年頃に書かれたヒポクラテスの『疾病論』の最初の一節には、タソス島でのおたふく風邪の大流行が明瞭かつ詳細に述べられている（耳の周辺の無痛性の腫脹、かすれ声、咳）。だが、ヒポクラテスの著作のどこにも「ペスト菌」の感染をうかがわせる記述は見つからない(6)。ペロポネソス戦争を記録した偉大な歴史家のトゥキュディデスは、古代史上おそらく最も有名な伝染病について記している。紀元前四三〇年にアテナイを襲ったこの疫病は、アテナイ軍の約四分の一を死に至らしめた。だが文献からは、その原因を正確に特定することはできない(7)。

疫病は共和制ローマとローマ帝国の両方を定期的に襲った。なかでも有名なのは、一六六年頃、マルクス・アウレリウスの軍団がメソポタミアからある病原菌を持ちかえったときのことだ。当時の記録によれば、ローマ市民の三分の一近くが死に、軍隊が全滅した。三世紀中頃には、また別の伝染病がローマで猛威をふるい、一日で五〇〇〇人もの人が死んだという(8)。くり返すが、こうしたローマの疫病に関する正確な記録は存在しない。最も信頼できる証拠からは、これらの疫病はヨーロッパへはじめて侵入した天然痘やはしかだったことがうかがわれる。その感染源は、肥沃な三日月地帯の家畜飼育場や住宅だった。

ペスト菌による疫病の臨床的特徴——鼠径《そけい》部や腋窩《えきか》の腫脹、高熱、黒色内出血斑、発病後短期間での死亡——は非常にはっきりしているため、西暦五〇〇年以前の古代世界で発生していれば記録が残っているはずである。肺ペストであればなおさらだ。肺ペストの場

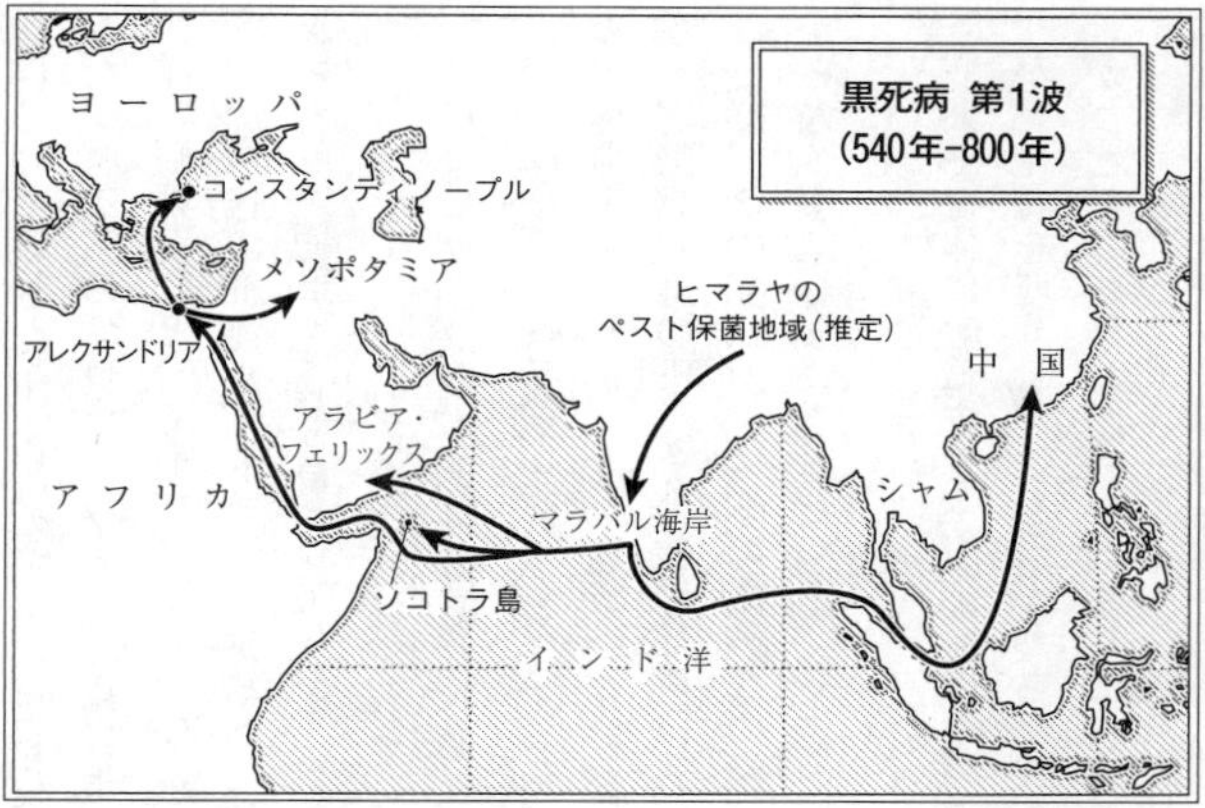

合、咳による人から人への空気感染によって、夜明けには感染の気配もなかったのに夕方には都市が全滅することもある[9]。

西暦紀元のはじめの頃、ヒマラヤ山麓にある古代のペストの保菌地域から、感染したノミや齧歯類が何らかの方法でインドのマラバル海岸へと移動した。ペストに感染したクマネズミは係留ロープを駆けのぼり、西をめざす貿易船に乗り込んだ。冬のモンスーンに乗った船はインド洋を横断してアレクサンドリアへ（あるいはソコトラ島やアデンといった中継港へ）到達した。船足が速かったためにクマネズミは航海を生き延び、上陸してふたたびペストを広げることができた。ビザンティン皇帝ユスティニアヌスの治世にあった五四一年、ペスト感染についての信頼に足る記述がはじめて現れた——黒死病（全身に広がる内出血斑のためにそう呼ばれた）が姿を見せたのだ。歴史家のプロコピウスの記録によれば、「ユスティニアヌスの疫病」が少なくとも西洋の観察者にとって最初に現れたのは、エジプトだったという。これは、ビザンティン帝国が古代の紅海ルートを海上供給路に使っていたことから予想されるとおりだった（ペルシア湾を経由する、もっと利用しやすい「シンドバッドの道」は、ビザンティン帝国の最大のライバルだったペルシア帝国に封鎖されていた）(10)。

プロコピウスは疫病を目のあたりにしている。「同じ頃［五四一年から五四二年にかけての冬］、ある疫病が流行し、人類を破滅寸前に追い込んだ(11)」。プロコピウスは横痃《おうげん》についてはっきりと述べている。つまり「鼠径部［この部位の症状がまさに横痃と呼ばれる］だけでなく、腋窩、耳の下、その他の部位における(12)」痛みをともなう炎症性のリンパ腺の腫瘍のことで、この症状がペストの徴候なのだ。プロコピウスを当惑させたのは、その疫病が人から人へ感染しないことだった。

病人や死体に触れても、医師もほかの者もその病気にかかることはなかった。多くの人が、死者を埋葬したにもかかわらず、不思議にも無事だった。病気にかかった多くの人が、どこで感染したのかわからないまま、あっというまに死んでしまった(13)。

この最初の流行はノミの媒介によるもので、一四世紀にヨーロッパを襲った肺ペストよりも死に至るスピードは遅かった。最初の大流行のあと、ペストの波は五年ないし一〇年おきにビザンティン帝国を襲った。そのため、まだ免疫のない子供の感染が顕著だった。五四一年から五四二年にかけて、コンスタンティノープルの人口の約四分の一が死んだ。プロコピウスは、ピークの死亡者数を一日あたり約一万人と記録している。七〇〇年までにコンスタンティノープルの人口は半減した。ペストが大流行する前、ユスティニアヌス帝はビザンティン帝国を再統一する態勢を整えていたようだ。その野望を打ち砕いた最大の原因はペスト菌にあったといっても過言ではない。ペストの流行はヨーロッパを「暗黒時代」へ引きずり込むのに一役買い、初期のイスラム教徒の勢力拡大を可能にする地政学的な空白を生みだした。イスラム教徒は、砂漠気候（クマネズミには厳しい気候）に加えて大都市を持たなかったおかげでペストから守られていた。はるか東の地でも、ペストはイスラム教徒に手を貸した。プロコピウスはペストによるペルシアの荒廃について記録し、数度にわたるペストの波が、六三六年にクテシフォン（現在のイラクに含まれる）でイスラム教徒がペルシア帝国に歴史的勝利を収める下地をつくったのではないかと示唆している(14)。

ビザンティン帝国でペストがようやく終息したときには、東方世界との貿易はすでに衰退していた。六二二年、コンスタンティノープルを最後のペストの波が襲ったのと同じ年に、クライシュ族はムハンマドと信者たちをメッカから追放してメディナへの聖遷を促した。ムハンマドの軍隊は八年足らずでアラビア全土を支配下に収めると、一世紀以上のあいだ、バブ・エル・マンデブ海峡から西洋の船舶を締めだした。さらに数世代にわたってシルクロードからも西洋人を追いだすことになる。イスラム軍は、西暦紀元のほぼ初頭からつづいてきたヨーロッパとアジア間の比較的自由な貿易を阻止することに成功したのである。ヨーロッパのこうした敗北は手痛くもあったが、よい面もあった。孤立したおかげで、ヨーロッパはその後七世紀にわたってアジアのペスト保菌動物から守られたのである。

暑く乾燥していて、人口の少ないアラビア半島は、ペスト菌に対して防壁の役を果たした。ところがイスラム教徒の次なる征服地である肥沃な三日月地帯は、人口密度が高く、ペスト菌にとって理想的な増殖地だった。六三九年までにペストはシリア全土で猛威をふるい、一般住民に大打撃を与え、二万五〇〇〇人ものイスラム兵の命を奪った。第二代カリフのウマルは、偉大な軍司令官アブー・ウバイダの命を救うべくシリアから呼び戻そうとした。緊急の協議が必要だといって自分の真意を隠そうとしたものの、ウバイダはその計略を見抜くと、アッラーの意思に背くことを望まずシリアにとどまった。彼はまもなくペストに倒れ、後継の多くのアラブ人司令官も同じ運命をたどった[15]。

ペストがイスラム教の分裂の原因となった可能性すらある。ウバイダの死後、ムアーウィヤ・イブン・アブー・スフヤーンというもう一人の司令官が第四代カリフのアリー（ムハンマドのいとこにして義理の息子）を打倒した。この一件で、イスラム教徒はスンニ派とシーア派に永遠に分裂することになった。ウマルが有能なウバイダをペストから救っていれば、イスラム教はこの悲劇的な分裂を免れていたかもしれない。

「ユスティニアヌスの疫病」が新たな勝者であるイスラム戦士をどれほど苦しめたにせよ、ビザンティン帝国とペルシア帝国がこうむった痛手ははるかに大きかった。歴史家のジョサイア・ラッセルによれば「カール大帝も、ハールーン・アッラシードも、イサウリアやマケドニアの王朝も、ノミ、ネズミ、病原菌による疫病の流行パターンを打破できなかった」のである。[16] イスラム教の興隆を手助けしたものとして、アリーの剣とハディージャの富に、黒死病をつけ加えるべきだろう。それはアラブ人も殺しはしたが、生まれたてのイスラム教の敵であるビザンティン人とペルシア人の命をはるかに多く奪ったからだ。

ユスティニアヌスの疫病から数世代足らずのあいだにペスト菌は東へ広がり、インドから中国の海港へと達した。七世紀のはじめには、ペストに関する信頼できる文献が中国に現れた。確証的な人口統計データはごくわずかしかないものの、ペストは少なくともビザンティン帝国と同程度の打撃を唐にも与えたようだ。ある観察者の報告によれば、七六二年には山東地域の半分がペストのせいで壊滅したという。[17] 西暦二年から七四二年のあいだに中国の人口は約四分の一減少したらしい。

その後、ペストは姿を消す。最後の波は六二二年にコンスタンティノープルを飲み込み、七六七年には周辺地域を席巻した。これ以降、黒死病に関する信頼できる記述は一四世紀になるまでキリスト教世界には見あたらない。

では、ペストが第一千年紀の中頃までヨーロッパには到来せず、数千年のあいだアジアの地上性齧歯類に特有の病気だったのはなぜだろうか。次の大流行が八〇〇年ものあいだ起こらなかったのはなぜだろうか。さらにユスティニアヌスの疫病がヨーロッパでも主としてビザンティン帝国にとどまっていたのに対し、のちの中世での流行がヨーロッパ全土におよんだのはなぜだろうか。

なによりもまず、ペストは貿易の病である。感染した人間はわずか七日間しか生きられないし、感染したネズミは数週間、ノミも数カ月の命にすぎないのだ。病原菌を次の隊商宿や港へ運ぶには、人間、齧歯類、昆虫といった宿主は大海原や大草原を大急ぎで渡らなければならない。

ユスティニアヌスの疫病はヨーロッパ北部に散らばる都市を襲ったものの、ヨーロッパ全土を荒廃させたわけではない。その理由は二つあった。第一に、ヨーロッパではペストは主に地中海ルートで運ばれていたが、さらに西や北へ向かう道はゴート族、ヴァンダル族、フン族に遮断されていたこと。第二に、六、七世紀まで中間宿主として不可欠なクマネズミは地中海沿岸から奥へはまだそれほど広がっておらず、ヨーロッパ大陸の大西洋岸の港に達していなかったこと。(18) ユスティニアヌスの疫病の救いは、病原菌が地上性齧歯類という足がかりをヨーロッパに築いていなかった点にある。一四世紀のヨーロッパ大陸はそれほど恵まれてはいなかった。数世紀におよぶヨーロッパ商人のアジアからの締めだし、つまり「イスラム教徒による強制隔離」は一三世紀のモンゴルによる征服とともに終わった。チンギス・ハンの後継者たちは陸上貿易を再開し、すでにペストへの抵抗力を失っていたヨーロッパへ凶暴なペスト菌を解き放ったのだ。

六世紀には海から現れた厄災が、一四世紀には陸路を経てやってきた。モンゴル人のハンのもとで政治的統一が達成されると、シルクロードがふたたび開通し、中国の貴重な品品とともにカッファの包囲軍にペストを感染させたネズミやノミも運ばれるようになった。モンゴル人やその盟友がペストにかかった正確な経緯は完全にはわかっていない。マクニールによれば、一二五二年に大草原の戦士たちが中国南部やビルマのヒマラヤ山麓に北から侵入したとき、地上性齧歯類に囲まれた古代からのペストの住まいで病気を移されたのではないかという。

一三三一年、中国でペスト再発がはじめて報告された。すぐさま、この病は猛スピードでシルクロードを突進した。モンゴル支配下のこのルートをよどみなく運ばれていったのだ。ペストに感染したノミは、あるときは軍馬のたてがみ、あるときはラクダの体毛、またあるときは積荷や鞍袋《くら》に潜むクマネズミに隠れて西へと向かった。遠距離貿易とは回りくどいもので、絹やスパイスの運び手が途中で何度も変わる。それと同様に、ペスト菌も途中で何度も立ち止まりながら旅程を先へと進めていった。

隊商宿はペストの伝染にとって不可欠な中継地だったし、ラクダや商人だけでなくペスト菌にも食糧を提供したとマクニールは推測する。道中の各隊商宿でペストは、従業員、宿の主人、宿泊客の命を奪った。生き残った者はあちこちへ散らばり、各地の地上性齧歯類の個体群に病気を移したため、ペストはさらに拡大した。一三三一年に中国でペストが発生して七年後の一三三八年、その流行はイシク・クル湖（現在のキルギスタンに位置する）近くの交易所を一気に通過した可能性がある。シルクロードのほぼ中間点に当たる場所だ。一三四五年にはカスピ海北岸のアストラハンに、その直後にカッファに襲いかかった。[19][20]

一三四六年、ペスト菌はカッファを包囲していたキプチャク軍のところまでやってきた。キプチャク軍はとびきり憎悪に満ちた神の怒りを買ってしまったようだ。ペストの編年史をまとめたガブリエル・デ・ムシによれば「タタール人は体に病気の徴候が現れるやいなや死んでしまった。その徴候とは、体液の凝固によって腋窩や鼠径部が腫れ、つづいて腐敗熱が出るというものだった[21]」。

ペストの猛威はすさまじく、カッファ攻撃軍はただちに包囲を解かざるをえなかった。ところが彼らは撤退に先立って史上最強の「細菌テロ」を敢行した。ふたたびデ・ムシに語ってもらおう。

死を目前にしたタタール人は、その疫病がもたらす厄災のあまりの大きさに茫然自失し、感染を免れる望みはないと悟って戦闘意欲を失った。ところが、彼らは死体を石弓に載せて城内へ投げ込んだ。死体のすさまじい悪臭で籠城する敵を一人残らず殺してやろうと願ってのことだ。山のような死体がカッファの町に投げ込まれた……悪臭のあまりの強烈さに、タタール軍の亡骸から逃れられる者は数千人に一人もいなかった。(22)

その攻撃は自暴自棄の思いつきだったのかもしれない。あるいは、世界最高の石弓の使い手たる「タタール人（モンゴル人とその盟友）」が、その機械を使えば最も手っ取り早く死体を片づけられると気づいただけの話かもしれない。まもなく、カッファの籠城軍数千人は敵と同じ運命をたどり、数カ月足らずのうちに黒死病はヨーロッパと中東を駆け抜けた。

カッファに到達した黒死病が貿易によってさらに拡散したことはほぼ間違いない。カッファの惨劇を生き延びた数少ない人びとのなかには船乗りもいて、彼らはイタリアの母港へ帰っていった。するとまたしても、あの小さな密航者であるクマネズミがペスト菌をヨーロッパの各港へ運び、中世で最悪の惨事を引き起こしたのである。(23) フランシスコ会の修道士ミケーレ・ダ・ピアッツァは、黒死病がイタリアへ到達した瞬間を記録している。

一三四七年一〇月のはじめの頃だった。ジェノヴァのガレー船一二隻が、自らの罪のせいで神より下された天罰を逃れ、メッシーナの港に入ってきた。ジェノヴァ人の体には病が潜んでいた。この命取りの病は、彼らの誰かと口をきいただけで移り、死を免れることはできなかった……そしてジェノヴァ人とともに……彼らの持ち物を手に入れたり、触ったり、手にとったりした者がみな命を落とした。(24)

感染者を乗せた船は埠頭に着いてもすぐに追い払われ、航海をつづけざるをえなかった。ある町に感染が広まると生存者は町から逃げだすため、ペストはさらに拡大した。ダ・ピアッツァの記録によれば「メッシーナの人びとはひどく嫌われ、恐れられていたので、口をきく者もつきあう者もいなかった。それどころか、彼らの姿が目に入るだけで人びとは息を止めて大あわてで逃げだした」という。(25)

一三四七年のヨーロッパは、ユスティニアヌスの疫病の頃とくらべると、ペスト菌にとって快適な環境が整っていた。地中海の海上貿易網は、迅速かつ確実で大規模なものへと発展していたからだ。次々に現れる感染したネズミは、八〇〇年前よりも速く頻繁に、またはるかに大量に港から港へと行き来できるようになったのである。

ペストが大流行する半世紀前の一二九一年、ジェノヴァの司令官ベネデット・ザッカリア率いるスペイン船隊がジブラルタルの近くでムーア軍を破った。これにより、イスラム

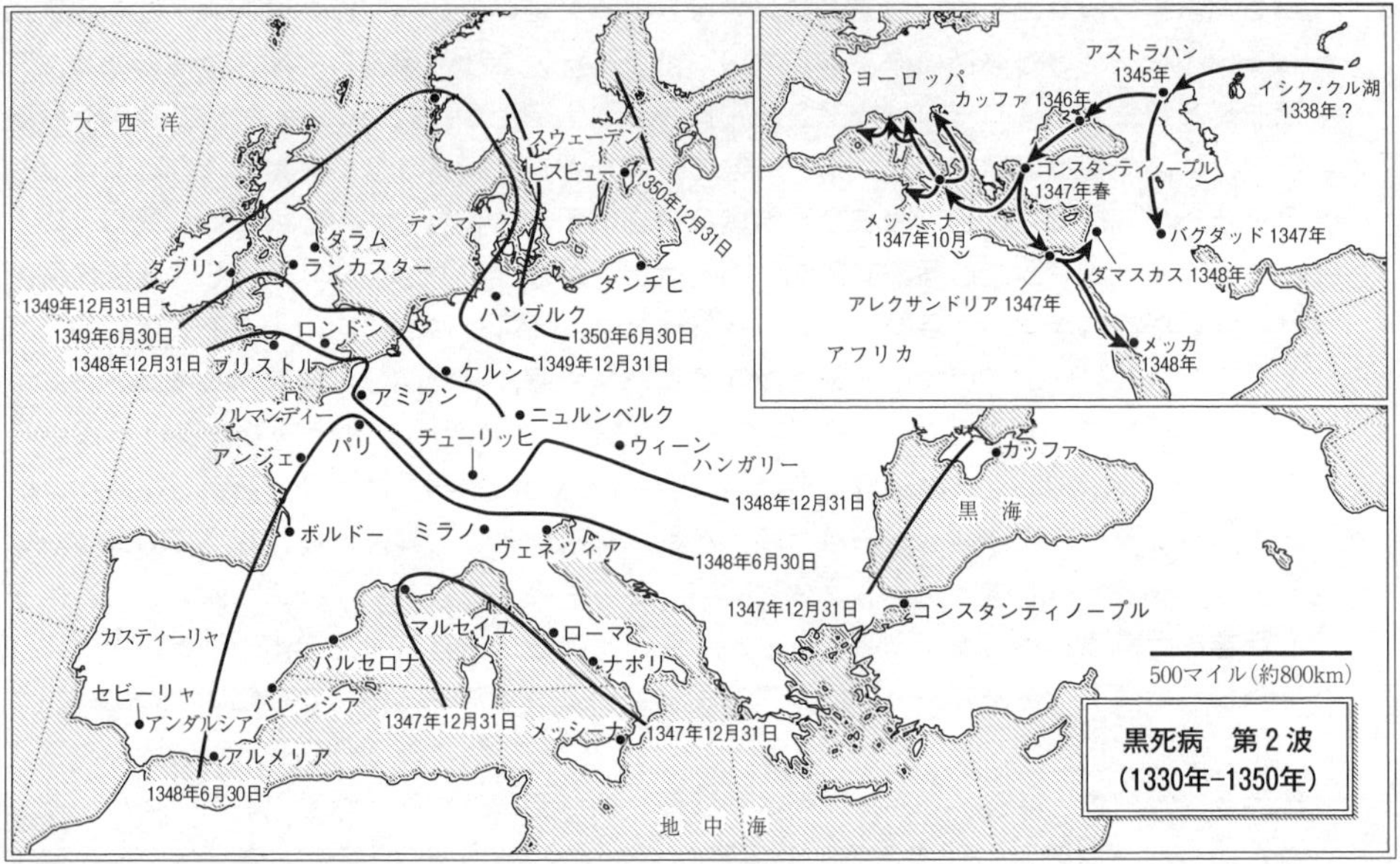

黒死病　第2波
(1330年-1350年)
500マイル(約800km)
大西洋
地中海
黒海
ダブリン
ダラム
ランカスター
ロンドン
ブリストル
デンマーク
スウェーデン
ビスビュー
ダンチヒ
ハンブルク
ケルン
アミアン
ノルマンディー
ニュルンベルク
パリ
チューリッヒ
アンジェ
ウィーン
ハンガリー
ボルドー
ミラノ
ヴェネツィア
マルセイユ
ローマ
ナポリ
メッシーナ
カスティーリャ
バルセロナ
バレンシア
セビーリャ
アンダルシア
アルメリア
カッファ
コンスタンティノープル
1349年12月31日
1349年6月30日
1348年12月31日
1350年12月31日
1350年6月30日
1349年12月31日
1348年12月31日
1348年6月30日
1347年12月31日
1347年12月31日
1347年12月31日
1348年6月30日
ヨーロッパ
アストラハン
1345年
イシク・クル湖
1338年？
カッファ 1346年
コンスタンティノープル
1347年春
バグダッド 1347年
メッシーナ
1347年10月
ダマスカス 1348年
アレクサンドリア 1347年
アフリカ
メッカ
1348年

教徒のスペイン征服後はじめて、ジブラルタル海峡が西洋の船団に開放されることになった[26]。こうして「疫病船」は新たに開かれた海路から直接大西洋へ出て、ヨーロッパ北部へ凶運を運べるようになった。

六世紀と七世紀には、東地中海から少し西へ行けばクマネズミはあまり生息していなかった。ところが一三四六年には、どの港でもクマネズミが船を下りてくる感染した仲間を出迎え、その後、宿主となるヨーロッパの地上性齧歯類へペストを移していった。クマネズミの生息域の新たな拡大は、ペストがはじめて来襲して以来、数世紀にわたってくり返される流行の原因となった。加えて、新たに登場した荷役動物を使った貿易ルートのせいで陸路でも感染が広がった。おそらく肺ペストの初期段階にあった商人を通じ、一日に一・六〜八キロメートルの速さで大陸を進んでいったと考えられる[27]。

一三四七年から一三五〇年にかけて、ペストはイタリアからゆっくりと、だが容赦なく北へ広がっていった。地図からもわかるとおり、その進路は海陸の貿易ルートをなぞっていた。陸路より海路のほうが速かったのも通常の貿易品の場合と同じだった。いくつかの小さな町や村が消滅するいっぽう、より大規模な都市の多くがほぼ無傷で難を逃れた。可能なかぎり推定してみると、だいたい三、四人に一人の割合でヨーロッパ人がこの数年間に死んだはずだ。最初に来襲したペストは一三五〇年には終息したものの、つづく数十年間に流行がくり返された。その後はユスティニアヌスの疫病のときと同じように流行の間隔が広がっていった。一五七五〜七七年と一六三〇〜三一年の二回の流行で、ヴェネツィアの人口の三分の一が失われた(28)。

後にも先にも、ペストの第一波ほどヨーロッパを恐怖に陥れたものはなかった。疫病が船でやってくることは明らかで、領主も庶民も、海や港には死の貨物を積んだ商船がひしめいていると想像していた。アヴィニョンのような内陸の都市でさえ、新たに到着したスパイスは、ペストが隠れているのではないかと恐れられ未開封のまま放置された。ノミの媒介によるペストの伝染(その仕組みが解明されたのは近代になってからである)にプロコピウスがまごついたように、このメカニズムを知らなかったヨーロッパの人びとは戦々恐々としていた。デ・ムシは、わずかのあいだ部隊を離れて略奪に出かけた四人のジェノヴァ軍兵士の物語を、信じられない思いで記録した。

[四人は]リヴァローロという海辺の町へ向かった。すると、全住民がペストで死に絶えていた……四人はある家に押し入り、ベッドの上にあった毛織物の布を盗んだ。部隊に戻った四人は、次の晩その織物をかけて寝た。朝になり、四人が死んでいるのが見つかった。部隊全員が恐怖に震え、それ以来、誰も死者の持ち物や衣類を使おうとはしなかった(29)。

それは正しい判断だったろう。盗んだ織物にはペストに感染したノミが這っていたことはほぼ間違いないからだ。ペスト菌がイタリアにはじめて上陸したあと、まだ被害の出ていない都市には使者がやってきて、呆然とする住民に死の波がゆっくり近づいていることを伝えた。ペストの第一波の死亡率はきわめて高く、多くの人が世界の終わりの予兆だと考えた。第二波以降への恐怖をやわらげたのは、一三四六年から一三五〇年にかけての流行を生き延びた者もいたという頼りない知識だけだった。それ以外の点では、のちにやってくる多くのペストの波も少なくとも第一波と同じくらい恐ろしいものだった。[30]

中世の人びとがペスト伝染の仕組みを知らなかったせいで、数千万人というヨーロッパ人、アフリカ人、アジア人が、大半は避けられたはずの病で命を落とした。科学的知識の欠如はまた、ユダヤ人差別の炎をあおり、ユダヤ人は人間のつくりだした悲運を味わわされた。ペスト自体よりも、そのほうがむごかった。ペストの原因についてはさまざまな説が流布していた。肉体的あるいは神学的な罪に対する罰という話がくり返し語られ、不幸をもたらす「凶眼」や「瘴気《しょうき》」(無色ながら毒を含んだ空気)のせいだともいわれた。しかしはるかに有害なのは、ユダヤ人が井戸に毒を投げ込んだという説だった。この妄想がキリスト教徒をパニックに陥れ、数千人ものユダヤ人が拷問にかけられて無実の罪を自白させられ、火あぶりや車裂きの刑に処せられた。この恐るべきヒステリー現象の典型例を有名なドイツ人司祭のハインリッヒ・トルチェスが記録している。

［一三四九年］一月四日、コンスタンツの市民は、ユダヤ人三三〇人を二軒の家に閉じ込めると、火を放って焼き殺した……。ある者は踊りながら、ある者は歌いながら、残りの者は泣きながら炎に包まれた。ユダヤ人が閉じ込められて焼き殺された家は、そのためにわざわざ建てられたものだった。一月一二日にはブーヒェンで、一七日にはバーゼルで、幼児を除くユダヤ人全員が焼き殺され、幼児は洗礼を施された。

トルチェスは同じ調子で数段落を書きつづけ、大小の都市におけるよく似た残虐行為を列挙すると、最後にこう結論づけた。「こうして、一年もしないうちに……ケルンとオーストリアのあいだにいたユダヤ人はすべて焼き殺された――オーストリアでも同じ運命がユダヤ人を待ち受けている。なぜなら、ユダヤ人は神に祟《たた》られているからだ(31)」

一九五〇年にオーストラリアに粘液腫ウイルスが持ち込まれて数年でウサギが激減したのと同様に、たび重なる黒死病の猛威のせいでヨーロッパ諸国の人口はどん底にまで落ち込んだ。その落ち込みは実に大きく、五世代――だいたい一二五年から一五〇年――を経てようやく、わずかばかりの免疫のおかげで人口の再生産率がこの最悪の死神の影響を上回るようになった。当時の最も正確な人口統計データが残っているイギリスでは、人口は半分を大きく割り込み、一三三五年のペスト到来直前には約五五〇〇万人だった人口が、一

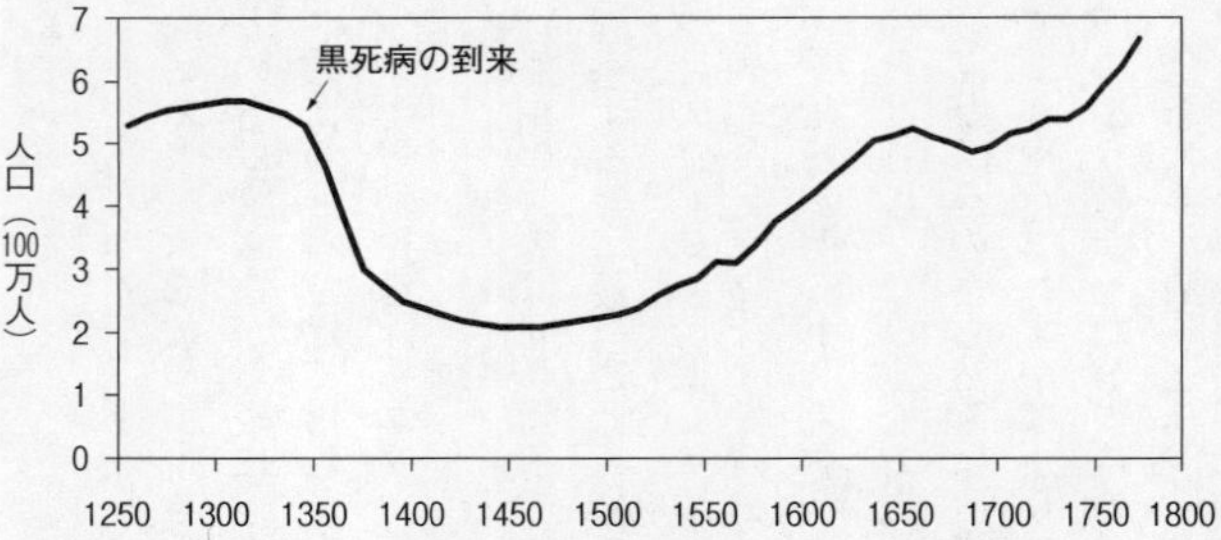

図表6・1　中世から近世イギリスの人口

四五五年には二一〇万人にまで減った。図表6・1は、イギリスの人口の減少と回復の様子を示している。ペスト到来のあと、四世紀待たなければ以前の水準に回復しなかったことに注目してほしい。

一七二〇年、西欧におけるペストの最後の流行がマルセイユを襲った。ロシアやオスマン帝国は、一九世紀に入ってかなり経ってもペストに見舞われた。二〇世紀はじめには、中国で数千人が亡くなる大流行が起きている。黒死病の到来直前のヨーロッパの人口は約五〇〇〇万人だった。だが、最初の流行で一二〇〇万から一五〇〇万人が死亡し、次世紀に入っても次々に襲うペストの波が出生率を圧倒したため、はるかに大勢が死んだものと考えられる。

ヨーロッパにおけるこの空前の大惨事でさえ、物語の一部にすぎない。ヨーロッパの黒死病に関する文化的、人口統計的な記録は不完全ながらも存在するが、中東や極東の記録はほぼ皆無だからだ。『デカメロン』〔ペストを避けてフィレンツェ郊外に避難した一〇人が語る物語〕のアラビア版も、インド版も、中国版も存在しない。とはいえ、中世イスラム世界の医療はヨーロッパよりはるかに進んでおり、アラブ人やインド人医師による多くの厳密な臨床記述からヨーロッパで黒死病が流行した直後に東方世界でも大流行したことはほぼ疑いない。(32) 一四世紀の中頃、東方世界の人口はヨーロッパの五倍に達していたと思われる。だとすれば、東方世界では一億人がペストに命を奪われた可能性がある。

ペストはウマの毛や船倉を介して急速に広がる。したがって、ステップ地帯やインド洋における陸路と海路の中継拠点が大きな被害を受けたと考えるのが妥当だろう。ヨーロッパ大陸でもそうだったからだ。たとえばヨーロッパでペストによる被害がとくにひどかったのは、ブリュージュやジェノヴァなどの港湾都市だった。一三四八年にペストの第一波に飲み込まれたヴェネツィアは人口の六割を失った。ペストの到来までほぼ中断なくつづけられてきた港の大規模な改修は、一世紀以上にわたって事実上停止した。(33)

東方の港で起こったに違いない出来事が、詳しい記録の残っているキプロス島の状況からある程度推測できる。地中海貿易の要衝で住民の大部分をキリスト教徒が占めるキプロス島には、少数派ながらイスラム教徒も暮らしていた。一三四八年、この島をペストが襲い、動物に大打撃を与えたあとで人間に感染しはじめた。大勢のキリスト教徒が死ぬか、さもなくばキプロス島を脱出した。生きてとどまったキリスト教徒は、この機に乗じてイスラム教徒に権力を奪われることを恐れるあまり、イスラム教徒の囚人と奴隷をすべて集めると数時間のうちに惨殺した。一週間足らずでキプロスの王子四人のうち三人が死に、四人目は島を脱出したが、船に乗り込んだその日のうちに、ほぼすべての乗組員とともに死んだ。

数百人を乗せて出帆したと思われる別の商用ガレー船が未知の土地からロードス島に着いたとき、生存者はわずか一三人の商人だけだった。そこからさらにキプロス島へ向かい、到着したときには四人しか生き残っていなかった。島に人影がないと知るや、四人はさらにトリポリ(34)(現在のリビア)へ向かい、迎えてくれた人びとにそれまでの異様な物語を語って仰天させた。ヨーロッパの観察者たちは身のまわりで起こっている惨事に圧倒され、同時期に東方世界も同じ悲劇に見舞われていたことに気づかなかった。唯一の例外が、ガブリエル・デ・ムシだった。

死者の多さとその死に方のせいで、一三四六年から一三四八年にかけての災厄を嘆き悲しみながら生き抜いた人びとは、最後の審判がやってきたのだと信じ込んでいた。生存者のなかには、中国人、インド人、ペルシア人、メディア人、クルド人、アルメニア人、キリキア人、グルジア人、メソポタミア人、ヌビア人、エチオピア人、トルコ人、エジプト人、アラブ人、サラセン人、ギリシア人がいた（東方世界のほぼすべての人がペストにかかっていた）[35]。

デ・ムシの推定によれば、一三四八年の三カ月のあいだにバグダッドで四八万人を超える住民が死んだという。ヨーロッパ最大の都市であるパリの人口が一八万五〇〇〇人程度だった頃の話だから、デ・ムシは死者数を誇張したのだろう。彼はまた、中国で「ヘビとヒキガエルが大雨とともに空から降ってきて、住居に入り込み、数知れない人びとを貪り食った」と記している[36]。キプロス島と同じくエジプトでも、ペストによってほぼ壊滅した商用ガレー船が見られた。数百人の奴隷兵士《マムルーク》を積んで、ペストの蔓延する黒海の港からやってきたらしい一隻の船がアレクサンドリアに入港したとき、生存者は、四〇人の乗組員、四人の商人、たった一人のマムルークだけだった。この全員が上陸後まもなく死んだ[37]。

ペストは船によって西へも運ばれ、北アフリカ沿岸のイスラム教徒の港に入ると、モロッコやウマイヤ朝スペインにまで達した。一三四九年には、大勢の犠牲者に混じってイブン・バットゥータの母親も命を落としている。チュニスの被害はとくに甚大だった。イスラム教徒の医師たちは、テントで暮らすベドウィン族がめったにペストに感染しないことに注目し、世界の医学者のなかで唯一、正しい結論を導きだした。ペストの原因は何らかの接触感染であり、天罰、瘴気、凶眼、異教徒が撒いた毒などではないと[38]。

当時すでに、中世のアラブ文明は（定量的ではないにせよ）歴史を重んじる強い伝統を確立しており、とりわけマムルーク朝エジプトにおいてそうだった。そのためエジプトでは、西洋以外の世界におけるペストの影響についてきわめて豊富な情報が見つかる。この疫病がアレクサンドリアに到達したのは、イタリア沿岸にはじめて現れたのとほぼ同時期のことだった。エジプトでは、感染力の強い肺ペストが異常に多く発生したらしい。その後一八カ月にわたって、肺ペストはナイル川流域を混乱に陥れつつゆっくりと南下した。当時、裕福なエジプト人はファッション・アイテムとしてロシア産の毛皮をしきりにほしがった。毛皮は暑い地域では無用の贅沢品だったばかりか、ノミにとって格好の乗り物でもあった[39]。

メッカを巡礼する人びとともにペストはエジプトから南へ向かい、当然ながら次の目的地、メッカの外港であるジェッダへ、さらにメッカそのものへと運ばれた。メッカで大勢の死者が出たせいで、イスラム神学者のあいだに動揺が広がった。ムハンマドはメッカをペストから守ることを約束したと信じられていたからだ。メディナがペストを免れていた事実から、メッカでペストが流行しているのはその地に異教徒がいることへのアッラーによる天罰なのだと、多くの人びとが信じるようになっていた。

当初の死者数はヨーロッパと同程度だったようだが、マムルーク朝エジプトへのペストの影響は西洋とくらべていっそう過酷で長期にわたった。一三四八年にペストがはじめてエジプトを襲ったあと、地元住民はようやくある程度の免疫を獲得した。一四四一年から一五四一年にかけて、計一四回もの大流行が起きている。だいたい七年に一度の勘定だ。この期間中、免疫を持たないグループが三つあったはずである。幼児、若者、買われてきたばかりのカフカース人のマムルークだ。なかでもマムルークは政権にとって最も大切な人材だった。エジプトの訓練施設に詰め込まれた新入りのマムルークの死亡率は、ぞっとするほど高かった。当時の観察者の記録によれば「マムルークの犠牲者は数えきれないほど多く」「砦の兵舎にロイヤル・マムルーク（時のスルタン配下のマムルーク）の姿はなかった。死に絶えていたのだ」という。[40]こうした精鋭部隊が数千人を上回ることはまずなかったことを考えると、この損失はきわめて甚大だったと想像がつく。

兵舎暮らしのマムルークたちは死をひどく恐れた。兵舎では、この大流行で約一〇〇〇人が死んだ。さらに、宦官の召使いが一六〇人、スルタンの身のまわりの世話をする女奴隷が一六〇人以上、側室が一七人、男女の子供たちが一七人死んでいた。[41]

こうしてペストは、時のスルタンが買ったマムルークをひどく痛めつけるいっぽうで、古株のマムルーク、つまり免疫を獲得していた可能性が高く、以前のスルタンにより解放されていた軍隊には大した打撃とならない場合が多かった。こうした状況では、情勢が不安定になるのは避けられない。

ペストの流行で軍事力が破壊されただけでなく、エジプトは人的資本と金融資本の多くを失った。裕福なカーリミー商人は、ネズミやラクダであふれる巨大な倉庫やバザールで長いこと働いてきたために被害は大きく、一四二八年にはスルタン・バルスバイのいいカモにされてしまった。

ペスト菌はノミ、齧歯類、人間以外の動物にも感染した。ヨーロッパでも中東でも、トリ、家畜、さらには野生の肉食獣の死骸が地面に転がり、その多くは手足や翼の付け根にペスト特有の横痃ができていた。ウシやラクダが大量に死んだせいで経済的損失はさらに拡大した。カイロとパレスチナのあいだの大きな隊商町であるビルベイスでは、大半の住民とともにスルタン所有のヒトコブラクダもほとんどが犠牲になった。

幸運にも黒死病を生き延びたヨーロッパの農民たちは、なにはともあれ、森に逃げ込んで新たな生活を再開できた。エジプトの農民には同じ選択肢はなかった。彼らはナイル河岸のほんの数キロ先から広がる過酷で果てしない砂漠に取り囲まれていたのだ。当時のエジプトに関する記録には、すっかり人影の絶えた町がたびたび登場する。エジプトがかつての富、権力、影響をわずかでも取り戻すことはなかった。ペスト発生の直前には八〇〇万人程度だった人口は、侵攻してきたナポレオン軍の将軍の推定によれば、一七九八年には三〇〇万人ほどだった。最近のある信頼できる報告では、近代初期のエジプトの人口はキリスト誕生の当時と同水準にすぎなかったとされている。(42)

経済統計も損害の大きさを裏づけている。黒死病以前には約九五〇万ディナールの税収があったのに対し、一五一七年にオスマン帝国に征服されたときには一八〇万ディナールにまで落ち込んでいた。ペストの第一波が到来してほぼ半世紀後の一三九四年、アレクサンドリアでは依然として約一万三〇〇〇人の織物職人が働いていたが、さらに半世紀後には八〇〇人になっていた(43)。

ペストの主な媒介者だったモンゴル人は、二度と立ち直れなかった。一三六八年、明朝の中国人はすでにペストに冒されていた草原の大君主に反旗をひるがえし、その支配を脱した。一四〇五年にティムールが死ぬと、モンゴル人の攻撃は勢いを失った。以降、凶暴な騎馬戦士が南隣に住む文明的な農民を略奪することは徐々に減っていった。ハン国の消滅にともなってステップは旧来のホッブズ的状況(万人の万人に対する闘争)へ逆戻りし、ポーロ一族、イブン・バットゥータ、数世代にわたるジェノヴァ商人が利用した中国への通路は消滅した。そのため、スパイスに餓えたヨーロッパ人は東方への代替ルートを探さざるをえなくなった。

モンゴルと明の人口調査データから、一三三〇年と一四二〇年のあいだに中国の人口が約七二〇〇万人から五一〇〇万人に減ったことがわかる。近代までは、たとえ戦争中であっても、剣よりも病原菌のほうが兵士にとっても一般人にとっても致死性の高い兵器であるのが普通だった。よって、この期間の中国における人口減少の原因はペストだと考えるのが最も理にかなっているだろう。人口減少による税収の落ち込みの少なからぬ影響を受けて、宦官提督鄭和による一四三三年の最後の航海のあと、中国海軍はインド洋から撤退することになる。

エジプトの貿易と産業の構造がほぼ崩壊し、モンゴル人が世界の表舞台から姿を消し、中国がインド洋から去ったことによって空白が生じると、辛うじて最後まで立っていたヨーロッパ人が喜び勇んで進出してきた。六、七世紀にビザンティン帝国やペルシア帝国を襲ってイスラム勢力台頭のお膳立てをしたペストが、一四、一五世紀にはイスラム勢力の衰退を促したのである。

西暦紀元がはじまる以前、貿易活動は迅速でもなければ直接的でもなかったため、アジア、ヨーロッパ、アフリカに広く分散していた「疾病プール」が相互に影響しあうことはなかった。ペストは時間と距離によって、発生源と思われるヒマラヤ山麓に隔離されていた。天然痘やはしかが、肥沃な三日月地帯に閉じ込められていたのと同じである。ローマ—漢王朝時代に、またのちにはイスラム教徒やモンゴル人の影響下で遠距離貿易が急激に拡大すると、こうした疾病が遠方に住む無防備な人びとを襲いはじめた。その後の一五〇〇年にわたり、かつて分散していた旧世界の疾病プールがぶつかり合い混ざり合って大惨事を引き起こし、最後にはアジア人やヨーロッパ人に免疫を持たせるに至った。新世界へ最初に移住した西洋人は、自分たちの連れてきた微細なヒッチハイカーが先住民をどれほど蹂躙するかをまったくわかっていなかった。ウィリアム・マクニールの言葉を借りれば、大航海時代の夜明けには「人への新たな感染症について見てみると、ヨーロッパには移すものがたくさんあったいっぽう、移されるものはほとんどなかった」(44)。

さらに驚くべきなのは、かつてはアジアの比較的狭い数カ所の地域に閉じ込められていたペスト菌の宿主が、世界中に拡散したことだ。だとすれば、現代世界がペストに悩まされつづけていないのはなぜだろうか。一三四六年以降、多くの種に対してペスト菌の致死性が弱まったことは確かである。一四世紀に人間とともに死んだイヌ、ネコ、トリは、いまではあまり感染しなくなっている。ネズミや人間についても、ある程度同じことがいえるかもしれない(45)。

だが、これが話のすべてではない。一六六六年のロンドン大火のあと、イギリスからペストが姿を消した。ここにきわめて重要な手がかりがある。昔ながらの木造建築に代わって登場したレンガ造りの家屋は、ネズミにとって住みやすい環境ではなかったし、新しい瓦屋根は以前のわらぶき屋根とくらべてノミが住人の頭上に飛び下りるのを難しくした。西欧で木材が乏しくなり、レンガが使われる機会が増すと、ネズミと人間の距離は広がり、これがペストの感染を防ぐ役目を果たした。二〇世紀には、近代的な衛生管理や抗生物質がさらなる防御壁として加わり、この致死性病原菌を抱える地下に潜む大型の保菌動物から人類を守ってくれるようになった。

貿易と病気は相互に作用しあうものだ。貿易を通じてペストの炎が燃えあがったように、伝染病の発生によって昔ながらの貿易のあり方も変化した。世界貿易の軌跡に黒死病が与えた影響については、一四世紀の偉大なアラブ人歴史家イブン・ハルドゥーンがおそらく最も鋭い分析を加えている。

[一四世紀の]中頃、東西の文明はともに恐ろしい疫病に見舞われた。国は荒廃し、人は姿を消した。疫病は文明のさまざまなよきものを飲み尽くし、消し去った。老衰期にあったいくつもの王朝が崩壊した……都市や建物は廃墟と化し、道路や標識は跡形もなくなり、村や領主の館は無人になり、王朝や部族は力を失った……東方世界も同じような被害に遭ったようだ。もっとも、さらに豊かな文明に応じた被害ではあったのだが。まるで、世界中の全存在が忘却と束縛を求めて声をあげ、世界がそれに応じたかのようだった。(46)

一四世紀から一六世紀にかけて、疫病が猛威をふるった。これでもかとばかりに痛めつけられたのは、地球上の遠距離貿易機構であり、さらには最も進んだ通商社会だった。つまり、中東の偉大なイスラム文明国と、マルコ・ポーロやイブン・バットゥータを驚嘆させたインドと中国の貨物集散地である。ヨーロッパも荒廃した。だが数世紀足らずのうちに、生き残った者たちが宗教に煽られた残虐性と定量化の精神という恐ろしい組み合わせを発揮して廃墟を突き進み、近代西洋による貿易の支配を確固たるものとしたのである。

第7章　ヴァスコ・ダ・ガマの衝動

貴国の紳士、ヴァスコ・ダ・ガマ殿がわが国にお越しくださったのは、このうえない喜びであります。わが国には、シナモン、クローブ、ショウガ、コショウ、宝石が豊富に存在します。そこで、これらを金、銀、サンゴ、緋色の布地と交換いたしたく存じます。

――インド、カリカットのザモリン(1)が一四九八年にポルトガル国王マヌエル一世に宛てた親書

本年(一五〇三年)、フランク人の船が海上に現れた。インド、ホルムズ海峡に向かう途中だった。彼らは船を七隻ほど乗っとり、乗組員を殺し、それ以外の者は捕虜にした。これがはじまりだった。彼らに神の呪いあれ。

――イエメンの歴史家、ウマル・アル゠タイイブ・バ・ファキ(2)

一四四〇年頃、ヴェネツィア共和国の商人ニッコロ・デ・コンティは時のローマ教皇エウゲニウス四世に謁見を願いでるため、ローマに向かった。東方世界を旅していたとき、デ・コンティは大罪を犯した。捕らえられて家族ともども殺すと脅されたために、イスラ

ム教に改宗したのだ。それから間もなくして妻と二人の息子はペストで亡くなった。不本意ながら背教者となったデ・コンティは教皇領へと急ぎ、罪の赦しを乞うた。

デ・コンティにとって幸いだったのは、教皇がシナモン味の飲み物に目がなかったことだ。デ・コンティは旅の途中でシナモンの産地を発見していた。罪は赦された。そのお礼として彼は自分が見聞きしたことをこと細かに伝え、教皇の秘書官で、聡明で著名な古典文学研究者のジャン・フランチェスコ・ポッジョ・ブラッチョリーニに書きとらせた。

デ・コンティの話はマルコ・ポーロの記録と合致したばかりか多くの点でさらに優れており、深い洞察力と教養を備えていたブラッチョリーニを喜ばせた。たとえば距離と移動時間についての情報は、かの有名なポーロが一世紀以上も前に残した記録よりも詳しかった。デ・コンティはスリランカでシナモンの木を目にしており、恍惚として聞き入る秘書官にその木について説明した。さらにスマトラではコショウとリュウノウジュの畑も見つけていた。その後、風が凪ぐまで一カ月以上東へ進み、「サンデー」島に到着した。そこではナツメグとメースの原料となる木が育っていた。そこからクローブの木がそこかしこに生えている「バンダン」島に向かった。秘書官の驚きと喜びはいかばかりだったろう。デ・コンティは、どうやら伝説のスパイス諸島を発見したようなのだ。[3]

デ・コンティは伝説の島々に足を踏み入れたはじめての西洋人だったのだろうか。いや、そうではなかったことはほぼ間違いない。中世ヨーロッパの商人の立場になって考えればすぐにわかる。世界で最も貴重で誰もがほしがる商品が無限に存在するのを発見したというときに、旅行記のことなど真っ先どころか最後まで頭に浮かぶはずがない。

十字軍遠征の第一の目的は（ヴェネツィア人とジェノヴァ人を除き）商業的なものではなかった。しかし、イスラム教徒がスパイス貿易を掌握しているのはそれが金のなる木だからだと、キリスト教徒ははっきり認識していた。聖地奪還の戦いのなかで、十字軍兵士は各地に要塞を築いてエジプト─シリア間の隊商の交通を遮断した。これらの要塞は、地中海沿岸部から紅海北東端のアカバ湾にまで点々と連なっていた。一一八三年、フランスの騎士ルノー・ド・シャティヨンは紅海でアラブの貨物船をたびたび襲撃した。それまでイスラム圏だとみなされていた重要な海上回廊を異教徒が侵略した事件は、イスラム社会を大いに震撼させたに違いない。エジプトは死に物狂いで応戦し、ルノー・ド・シャティヨン率いる十字軍を北へと押し戻した。

一二四九年、ナイル・デルタにあるエジプトのダミエッタでの出来事は、イスラム圏でスパイス貿易がいかに重要視されているかを世界に知らしめた。同年、キリスト教勢力がダミエッタを掌握した。アイユーブ朝エジプトは戦略上重要な貿易拠点をどうしても取り戻したかったため、代わりにエルサレムをキリスト教徒に返すと申し出たが、あっさりと拒絶されてしまった[4]。スパイス貿易の話になると、キリスト教徒もイスラム教徒も、神よりも富の邪神《マモン》のほうが大事だったのだ。

一五世紀と一六世紀には、ヨーロッパ諸国はもう一つの目的のために東に向かった。サラセン人と戦ううえで同盟を結ぶアジアのキリスト教国を探すためである。スパイスを探すことと、アジアの十字軍戦士を見つけることという二つの目的は、初期のイベリア人探検家にとっては不可分のものだった。彼らの情熱を理解するために、プレスター・ジョンという神秘的な人物の奇妙な物語を紹介しよう。

プレスター・ジョンの名は無数の人びとの口の端にのぼったが、その実像は謎につつまれており、彼の王国は「インド諸国」にあるということぐらいしかわからなかった。中世では、ひと口にインド諸国といっても、それはエジプトかもしれず、日本かもしれず、あるいはこの二国間のどこかの国かもしれないというくらい曖昧だった。正確にいって、いつ、どこで、どのようにして、この謎めいた人物が表舞台に登場したのかについては、中世研究者のあいだでも議論が分かれている。一二世紀には、十字軍は聖地エルサレムの大部分を掌握していたが、怒り狂ったイスラム軍に包囲されつつあり、藁にもすがる思いでいた。一一四一年、宗教不明の初期モンゴル人遊牧民の武将、耶律大石《やりつたいせき》がサマルカンド付近でイスラム軍を破った。サマルカンドは一二世紀のヨーロッパ諸国にとって地平線のはるか彼方だったため、イスラム軍敗北の知らせがヨーロッパに届いた頃には手がつけられないほど歪曲され、あるキリスト教徒の王がインド諸国からやってきて異教徒を征伐した、という話になっていた。[5] まもなく、この王が東から異教徒を攻撃し、聖地にあるキリスト教の前哨地を危機から救ってくれるはずだった。

三年後の一一四四年、十字軍の遠征がはじまってからはじめて、事実上キリスト教徒の領土だったエデッサ（現在のシリアとトルコの国境にあった都市）がイスラム教徒の手に落ちた。勝利したサラセン人はエデッサのキリスト教徒を虐殺して、西欧諸国を戦慄させた。ユーグという名のフランス人司教が、沿岸都市ジャバラ（現在のシリア）から急いでヨーロッパに戻って助けを求めた。彼のメッセージは簡潔明瞭だった。プレスター・ジョンは実在し、サラセン人を攻撃しはじめた。予想に反して川が凍っておらず、しかも彼の船では川を渡りきれなかったからだ。司教によれば「プレスター・ジョンは東方三博士の直系の子孫で……エルサレムに向かうつもりだったが果たせなかった」という。[6] つまりプレスター・ジョンの助けはやってこない。だから一刻も早く援軍を送ってもらいたいということだった。

エデッサを失ってずいぶん経ってから、一通の手紙が見知らぬ土地から東ローマ皇帝マヌエル一世のもとに届いた。差出人はプレスター・ジョン。手紙には、彼の王国がいかに豊かで大きく、国民の徳が高いかが誇らしげに記されていた。「私、プレスター・ジョンは崇高な土地を治め、富、徳、力において天界のふもとに住むあらゆる被造物を凌駕している。七二人もの王が私に貢ぎ物を納めている」。[7] とりわけ尊大な言い分は、彼に仕える者の身分についてだった。

毎月七人の王が交代で、さらには六二人の公爵と三六五人の伯爵がわれわれのために給仕をする。こちらで雇って各種作業をさせている者は数に入っていない。大広間では毎日、われわれの右手で一二人の大司教が、左手で二〇人の司教が正餐をとっている……夜空の星や浜辺の砂粒が数えられるなら、わが国の大きさと力の偉大さが判断できよう。(8)

いうまでもなく手紙は偽物だ。内容や様式から察するに、まず間違いなくヨーロッパ人が書いたものだが、その人物の身許や動機は依然として不明なままである。以後四〇〇年にわたり、西洋諸国の君主や探検家はこぞって二つの至高の目標を追い求めた。つまり、サラセン人から自分たちを解放してくれるプレスター・ジョンと、限りない富をもたらすスパイスである。

イスラム教徒がインド洋、紅海、ペルシア湾の主要貿易ルートを支配しているあいだ、ヨーロッパ諸国はこれらの市場に参入することを夢見ていた。当時権勢を極めていたアジアの交易都市は、西から東に順にアデン、ホルムズ、カンベイ、カリカット、アチェ、マラッカ（現在の各所在地はイエメン、イラン、インド、インド、スマトラ、マレーシア）だった。

これらの交易都市はいずれも、公海を支配する海軍力を擁していなかったものの、強固な貿易組織によって繁栄を謳歌していた。税関の役人は賄賂をとりすぎていたのだろうか？支配者は過大な貢ぎ物を要求していたのだろうか？ 反対に、支配者は海賊を取り締まれるだけの税金も課していなかったのだろうか？ 現地在住の外国商人は自分の仕事を管理する程度の権利も持っていなかったのだろうか？ 貿易商がこうした問題を避けるのは簡単だった。もっと友好的な港を訪れればいいだけのことだ。腐敗も残虐行為もなかったわけではない。なんといっても中世アジアのことである。目立たないようにやれば問題なかったのだ。

一〇〇〇年前には、世界各地の海に海賊が出没したものだった。とはいえ、地中海ではときには敵にもなる強大な海軍がしばしば商船を悩ませていたのに対し、インド洋ではそんなことはなかった。巨大な通商国家に海上で脅かされずにすんだため、アジアの商船はたいがい武装せずに航海できた。おかげで必要な人員が大幅に減り、貨物の積載量が増えた。これは運のいいことだった。アジアの縫合船が甲板から大砲を撃ったところで、標的を沈めるどころか自ら大破するのが落ちだったからだ。

ヨーロッパ人がやってくるまで、アジアの貿易世界は東洋のヴァルハラ〔戦死者をまつる神殿〕などでは決してなかった。商人が関税を払い、地元のスルタンに貢ぎ物をし、海賊を押さえ込んでいるかぎり、インド洋は「自由な海」だった。一国がすべての海上交通を支配しようとするなどという考えは、商人も支配者も一笑に付したはずである。[9] だがそれも、一四九八年、ヴァスコ・ダ・ガマが完全武装してカリカットに入港した暗黒の日を境に一変した。

一五世紀末までヨーロッパ人がインド洋に入るルートは三つあった。スエズ湾かペルシア湾を経由して直接乗り込むか、アフリカ南端の岬から回り込むか、西に進んで未知の海域を冒険するかだ。このうちの一つに挑戦した最初のヨーロッパ人が、ジェノヴァ出身のヴァディーノとウゴリーノのヴィヴァルディ兄弟である。二人は一二九一年、同郷人のザッカリア提督がイスラム教徒からジブラルタルを奪取した数カ月後に、ジブラルタル海峡を抜けて大西洋に入り、インドへと向かった。その後、二人の消息は途絶えた。彼らの目的が喜望峰だったのか、それとも世界周航だったのかは現代の歴史家にもわからない。だが、目的がなんであれ、二人の冒険はイタリアの人びとの心をつかみ、誰もが空しくもその帰還を長らく待ち望んだ。ヴィヴァルディ兄弟の物語は、ダンテの『神曲』の「地獄篇」で、[10] ユリシーズがヘラクレスの柱を通って死へと向かったくだりの下敷きになったとされている。

インド諸国を探して大西洋の大海原を進んだ最初のヨーロッパ人がジェノヴァ人だったのは偶然ではない。スパイス貿易をめぐる戦いでヴェネツィアに敗れたジェノヴァは、通商のエネルギーを地中海と黒海を往来する貿易船のばら荷に向けた。つまり、塩やミョウバンなどのミネラル類、木材、農産物、そしてもちろん奴隷である。帆で進む丸みを帯びた船はばら荷を運ぶのに適していた。この種の船こそ、発見のための長旅に必要な船だったのだ。(11)

ジェノヴァを訪れてみれば、ほぼ難攻不落の海岸山脈に囲まれ、その背後にヨーロッパ本土が広がっていることがわかる。鉄道や道路が整備される前は、この貨物集散地に出入りするあらゆるものが船で運ばれていた。地元の商人や製造業者の多くは、必需品の調達や商品の配達に、ロバやウマに引かせる荷車ではなく大三角帆を備えた小型船を使った。ジェノヴァでは、すぐに熟練の船乗りになれた。

一五世紀に入ると貿易帝国ジェノヴァが没落し、ポルトガルが台頭してきた。ポルトガルはイベリア半島西部の細長い国で、イギリスの歴史家ジョン・H・プラムの言葉を借りれば「人命は惨めなほど安く、余生は絶望的なほど現実的だった。貧困がはびこっているせいで贅沢や富への妄想が膨らみ、人びとは狂おしいほどの所有欲に取りつかれていた」。(12)ヨーロッパ人のインド洋進出を可能にした海運技術を完成させたのが、ポルトガル人だった。この突破口を通って西洋の飢えたオオカミの群れが飛びだした。リスボンには貪欲かつ有能で粗暴な若者が全国から集まり、彼らがこの攻撃の尖兵となったのである。

一三世紀半ばには、ポルトガルはムーア人を駆逐していた。スペインが同じことをする二〇〇年以上も前の話だ。一四世紀後半、激しい後継者争いのあとスペインの侵略を撃退すると、ポルトガルは統一国家となり独立を果たした。一三八五年のことである。王位に就いたのはジョアン一世とイギリス人の新妻フィリッパだった。二人の幸せな結婚は歴史に残る二つの恩恵をもたらした。諸国の歴史上最長となるイギリスとポルトガルの同盟関係と、有能で勇敢な五人の息子である。

ポルトガルはいつになく平穏で、かえって落ち着きのない状態にあった。そこで一四一五年、国王夫妻はジブラルタル海峡を挟んで対岸にあるムーア人の港町セウタを掌握すべく、三人の息子を送りだした。フィリッパはこの攻撃を手始めに、イスラム教徒によるインド洋支配を弱体化させようともくろんでいた。つまり、ポルトガルの隊商ルートの西端を据える足がかりとするのだ。このルートは東へ向かってサハラ砂漠を横断し、インド諸国へ至ることになる。セウタがアフリカ奥地から運ばれる奴隷や黄金の積み出し港であったことも好都合だった。さらに、セウタを掌握すれば憎きムーア人に大打撃を与えられる。

フィリッパの末息子であるエンリケ王子はセウタの先に広がる砂漠を眺めて、母の企ては無謀だとすぐに悟った。エンリケはのちに北アフリカの戦いに参加するが、最後にはポルトガルに帰って南部地方のアルガルヴェ総督に落ち着き、アフリカを周回してアジアに到達する航路の発見に専心した。(13)

ギリシアの天文学者プトレマイオスの死後一二〇〇年あまりを経てもなお、アフリカは南極までつづいていて一周できるはずがないという彼の見解が一般に幅をきかせていた。だが、エンリケ王子の考えは違った。のちにエンリケ航海王子と呼ばれるエンリケは、ヨーロッパの南西端に位置する吹きさらしのサン・ヴィセンテ岬の城に居を構え、ヨーロッパ航海学最大の後援者となった。彼が城の欄干から見送ったのは、アフリカ西海岸を進む最初期のイベリア人探検者や、アゾレス諸島へ向かう入植者だった。アゾレス諸島の西端は、カナダ東端のニューファンドランド島からわずか一二〇〇マイル（約一九二〇キロメートル）しか離れていなかった。エンリケはまた、あらゆる国籍の地図製作者への資金援助を惜しまず、わかるかぎりの世界における最大の航海地図コレクションを持っていた。まもなくエンリケが援助していたポルトガルの船員たちは、大三角帆をつけ、丸みを帯びた新型のキャラベル船を開発した。これなら、ほかのヨーロッパの船とは異なり、積荷が多くても帆をいっぱいに張って可能なかぎり風上に向かって針路をとれる。この新型船がなかったら、ポルトガルによるアフリカ沿岸の航海とその後のインド諸国への遠征は不可能だっただろう。

キャラベル船の誕生で、ポルトガルのアフリカ周回ルートの探究が前進しただけでなく、より具体的な成果もあった。スピードも積載量も向上したおかげで、ポルトガル商人は最も利益の大きいアフリカの輸出品二種、奴隷と金の取引を、イスラム教徒が支配するサハラ砂漠ルートを避け、自国が支配する北アフリカの港町で行なえるようになった。ポルトガルの仲買人は、現在のマリとニジェール川およびヴォルタ川上流に存在していた最高の金鉱には気づいていなかったが、伝説のトンブクトゥといった奥地の商都にまで入り込み、そこで金を安く買って川を下り、港で待ち構えているキャラベル船に積んだ。(14)

エンリケが没した一四六〇年には、彼が援助したポルトガルのキャラベル船はアフリカの海を赤道直下まで進んでいたが、インド洋に向かう南ルートはまだ開拓していなかった。多くの人びとが、アフリカを回ってアジアへ向かう海上ルートというエンリケの夢を疑問視しはじめたため、王室はアフリカを横断してインド諸国へ向かう陸上ルート案を復活させた。一四八六年、現代のナイジェリアにあたる地域にいたポルトガルの商人は不思議な話を耳にした。オガネという大金持ちの王の統治する国家が、海岸から「月二〇個分」(約一六〇〇キロメートル)東にあるという。この王はつねに絹のカーテンを引いて姿を見せず、謁見の最後に片足だけ見せるらしい。まるでプレスター・ジョンのようではないか。プレスター・ジョンも決して顔を見せなかったといわれている。謎めいた王の署名入りの偽造書簡を、東ローマ皇帝マヌエル一世が受けとってから三〇〇年以上が経っていた。ポルトガル人は人間の寿命などまったく意に介さず、プレスター・ジョンが見つかったという結論を下した。彼らはアフリカを横断してインド諸国に向かう陸上ルートをあらためて探すことにした。

ジョアン二世はすぐさま有能な二人の側近、ペロ・ダ・コヴィリャンとアフォンソ・

デ・パイヴァをアビシニアへ派遣した。そこはかつて王室の地理学者が、オガネ王ことプレスター・ジョンの王国だと断定した場所だった。二人が派遣されたのは、スパイスの独占取引について王と交渉するためだった。二人は商人になりすまし、地中海を渡ってエジプトに着くと、三年後にカイロで再会することを約して、パイヴァはアビシニアへ、コヴィリャンはインドへと向かった。

数年後、パイヴァは見知らぬ土地からカイロに戻ると、まもなく病死した。カイロに戻ってきてから死ぬまでのあいだ、彼は誰とも接触を持たなかったので、旅の行程や発見はいまなお謎のままだ。コヴィリャンも、インド南西部のマラバル海岸をくまなくめぐってカイロに戻った。パイヴァの死を知り、帰国の計画を立てた。ところが驚いたことに、ジョアン二世の使者という二人のユダヤ人がやってきてプレスター・ジョンとの貿易協定を是が非でも結ぶよう命じたのである。パイヴァがその任務を全うしたかどうかわからなかったため、コヴィリャンは自らアビシニアに赴かざるをえなかった。

やはりコヴィリャンも帰国はかなわなかった。髪を剃り落としてイスラム教徒になりすましたコヴィリャンは、メッカを訪れた数少ないヨーロッパ人の一人となった。一四九三年にはアビシニアに行き、エスケンデル王と独占取引の交渉をした。王が翌年亡くなると、王位を継いだ弟はこのヨーロッパからの使者をいたく気に入り、彼に贅沢三昧の生活をさせて虜にした。数十年後、コヴィリャンは広大な領地と何人もの妻を残してひっそりと世を去った。結局、プレスター・ジョンの消息はつかめなかった。だが、プレスター・ジョンの記憶はヨーロッパの王や探検者の心を依然として騒がせた。

アビシニア到着の前後、コヴィリャンはインドに関する貴重な情報をポルトガル国王に大量に送っている。地元のヒンドゥー教徒とイスラム教徒の商い方法、風と帆走パターン、物価などについてである。また、東アフリカ沿岸一帯も旅し、実はアフリカは一周できると地元の船乗りから聞き、その知らせをバルトロメウ・ディアスに伝えるべく祖国に送った。一四八七年、ディアスはインド洋をめざして出発していたのだ。

> 南へと下っていけば、いずれ大陸の端に突きあたる。船がインド洋に着いたら、ソファラと「月の島」について部下に尋ねさせよ。そこでインドへの案内人が見つかるだろう[15]。

その時点でディアスはすでに喜望峰を回っており、コヴィリャンの貴重な情報は、その後のポルトガルの探検者たちに伝えられることはなかったようだ。

一四五一年、老いたエンリケが最後の探検隊を南に送りだしたのとほぼ同じ頃、ある毛織物職人の息子がジェノヴァに生まれた。彼はのちにクリストファー・コロンブスとして名を馳せることになる。ジェノヴァの町に充満していた海への誘惑はこの若者をも刺激したのだろう。交易のための彼の最初の航海は、エーゲ海東部のキオス島だったようだ。キオス島では、ジェノヴァ人による企業連合モーン・ジュスティニアーニがマスチック産業を牛耳っていた。この嚙み応えのある樹脂（そこから咀嚼《マスティケーション》という表現が生まれた）の原木は、島の南部の約一〇カ所以外の場所では育たない。その希少性に加え、薬効の噂も手伝って、マスチックの独占取引はとくに利益が大きかった。

コロンブスがキオス島にはじめて渡った一四七四年頃には、ジェノヴァ人もヴェネツィア人も、オスマン帝国によってエーゲ海地域からしだいに追いだされつつあった。二〇年ほど前にオスマン帝国がコンスタンティノープルを征服していたのだ。それ以来、ジェノヴァ人は一攫千金を夢見て東ではなく西に向かうようになった。コロンブスも例外ではなかった。一、二年後、この健康な若者は商船の下級船員になっていた。丸みを帯びた中型の貨物船に乗って商船隊に加わり、マスチックを載せてリスボンに向かっていた。すると、ポルトガル南岸の沖合で、ブルゴーニュの私掠船《しりやくせん》がこの商船隊を攻撃してきた。だが、敵はひどい見込み違いをしていた。ジェノヴァの船が捕まり、敵の船が横づけされると、いつ果てるとも知れない激戦がくり広げられ、両者合わせて数百人が剣に倒れたり海に飲みこまれたりした。この事実を伝えるある物語（おもしろおかしく尾ひれがついたコロンブス伝説といったもの）によれば、威勢のいいこの若き船乗りは、インディ・ジョーンズさながらに勇ましく戦い、沈没寸前の船から海へと飛び込むと、何キロも泳いで陸にたどりつき、アルガルヴェにあるラゴスのジェノヴァ人居留地で傷を癒やしたという。

最終的にコロンブスは北進してリスボンに到着した。ジェノヴァ人が商いを営むポルトガルの中心都市である。コロンブスにとってこれほど刺激的な環境はなかっただろう。迷路のようなリスボンの通りでは、アイスランドからギニアに至るあらゆる国の言葉が次から次へと耳に飛び込み、クローブ、シナモン、ミルラの香りは、訓練を積んだ鼻に、どこの波止場が近いのかを知らせてくれた。デンマーク人の船乗りとセネガルの王子が出会ったとしても不思議はなかったかもしれない。

コロンブスの弟バルトロメは先にリスボンに根を下ろし、地図製作者として活躍していた。その後一〇年間、コロンブスは地図製作の技術をバルトロメから学び、ポルトガルの船で海に出ては航海技術を磨いた。この期間に当時の船乗りとしては最も広く航海し、南はアフリカのゴールド・コースト（現在のガーナ）、西はアゾレス諸島、北はアイルランドまで赴いた。ひょっとしたらアイスランドにまで足を伸ばしたかもしれない。(16) 中世では、アジア人でもヨーロッパ人でも、海の男は給料の代わりに一定量の積荷を自由に扱う権限を与えられることが珍しくなかった。コロンブスも間違いなく自分の裁量で一定量の品物を輸送し、売買していたはずだ。

一四八〇年前後の一連の出来事によって、船乗りであり地図製作者であり商人であるこの若者が、のちに偶像扱いされる存在へと変わった。前途有望な商人ならかならずそうするように、彼も裕福な一族の娘と結婚した。妻のフェリパ・ペレストレロ・エ・モニツはリスボンの実業家一族の出で、その一族はアゾレス諸島に小さな島を所有していた。エンリケ王子の指示のもと、一族は早くからリスボンに住みついていた。コロンブスはラテン語とポルトガル語を学び、それ以外にもカスティーリャ語を少々と数学、造船学、天文学まで身につけた。ポルトガルに来る前、コロンブスはすでにジェノヴァでも最大級の商社と強いコネがあると自慢していたし、フェリパとの結婚に加えて幅広い交易と航海の経験もあったため、ポルトガル国王にあっさりお目通りがかなった。

一四八一年、半世紀近くポルトガル国王として君臨していたアフォンソ五世が逝去し、息子のジョアン王子が王位を継承した。彼はジョアン一世の曾孫であり叔父エンリケの秘蔵っ子ということもあって、大西洋とアフリカの探検を熱心に提唱していた。一四八四年頃には、コロンブスは赤道直下のアフリカから帰国し、新しい王に対してある大胆な提案をした。

正確な記録が乏しい偉人にはよくあることだが、コロンブスにまつわる作り話や大ぼらは後を絶たなかった。なかでも、スペインのイサベル女王が自分の宝石を質に入れてコロンブスの初航海と「コロンブスの卵」のための資金を融通した話は有名である。[17] だが、彼が「地球は丸い」という考え方のパイオニアだとするものほど有名で図々しい話はないだろう。さらに重要なのは、この神話が、彼が自分の計画をヨーロッパの支配者に売り込むのに苦労した理由の核心に触れていることである。

中世になると、教養のある者で地球は平らだと思っている者などいなかった。紀元前二〇五年にはすでに、アレクサンドリアの天文学者エラトステネスが地球は球形だと推測していた。彼の弾きだした地球の大きさはかなり正確で、その後二〇〇〇年近く塗り替えられることがなかった。さらに、コロンブスは西に航海してインド諸国に向かうことを提案した最初の人間でもなかった。大西洋を横断してインドに行くルートの起源は、紀元一世紀のローマ時代の地理学者ストラボンにさかのぼる。ひょっとしたらアリストテレスにまで行きつくかもしれない。実際、歴史家のなかには、ヴィヴァルディ兄弟はストラボンの記録に従ってスパイス諸島に向かったのではないかと考える者もいる。一五世紀後半には、時代遅れのアフォンソ五世にも、インドに行くには叔父エンリケがめざしたアフリカ周回航路が最善とは限らないとわかっていた。

アフォンソ五世は、西回りルートの可能性についてリスボンの大聖堂の司祭に相談までしている。すると司祭は、有名なフィレンツェの医者で地図製作者のパオロ・ダル・ポッツォ・トスカネッリにこの点を問い合わせた。トスカネッリは西回りのルートは可能であり、リスボンから中国までの航海距離は五〇〇〇マイル（約八〇〇〇キロメートル）あまりだとフィレンツェから返事をよこした。ずいぶん少なく見積もったものだ。

こうした過去からの説のいずれから、コロンブスが西回りルートの情報を得たのかは確認できない。現在では、コロンブスとトスカネッリとのやりとりが存在したことはわかっている。トスカネッリは同じイタリア人の「スパイスの育つ場所へ渡る」という目標に賛成した。コロンブスはのちに冒険に支援をとりつける際、トスカネッリが太鼓判を押した書簡をこれみよがしに持ちだしている。(18)

思い込みの激しい人間の例に漏れず、コロンブスも要所要所で勘違いをした。西回りルートが実現するかどうかはひとえに航路の短さにかかっていた。ヨーロッパからアジアに至る西回りルートの距離は当然、測定されたことはなかったが、推算された地球の円周からおおまかな東ルートの距離を引けば推測可能だ。こんにち、リスボンからインドネシアのマラッカまでの東回りルートは七〇〇〇マイル(約一万一二〇〇キロメートル)だとわかっている。地球一周が二万五〇〇〇マイル(約四万キロメートル)だから、西回りは少なくとも赤道上では一万八〇〇〇マイル(約二万八八〇〇キロメートル)弱となる。

コロンブスにとって不運なことに、地理学者たちの試算のどれを見ても西回りルートは長く、海上で生き延びられる可能性は低かった。プトレマイオスによれば、ユーラシア大陸はほぼ地球の半分を覆っており、西回りルートは東回りルートとほぼ同じ一万二五〇〇マイル(約二万キロメートル)と推測している。実はこれがほぼ正確だった。途中にアメリカがなければ、リスボンから中国に至る中緯度地方の航海距離はおよそ一万二〇〇〇マイル(約一万九二〇〇キロメートル)弱で、インドへはさらに四〇〇〇マイル(約六四〇〇キロメートル）が加算される。甘く見積もって四ノットの速度で進んだとしても中国への船旅は約四カ月を要したはずだが、当時はそれほどの長旅に備えて食糧を蓄えておける船などなかった。そのうえ、水と食糧が尽きる前に、たいていの乗組員は壊血病で命を落とした。コロンブスが東洋を探す旅の途中でアメリカに出くわしていなかったら、彼も部下もヴィヴァルディ兄弟と同じく海の藻屑と消えていただろう。

　不都合なデータを前にして、コロンブスはタルソスのサウロ（パウロ）やジョージ・ブッシュ元大統領のように熱狂的信仰をもつ人びとと同様、ごまかし行為に出た。[19] それも一見もっともらしい単純な方法で。地球一周には最短の試算距離一万七〇〇〇マイル（約二万七二〇〇キロメートル）を、ユーラシア大陸の西端から東端までの長さは最長の試算距離を採用したのだ。彼はとりわけマルコ・ポーロが描いた、中国の一〇〇〇マイル（約一六〇〇キロメートル）向こうに存在する日本《ジパング》に魅入られた。ポルトガルから日本までの東回りの距離がそれほど長く、地球がそれほど小さいなら、建物の屋根が黄金で葺《ふ》かれているという日本は、出発予定地のアゾレス諸島から西の水平線を越えてすぐのはずだと、コロンブスは考えた。アゾレス諸島はリスボンから一〇〇〇マイルほど西にある。

　西の水平線の先にある未知なる偉大な世界へとコロンブスを駆り立てたものは何だったのか。彼は本当に新しい世界を探していたのだろうか。それとも中国、インド、日本への近道を探していただけなのだろうか。黄金とスパイスを手に入れたいという強い欲望に駆られたのだろうか。能力と野心は人一倍だが、生まれの卑しい人間にありがちな名誉欲に突き動かされていたのだろうか。それとも魂を救うべき人間を探していたのか。コロンブスが残した文書と余白への書き込みの由来と意味をめぐっては、学者たちが数百年にわたって議論を戦わせてきたが、答えが出ることはおそらくないだろう。[20]のちに自ら運んだ入植者に自分が冒険する動機を投影したのか、コロンブスは彼らをこう非難している。

「誰もかれもが」金もスパイスもシャベルですくうようにやすやすと手に入ると信じて疑わなかった。金は金鉱にあり、スパイスは木に実るから、金は採掘しなければならず、スパイスは採取して保存処理しなければならないことを理解していなかった。[21]

コロンブスは、新たに得た王室とのコネを使ってジョアン二世に陳情しはじめた。当初は国王もこの若きジェノヴァ人の野心満々な提案に好意的で、賢明な王ならそのような状況で当然するように、著名な天文学者、数学者、地理学者からなるフンタ・ドス・マテマティコス（数学委員会）でコロンブスの構想を審議させた。審議の記録は残されていないが、コロンブスが試算したポルトガルから日本に至る西回りルートの距離はまったく馬鹿げているという結論になったに違いない。

さらに悪いことに、彼の計画には要求もついていた。王室船の使用、世襲の称号、インド貿易による利益の巨額の取り分など、航海への大きな特典を求めたのだ。これらの要求はコロンブスの信用を高めるものではなかった。地元屈指の裕福な商人の義理の息子という立場をもってしても、ポルトガル王室からの支援は得られなかった。

ジョアン二世からすぐには支援が受けられそうもないと判断したコロンブスは、一四八四年にスペインのコルドバへとひそかに旅立った。そこで、今度はイサベル一世とフェルナンド五世に計画を売り込んだ。イサベルとフェルナンドはわずか一六年前に、それぞれが支配していたカスティーリャとアラゴンを現在のスペインに統合したばかりだった。スペイン王室でも、ポルトガルとほぼまったく同じ流れになった。コロンブスはイサベルと同じ民族の出身だったので第一印象はよかったものの、現実主義者の専門家で構成されている委員会と対峙しなければならなかった。今度は女王の聴罪司祭をつとめるエルナンド・デ・タラヴェラ率いる委員会だった。委員会が結論を出しもしないうちに、フェルナンドとイサベルからの給付金が打ち切られたため、コロンブスはポルトガルへ帰った。

コロンブスがリスボンで傷心を癒しているあいだに、彼の運は悪くなるいっぽうだった。リスボンで、彼はバルトロメウ・ディアスの小型船隊がタホ川を遡上してくるのを目の当たりにした。ディアスは一四八八年に喜望峰を回航していた。そうなった以上、ポルトガルにとって西回りルートはもはや不要だとコロンブスは悟ったのだろう。彼はスペインに戻り、タラヴェラ率いる委員会の最終結論を暗澹《あんたん》たる気持ちで待った。一四九〇年、やはり委員会は否定的な結論に達し、「彼の約束と提案は達成不可能かつ無価値であり、拒絶するのが相応」と王室に報告した。コロンブスが粘り強く女王に請願すると、女王は次の委員会に諮ると約束した。しかしここでもまた、彼の計画は却下された。(22)

時を同じくして弟のバルトロメがイギリスに赴き、ヘンリー七世に兄の計画を持ち込んだらしい。もっと確実な証拠によれば、バルトロメは一四九〇年にフランスに到着し、シャルル八世に話を持ちかけた。どちらの国王にも拒絶され、バルトロメは兄が最初の航海から戻ってきても、しばらくはフランスにとどまっていた。

一四九二年はじめに、スペイン王室はコロンブスに国外退去を通達した。ところが、身のまわりのものを携えロバと一緒に地平線のかなたに消えようとしたまさにそのとき、使者がやってきて戻るよう命じた。土壇場になって、フェルナンド五世の従者のうち誰よりもコロンブスを高く買っていたルイス・デ・サンタンヘルが、西回りルートの航海に資金援助すれば、少ない元手で莫大な利益が見込めると女王を説得したのだ。さらに、サンタンヘル自身も支援を申し出た。イサベル女王は実際に自分の宝石を担保に差しだしたらしいが、サンタンヘルはその必要はないといって女王を安心させた。

大事業を成功させるには、構想、勇気、知性、細部への目配り、粘り強い勤勉さ――コロンブスは一四九二年の出航前に、三隻の船に使われた木材を一本一本点検したといわれている――だけでは十分ではない。運も必要だ。ジョアン二世が計画を承認していたら、コロンブスは勝手知ったるポルトガルのアゾレス諸島から出発し、その緯度に吹く逆風に負けて命を落としていただろう。運よく彼の全四回の航海は、さらに南のカナリア諸島が出発点だった。ここから出発すれば、東からの強い貿易風がカリブ海に向けてまっすぐに運んでくれたのだ。

コロンブスとサンタンヘルとイサベルの行動は正しかったが、根拠は三人とも間違っていた。逆に、ポルトガル、イギリス、フランス、スペインの王室に助言した学識者はコロンブスよりよほど地理に通じていた。だから、コロンブスが「インド諸国」に到達した記念すべき初航海から戻ってきたときは驚いたことだろう。[23] 巨大な新大陸が、古代スカンジナビア人の探検家、いやひょっとしたらそれ以前にヨーロッパやアジアの探検家がぼんやりとした輪郭を一瞬見ただけの新大陸が、すぐ手の届くところまで来たのである。[24]

コロンブスはひたすら西回りルートに固執していたため、はるかに有能なのちの征服者が当然にも必要とした専門家を旅に同行させなかった。アラビア語の通訳がいなかったため、コロンブスがスペインへ連れ帰ったカリブの先住民が決して「インド人」ではないと教えてくれる者もいなければ、船倉を圧迫している巨大な黄色い鉱物はただの黄鉄鉱だと確認してくれる宝石鑑定士もいなかった。帰還後、コロンブスがフェルナンドとイサベルに献上した「シナモン」と「コショウ」は旧大陸では知られていないだけの、何の変哲もない樹皮と唐辛子だと注意してくれるトメ・ピレスのような薬剤師もいなかった。こうした専門家を同伴させたところで、コロンブスは彼らの話に聞く耳をもたなかっただろう。新大陸の発見者は相当な石頭だったので、自分がアジアに足を踏み入れたのではないことをようやく悟ったのは三度目の航海のときだった。

新大陸の発見が不遇で強欲な男たちを刺激した事実は、野心満々の毛織物職人の息子にとって驚くことではなかったに違いない。コロンブスが発見したと思っていた富への近道は、貴族の地代収入に勝るとも劣らないほどすばらしいものであり、コロンブスが新大陸から帰還すると社会は騒然となった。オーストリア系ユダヤ人の詩人で劇作家で伝記作者のシュテファン・ツヴァイク(一八八一―一九四二)はこう述べている。

ヨーロッパで財産や地位に不満がある者、後ろに押しやられ、いつ順番が回ってくるのか辛抱できない者、若者、職を失った船乗り、鼻もちならない貴族、法の目をかいくぐった逃亡者――こうした者がこぞって新大陸に行きたがった。(25)

コロンブスの航海のあとには民族浄化と集団虐殺が起きた。それが意図された場合もあればそうでない場合もあった。金銀は根こそぎ奪われた――最初はアメリカ先住民の支配層から、つづいて鉱山から。現代の経済史家によれば、先住民の経済発展、現地の当初の人口密度、白人入植者の疾病罹患《りかん》率、その後の経済発展には著しい相関関係が見られるという。[26] 先住民の経済もそれほど発展しておらず、人口密度も低く、気候もヨーロッパ人に合っている土地、つまり新大陸、オーストラリア、ニュージーランドでは、白人侵略者が生き延びて定住し、先住民を征服したり抹殺したりした。その後、この征服者たちは想像を絶するほど豊かになった。この繁栄をもたらしたのは主に貿易（たとえばカリブ諸島のサトウキビ栽培を利用した砂糖貿易）だったにもかかわらず、入植者の主な仕事は採鉱や農業で、のちに製造業へと移っていった。

こうした一連の構図は、先住民の人口密度もヨーロッパ人の疾病罹患率も高く、先住民が貿易取引や製造業でかなり潤っている場合には成り立たなかった。インド洋に面したほぼ全域がこれにあてはまった。こうした場所では、白人は生き延びることも、進歩的で比較的裕福で強い組織力を備えた先住民を征服することも望めなかったから、すくなくとも最初のうちは、貿易がヨーロッパ人にとって主要な仕事となった。

要するに、ポルトガルとオランダが送り出した数多《あまた》のヨーロッパ人が、アフリカ、インド、スリランカ、マラヤ、インドネシアといった人口密度が高く病気だらけの低地をめざす七、八カ月もかかる旅の途中やその果てに、命を落としたのだ。一七世紀だけでも、約二万五〇〇〇人もの兵士がインドはゴアのむさ苦しい王立病院でマラリア、デング熱、腸チフス、コレラにかかって亡くなった。[27] 対照的にヨーロッパ人入植者たちは、わずか五、六週間の短い船旅で、人口密度が低く健康的なメキシコやペルーの高地、のちには北米大陸といった恵まれた土地に到着した。

ここで急いで語っておくべきことがある。一五世紀と一六世紀の二大海洋国家であるポルトガルとスペインのあいだでつづいていた争いについてだ。両国の争いは、一四九二年八月三日未明にコロンブスのちっぽけな船団がパロス・デ・ラ・フロンテラを出港した頃に最高潮に達した。

イベリア半島の二つの同胞国は両親の溺愛する子供のようなものだったといえばわかりやすいだろう。母たる教会がイベリアの子供二人のひたむきな神への思いと情熱に感心するいっぽうで、父たるローマ教皇は争いが絶えない子供たちをなだめるので手いっぱいだった。子供同様、この両親の正統性も、さらにその親に相当する権威に大きく依拠していた。つまり、ローマ・カトリック教会による承認である。このお墨つきの前では、ヨーロッパ最強の君主といえども理屈のうえでは臣下であり、王位もヴァチカンへ定期的に納める膨大な貢ぎ物の見返りに貸与されたものとなる。

この親はえこひいきもした。一五世紀半ばの司教たちは、ポルトガルのエンリケの信心深さと北アフリカのムーア人相手に聖戦を挑む熱意をとりわけ快く思っていた。ローマ教皇ニコラウス五世は、死の直前の一四五五年に大勅書「ロマヌス・ポンティフェクス」を発布した。「ポルトガル帝国主義の特許状」と呼ばれたこの勅書は、エンリケを褒め称え、モロッコからインド諸国のあいだに存在する異教徒を征服し改宗させる権利を彼に認めたうえ、アフリカからインド諸国に至る全域での貿易独占権をポルトガルに与えるものだった。(28)

コロンブスがパロスを出港したわずか八日後の一四九二年八月、フェルナンドとイサベルが資金を援助してあれこれ手を尽くした結果、スペイン出身のアレクサンデル六世が教皇の座に就いた。アレクサンデル六世は数度にわたって勅書を発布しているが、その最初の大勅書で、スペイン国民が新たに発見した土地はすべてスペイン領とすると布告した。さらに同年後半、アレクサンデルはふたたび大勅書を発布すると、カーボヴェルデ諸島の一〇〇レグア（約五六〇キロメートル）西で境界線を引き、そこより西の陸地は発見されたものもそうでないものもすべてスペインに帰属するとした。最後の大勅書では、スペイン領は南へ東へと広がり、インドにまで至っているように読めた。これにはポルトガルも怒り心頭だった。三世代にわたってポルトガルがアフリカ沿岸部を開拓した事実を無視し、「ロマヌス・ポンティフェクス」と矛盾するだけでなく、わずか五年前にバルトロメウ・ディアスが喜望峰を回航した快挙にいっさい触れていなかったからである。

腐りきったアレクサンデル六世に嫌気がさしたジョアン二世は、直接フェルナンドとイサベルに交渉を持ちかけた。スペイン側にしてみれば、向こう見ずなポルトガルは怖い存在だし、自らも新大陸を開拓するだけで手いっぱいだったこともあって、妥協を模索する

西側諸国における
トルデシリャス線

のは願ってもない話だった。一四九四年六月七日、歴史上きわめて重大な条約がスペイン中央部に位置する都市、トルデシリャスで締結された。

トルデシリャス条約によって、カーボヴェルデ諸島から西に三七〇レグア(約二〇〇〇キロメートル)の地点で引いた経線で地球が分断された。この境界線はグリニッジ子午線より四五度ほど西寄りに引かれ、アジアはポルトガル圏に、新大陸はスペイン圏に入ることになった[29]。

平時であれば、国家はごくわずかな領土のためであれ自国の富と血を犠牲にするだろう。しかし当時はそうではなかった。ポルトガルは預言者ムハンマドが死んで以降、西欧諸国の悲願だったインド洋への進出に成功したところだったし、スペインは二つの新大陸を発見したばかりだった。そのため当時はたいへんな興奮に包まれ、最大の仇敵同士でさえもまるで小学生二人が休み時間におはじきをするかのように、いともあっさりと世界を二分割したのである。

六月のその暑い一日、物憂げなトルデシリャスの町にいたジョアン二世の使者たちは何を思っていたのだろう。アフリカおよびアジア全土はいまや、ポルトガル領になったといって差し支えなかった。だが条約が締結された時点では、バルトロメウ・ディアスの一行だけがインド洋の南西端に達していたにすぎない。ポルトガルは黒死病の被害から復興したばかりで、全人口は一〇〇万人、健康な船乗りは数千人、所有する外洋船は数百隻にすぎず、こんな状態で世界最大かつ最先端の商業組織に立ち向かうつもりだったのだろうか。ポルトガル最大の商船でさえ、ヨーロッパのほんの数人の士官や船乗りが、数百名のアジア人とアフリカ人の奴隷からなる乗組員を指揮している有様だった。(30) このときのポルトガルは自動車に乗った犬のようだった。この犬ときたら、すばしっこくて獰猛であちこちに牙の痕を残したものの、結局は道路脇にほったらかしにされることになる。

ジョアン二世は、探索が困難な二つの目標――アジアのスパイスと依然として姿を見せないプレスター・ジョン――をめざして先陣を切るのに最適な人物を選んだ。ヴァスコ・ダ・ガマの一四九七年から一四九九年にかけての航海は、文句なしに当時でも抜きんでた偉業だ。大海原を往復で二万八〇〇〇マイル（約四万四八〇〇キロメートル）あまり航行し、インドに到達するという目標を果たしたのだ。コロンブスは、彼が弄した甘言とは裏腹に、それを成し遂げることはできなかった。そのうえ、コロンブスがめざしていた「インド諸国」も、日本か、中国か、インド本土か、はたまたプレスター・ジョンが統治する国だったのか、地理上の正確な定義は曖昧なままだった。

コロンブスとは違い、ダ・ガマは出発前に細心の注意を払って航海に必要な情報を収集し、インド南西部マラバル海岸沿いのカリカットがインド亜大陸で最も豊かな交易拠点だと判断した。そして、東アフリカ沿岸の港を出てから夏の南西モンスーンに乗って、ほぼ正確にカリカットにたどり着いた。ダ・ガマがこの偉業を達成できたのはイノベーションのおかげだった。

これに先立つ一四八八年、バルトロメウ・ディアスは喜望峰へ向かうのに、エンリケが送りだした初期のポルトガル探検隊が開拓した昔ながらのルートを使った。赤道の南では、南からの向かい風が激しく吹きつけ、なかなか前進できなかった。ディアスが帰国した一四八九年からダ・ガマが出発する一四九七年までの八年のあいだに、歴史上無名の船乗りがこの問題の解決策を見いだした。ダ・ガマの船隊は現在のシエラレオネ沿岸を通過する際、右に舵を切って沿岸から大西洋へと乗りだし、ほぼ真西に数百キロ進んだ。それから、船は反時計回りに数千キロの半円をゆっくりと描きながら、左舷側に吹きつける風を利用

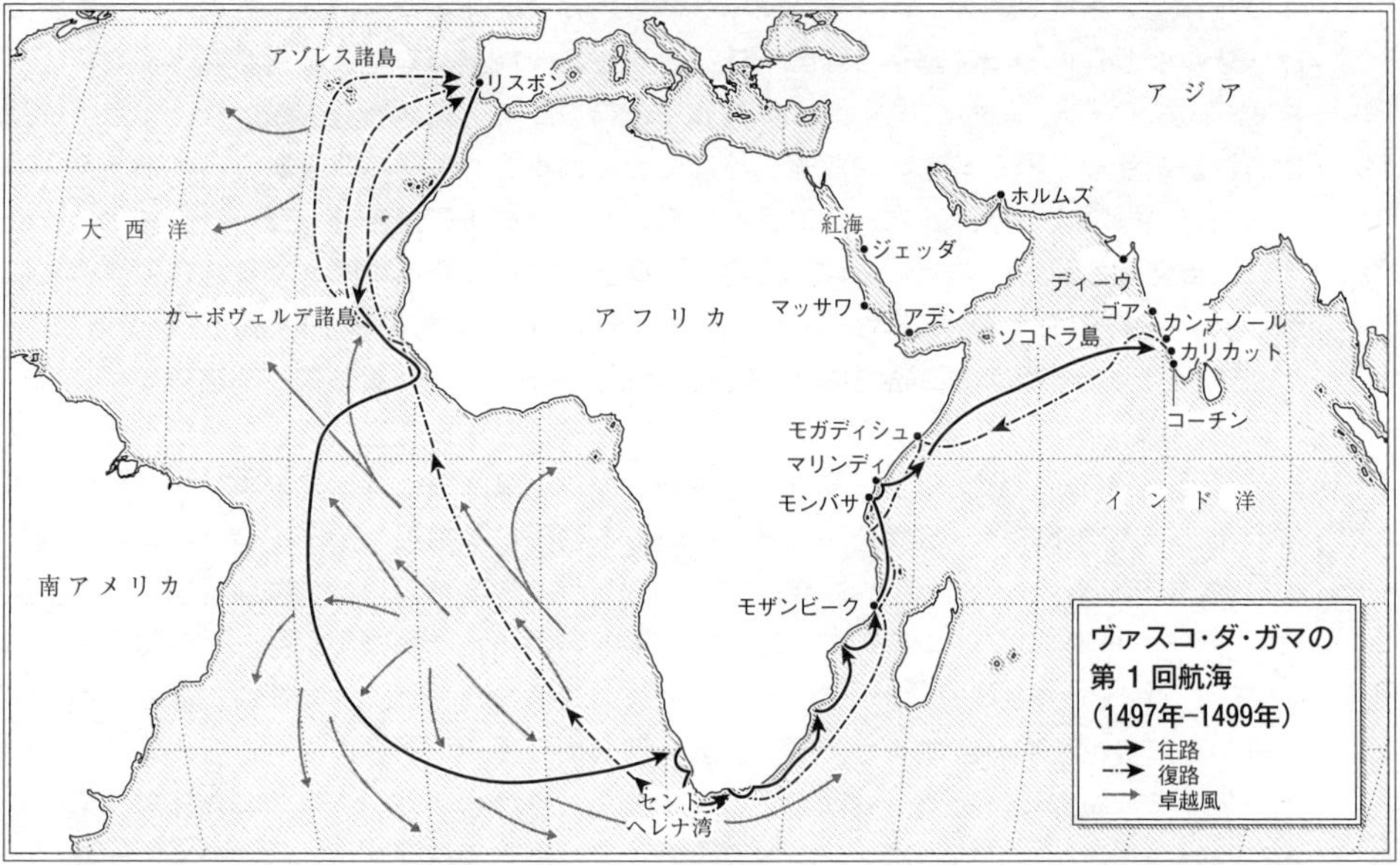
アゾレス諸島
リスボン
アジア
大西洋
ホルムズ
紅海
ジェッダ
ディーウ
マッサワ
アデン
ゴア
カンナノール
カーボヴェルデ諸島
アフリカ
ソコトラ島
カリカット
コーチン
モガディシュ
マリンディ
モンバサ
インド洋
南アメリカ
モザンビーク
セント
ヘレナ湾
ヴァスコ・ダ・ガマの
第 1 回航海
(1497年–1499年)
往路
復路
卓越風

して風上に向かった。こうして時間をかけて喜望峰の方向へ戻っていったのだ。非常に大きな弧を描かなければならなかったので、ダ・ガマの船はブラジルまで数百キロというところまで近づいた。それでも、危険な喜望峰を通過するという目的を達するには至らず、アフリカ南西部のセントへレナ湾に到着した。

ダ・ガマの小型船隊はなんと九五日間も海上にいた。いっぽう、コロンブスがカナリア諸島からバハマ諸島までの初航海に要したのは三六日間だった。ダ・ガマの海運技術はきわめて優れており、計測した緯度は実際の緯度と二度以上ずれることはなかった。それにひきかえコロンブスは計測が不正確なことで有名で、キューバは実際の緯度より四二度も北にずれていた。それではボストンの位置になってしまう[31]。

アフリカ南部沿岸に到着してまもなく、ダ・ガマの船隊の乗組員は奇妙な病にかかった。「手足がむくみ、歯茎が歯を覆うほど腫れて、ものが食べられなくなった[32]」。キャラベル船は寄港せずに何カ月も航行できたため、船乗りは体内のビタミンCが欠乏し、壊血病にかかってしまったのだ。壊血病はヨーロッパの船乗りの最大の死因だった。往路では東アフリカの繁栄している港町にうまく到着したおかげで、乗組員も病気の魔の手から逃れられたらしい。しかし復路はそれほど幸運ではなかった。

ダ・ガマ一行の航海準備は万端ととのっていたが、通商の準備は万全とはいかなかった。取引相手となる地元商人に自分たちがほしいものを伝えようと、金、スパイス、象牙のサンプルを用意していたが、ほしい品物と交換するのにふさわしい品を持っていかなかったのだ。ポルトガル側が無知だったのか、傲慢だったのか、はたまたその両方だったのかは謎のままである。

当初、アフリカ南部での商売は上々だった。ヨーロッパ製のリネンは大いに珍重されていたので、現地の人びとは地元産品と引き換えにごく少量のヨーロッパ製のリネンを手に入れて喜んだ。しかし一行が北に向かい、イスラム教徒が支配するインド洋沿岸の交易都市に寄港するようになると、状況は一変した。商人の肌の色は薄くなり、言葉はアラビア語に変わった。モザンビークの島で一行はイスラムのある首長に出会い、次のような品々を差しだした。

> 帽子、（絹の衣服）、サンゴなどさまざまな品物。しかし首長は誇り高く、私たちの品物をどれもぞんざいに扱い、代わりに緋色の布を要求した。しかし私たちは緋色の布を持っていなかった。それでも、持っているものはすべて差しだした。ある日、［ダ・ガマ］隊長が首長を食事に招待し、イチジクや肉の脂肪漬け《コンフィ》をたっぷり用意した。隊長は、水先案内人を二人ほど航海に同行させてもらいたい、と首長に頼み込んだ。[33]

はじめて、またその後もたびたび、乏しい海運技術を頼りに脆そうな船でやってきては粗悪品を並べる毛むくじゃらのヨーロッパ商人は、繁栄するインド洋貿易によって財をなし満足しきった現地の支配者には不評だった。ヨーロッパ商人は、アジアの品物だけでなく、その海運技術の高さにも驚かされた。無名の船乗りが次のように語っている。

この国の船は巨大で甲板を備えている。釘は一本も使っておらず、厚板は綱で結びつけられており……帆はヤシの繊維を編んだものだ。[34]船乗りは、舵取り用のジェノヴァ製の針［羅針盤］と象限儀と航海図を持っている。

こうした商取引の中心にあったのが、祖国ペルシアを離れたイスラム商人による貿易ディアスポラだった。モンバサ（現在のケニア）で、ダ・ガマはこう述べている。「この町にはムーア人の居住地もキリスト教徒の居住地もある……後者は領主から離れて暮らしていた」。[35]最初のうち、地元のスルタンと商人たちは慎重で礼儀正しいダ・ガマを歓待した。大きな利益が見込めそうだったからだ。地元商人は、まもなくダ・ガマのプレスター・ジョンに対する執着ぶりに感化されるようになった。キリスト教徒の偉大な支配者が地平線のすぐ向こうに、隣の王国のすぐ先に、あるいは隣の港に昔からいたらしいのだ。いっぽうダ・ガマの船隊の乗組員は、一見してイスラム教徒でない者はみなキリスト教徒とみなした。

インド人たちの肌は黄褐色で、服はほとんど身につけておらず、あごひげをたくわえ、長髪を編んでいる。牛は食べないそうだ……。隊長が小船で町に行った日のこと、このキリスト教徒のインド人たちは船から立てつづけに射石砲を撃った。彼らは「ダ・ガマが」通り過ぎるのを目にすると、手をあげて大声で「キリスト！ キリスト！」と叫んだ。(36)

どうやらダ・ガマの一行は、ヒンドゥー教徒のインド商人をキリスト教徒だと思いこんでいた節がある。インド人はおそらく「キリスト」ではなく、インド神話の英雄「クリシュナ」と叫んだのだろう。宗教にまつわるこの手のブラックコメディはインドでもつづいた。ダ・ガマら一行は、当初インドをキリスト教徒が大半を占めており、異国情緒あふれる教会（実はヒンドゥー教の寺院）のある国だと思い込んでいたのである。その建物に飾られている神と神の子と聖霊と聖母と聖人は、腕がたくさん生えていて裸同然の格好だった。

ダ・ガマの「イノベーション」には、大西洋南部で大きな弧を描くという海運技術以外に、インド洋の水先案内人に頼るというものがあった。伝説のアラブの水先案内人で、インド洋について最も権威ある著書を中世にものしたイブン・マージドは、ダ・ガマをインドまで導いたとされている。この行為が図らずも裏切り行為とみなされ、マージドはいまでもイスラム圏で不名誉な扱いを受けている。気さくで心の広いマージドが不誠実なダ・ガマのいいなりになったという筋書きは、反帝国主義のプロパガンダとしてはうってつけだが、裏切りをはたらいた水先案内人がマージドだったはずはない。ダ・ガマの水先案内人は、マリンディ(モンバサの北約一〇〇キロメートルに位置する)で雇われたか誘拐されたかしたグジャラート人で、ポルトガルまで連れていかれている。マージドはオマーン人だし、その詳細な自伝でポルトガルを訪れたとは一言もいっていない。[37]

ダ・ガマにどれだけ多くの美点があろうとも、穏やかでやさしい性格だけは持ちあわせていなかった。ちょっと挑発されただけで、彼は部下に略奪や誘拐、殺人を命じた。モザンビークで雇い入れた二人の水先案内人は忠誠心に欠けるという理由で殴られ、モンバサに着くや命からがら逃げだした。一行がアフリカで最後の港に立ち寄った頃には野蛮なポルトガル人の噂はすでに広まっており、商取引を申し出てる地元の船は一隻もなかった。これにはさすがのダ・ガマも困った。食糧不足のうえに、インドへの案内人がどうしても必要だったからだ。マリンディでは、ダ・ガマもおとなしくならざるをえず、善意の証としてモンバサとモザンビークで捕らえたイスラム教徒の人質も解放した。

一四九八年四月二四日、食糧を補給し、マリンディのスルタンから与えられたグジャラート人の水先案内人を乗せると、ダ・ガマの小型船三隻はマリンディを出発し、夏のモンスーンの後押しを受けて青い海を北東に進んだ。五日後、一行はふたたび赤道を通過して、

図表7・1　ポルトガル国王ジョアン1世とフィリッパ后の末子、エンリケ王子（のちのエンリケ航海王子）はモロッコの戦いに参加した。彼は、広大な北アフリカの砂漠の端を眺め、インド諸国に行くのにサハラ砂漠横断ルートを利用したいという母の望みは無理だと悟った。祖国に戻ると、15世紀に行なわれたアフリカ沿岸部の探検を支援した。それがやがてバルトロメウ・ディアスとヴァスコ・ダ・ガマの喜望峰回航へと実を結ぶ。

図表7・2　15世紀、ポルトガルがアフリカ沿岸部を時間をかけて進んだ航海は失敗した。船隊が南に進むにつれ、向かい風が強くなったからだ。ヴァスコ・ダ・ガマは、南西に「大きな弧」を描いて東の喜望峰に向かうという方法でこの問題を解決した。ダ・ガマがいかに残虐非道かという悪評は、彼が着く前にアフリカとアジアの港町にいち早く届いており、交易と外交関係をこじれさせる原因となった。

ヨーロッパ人船乗りの長い友人である北極星を眺めつつ航海をつづけ、五月一八日にはマラバル海岸の山並みを目にした。たった二三日間で、外洋を二八〇〇マイル（約四四八〇キロメートル）も進んでいたのだ。目標だったカリカットからはほんの七マイル（約一一キロメートル）ずれただけだった。世界で最も残虐な貿易国家は、モンスーンの秘密を「発見」していた。オオカミがついに羊小屋に入り込んだのである。その後、世界の貿易は一変する。

ダ・ガマの目的は貿易帝国を築くことではなかった。保護してやるという口実で地元の商人を脅し、市場価格以下でスパイスなどの品物を買ったり、他者、とくにイスラム商人に誠実な取引をさせないようにしたかったのだ。こうした「保護」行為と略奪の境界は紙一重で、ダ・ガマはしょっちゅうこの一線を越えた。インドへの初航海で、ダ・ガマは練習を重ねて一つの戦術を編みだした。彼らの小型船隊は歓迎の小船が来るまでじっとしている。そして小船がやってくると、乗組員が人質をつかまえるのだ。三隻の船長――ダ・ガマ、弟のパウロ、ニコラウ・コエリョ――は可能なかぎり船上にとどまり、その後の「取引交渉」の一環としてためらうことなく暴力をふるった。(38)

アフリカでもインドでも、ダ・ガマはポルトガルの監獄から「ならず者」と呼ばれる受刑者を雇い、得意な言語に応じて見知らぬ土地に降り立つ最初の人間を決めた。カリカットでこの栄えある役に選ばれた「ならず者」はジョアン・ヌニエスだった。その直前にキリスト教に改宗したユダヤ人で、多少アラビア語が話せたからだ。彼はスペイン語もイタリア語も話すチュニジア人に出くわし、「悪魔がそなたを連れて行かんことを！　なぜこの地にやってきたのか」と訊かれると、ヌニェスは「われわれはキリスト教徒とスパイスを探しにきた」[39]と答えた。

東アフリカの場合と同じく、インドの人びとはヨーロッパの貿易品の品質にあまり感心しなかった。カリカットのヒンドゥー教徒の支配者ザモリンとの謁見に先立ち、ダ・ガマは「［縞模様の布］一二枚、緋色の頭巾四枚、帽子六個、サンゴの首飾り四本、洗面器六個を入れた箱、砂糖一箱、油二樽、蜂蜜二樽」を贈っていた。こうした贈り物は、最低層のユダヤ商人でさえ見向きもしなかったことだろう。ましてやインドで最も豊かな交易拠点の支配者ならなおさらだ。ザモリンの従僕は、この貢ぎ物を見て大声で嘲り、ダ・ガマの使者に「これは王に差しあげるような品物ではない。メッカやインドのほかの土地の最も貧しい商人でさえ、もっといろいろ持ってきた。貢ぎ物をしようというなら黄金でなければならん」といい放った。[40]

ダ・ガマに不満だったカリカットの人間はザモリンだけではなかった。強大な権力をもつイスラム商人も、ヨーロッパのキリスト教徒の出現を今後の脅威とみなし、油断しないようザモリンに進言したに違いない。ザモリンはダ・ガマを丸一日待たせておいた。

事態は悪くなるいっぽうだった。ダ・ガマは貢ぎ物をけなされたので、手ぶらでザモリンに謁見したところ、ザモリンは何も持ってこなかったことを激しくなじった。そこでダ・ガマが自分の目的は取引ではなく発見だと答えるとザモリンは皮肉たっぷりに尋ねた。

「何を発見しにきたというのだ？　宝石か、それとも人間か？　人間を発見しにきたというなら、なぜ手ぶらで来た？」(41)

ダ・ガマの商売に対する心構えが不十分だったとすれば、彼のインドの文化と習慣についての理解は最低レベルといってよかった。見るも哀れな貿易品の数々、思いあがりもはなはだしい傲慢さ、それにダ・ガマ本人の偏執ぶりがあいまって、人質をとるたびにイスラム商人との関係は悪化の一途をたどっていった。イスラム商人側はおそらく、自分たちを町から追放しようとしているダ・ガマのもくろみにすでに気づいていたのだろう。ダ・ガマの部下らが通りかかるたびに、「ポルトガルめ！　ポルトガルめ！」とののしりながら唾を吐き捨てた。

その約一〇年前、ペロ・ダ・コヴィリャンが壮大な旅をしながら交易と外交に必要な知恵を身につけていたというのに、残念ながらダ・ガマにはどちらの要素も欠けていた。とはいえ、中世における情報通信事情を考えれば、ディアス同様ダ・ガマにも、コヴィリャンのかけがえのない知恵は伝わっていなかったのだろう。

このような厳しい状況にあったものの、インド商人とダ・ガマ一行の取引がようやくはじまった。たとえこの新参者が宗教上の理由で自分たちを憎み、命まで狙っているとイスラム商人が見抜いていたとしても、またザモリンがダ・ガマの貢ぎ物に感心しなかったとしても、ザモリンの民であるヒンドゥー教徒はヨーロッパの布地とスパイスを喜んで交換した。ダ・ガマは最高級のリネンのシャツが安かったことに落胆したが――金銀単位でリスボンでの値段の一〇分の一だった――スパイスが通常より安値で仕入れられたことで気をよくした。

ザモリンは当初、ダ・ガマとの取引を許していたが、たちまち相手の二枚舌に嫌気がさした。一四九八年八月二九日、ザモリンはついに三隻の船にカリカットを出て行くよう命じた。(42) ダ・ガマ一行は、船を港に係留していた三カ月のあいだに、スパイスやその他の財宝を少しずつ船に積み込んでいた（そして通常の関税を払わなかった）。

ダ・ガマによる最初のインド諸国への航海は苛酷を極めた。乗組員約一七〇名のうち、帰郷したのは半数にも満たず、大半は復路の壊血病で命を落とした。(43) 病は往路とは比較にならないほど猛威をふるい、多数の乗組員の命を奪ったり健康を損なったりしたので、船を一隻捨てて、二隻を動かせるだけの健康な船乗りをどうにか確保するのが精いっぱいだった。パウロ・ダ・ガマは一四九九年九月、リスボンに到着する前の最終寄港地アゾレス諸島で壊血病に倒れたが、それも大した問題とはならなかった。一行は航海費用の六〇倍もの価値をもつコショウ、シナモン、クローブをカリカットから持ち帰ったため、なんとか生き延びた人間が足を引きずりながらリスボンに戻ってきても、凄まじい数の犠牲者のことを気にするものなどいなかったのだ。[44]

ポルトガル国王は、この記念すべき航海上および商業上の偉業を受け継ぐ遠征隊をすぐさま送りだした。それから半年も経たない一五〇〇年三月、ペドロ・アルヴァレス・カブラルが一三隻の船と約一五〇〇人の乗組員を率いて出帆した。彼はダ・ガマよりもうまく大西洋上に「大きな弧」を描いて難関の喜望峰の南端を無事通過し、さらにその途上でブラジルを訪れた初めてのヨーロッパ人となった。幸いにもブラジルは、トルデシリャス線によってポルトガル圏とされていた。

その後、インド諸国に向かうヨーロッパ人にとっては、これがお定まりのパターンになった。晩冬に出発して大西洋南部の貿易風を最大限利用し、インド洋で夏のモンスーンに乗って九月にインドに到着する。リスボンを出港してからちょうど半年後だ（ある船長の言葉を借りれば「二月末日なら間に合うが、三月一日では遅い」[45]という）。インドで商品を取引したり船の帆や肋材を修繕したりして秋を過ごし、冬のモンスーンに乗ってヨーロッパに帰る。だが、晩冬にヨーロッパを出発すれば時間の短縮にはなるが、そのぶん危険が増した。この日程だと、往路で南半球の嵐に真っ向からぶつかることになるからだ。カブラル一行は大西洋南部の大嵐に遭遇して四隻を失い、残った九隻のうちインドに到着したのはたった六隻だった。これまた取るに足らない問題だった。利益は大きく人命は安い。数百人の犠牲など、貪欲なヨーロッパがほしがっているコショウ、シナモン、クローブを手に入れるためならどうということはなかった。

インドに着くとカブラルは、二年前のダ・ガマと同じく、有害なだけの外交戦略に出た。ダ・ガマが去ってカブラルがやってくるまでのあいだに、年老いた誇り高きザモリンはこの世を去っていた。彼は不安定ながらも最終的には満足のゆく交易関係をダ・ガマとのあいだに築いていた。彼の死後は息子が跡を継いでいた。カブラルもダ・ガマのようにイスラム商人よりもポルトガルを優先するよう求めた。最初は万事順調だった。カブラルの一行は、ゾウを輸送していた近隣王国の船を拿捕すると、新しいザモリンにゾウを献上した。ザモリンはいたく喜び、巨大な船にコショウなどの高級なスパイスを積み込ませた。あるイスラム商人の船がスパイスを載せジェッダ（紅海に面したメッカの外港）に向かったと聞きつけ、カブラルはその船を捕らえた。ポルトガルにとっては、憎き「メッカから来たムーア人」とのいかなる取引もザモリンとの「契約」に違反しており、見逃すことはできなかった。これにはカリカットのイスラム教徒も怒り、腹いせにポルトガルの交易拠点を襲撃して五四人を殺害した。

カブラル一行はザモリンからのメッセージを一日待った。メッセージが来ないとわかると、ザモリンが交易拠点での虐殺事件の黒幕だという最悪の結論に達した。彼らはインド船を一〇隻あまり捕らえると、乗組員を殺し、町を丸一日大砲で攻撃して破壊した。そして、カリカットの南にあるライバル都市のコーチンへ逃げた。コーチン、そしてカリカットから四〇マイル（約六四キロメートル）北にあるカンナノールで小型船にさらにスパイスを積み込んだ。ザモリンの反撃とコーチンの支配者の裏切りを恐れたカブラル一行は、慌てて出港したので自国の商人を置き去りにした。準備してきた銀と積荷スペースはたっぷりあったにもかかわらずだ。リスボンへの帰路、カブラルは船をもう一隻失った。(46)ポルトガル国王はカブラルの成果に不満だった。船を三分の二も失い、新しいザモリンに戦いを仕掛けるというへまを犯したからだ。とはいえ、これだけの失態なら許してやってもよかった。なにより許しがたかったのは、品質の悪いシナモンを大量に買いつけてきたことだった。次の大型船隊はヴァスコ・ダ・ガマに任せるほうがよいという話になり、ダ・ガマは二五隻の船を率いて一五〇二年に出発した。

初航海から三年の歳月を経ても、ダ・ガマが心優しい船長に変わることはなかった。今回の彼の目的は交易だけではなかった。二年前のカリカットでの虐殺事件に報復するためにマラバル海岸と紅海間のイスラム商人の海上交通路をすべて遮断するつもりだったのだ。一五〇二年九月初旬、リスボンを発ってから七カ月後、ダ・ガマの船隊はカンナノール沖に陣取って機会を待った。

約三週間後の九月二九日、ダ・ガマの船隊は、男女と子供を合わせた数百人を乗せてメッカへの巡礼から戻る途中だったメリ号を拿捕した。それから五日間、乗組員は時間をかけてメリ号の積荷と乗客の所持品を奪った。インドへ戻ったらもっといい品を差しだすから命は助けてもらいたいという巡礼者の嘆願にも耳を貸さなかった。

ダ・ガマの船隊の乗組員であり記録者でもあったトメ・ロペスは、一五〇二年一〇月三日に略奪がやんだのちの「一生涯忘れられない」出来事について書き残している。(47) ダ・ガマが船に火を放つよう命じたのだ。失うものなどなかった乗客は、男女を問わず石や素手で反撃に出た。次に、死に瀕したイスラム教徒はポルトガル船の一隻に自分たちの船をぶつけて、ほかの船からの砲撃を封じた。つづいて激しい接近戦がはじまった。その間ずっと、イスラム教徒の女性は宝石や赤ん坊を高く掲げて振っていた。それを見たダ・ガマが情けを掛けてくれるかもしれないとわずかな望みをかけたからだ。しかしそれも無駄に終わった。唯一助かったのは子供で、連れ去られて洗礼を受けさせられた。水先案内人が助かったのはいうまでもない。

若きザモリンは和平を申し出た。外交的にみれば、メリ号での虐殺と略奪によって、イスラム教徒によるポルトガルの交易拠点への襲撃は十分に償われた。だから過去は水に流そうというのである。これがダ・ガマの怒りに油を注いだ。彼は激怒してこういった。「世界のはじまり以来、ムーア人はキリスト教徒の敵であり、キリスト教徒はムーア人の敵であった。だからずっとたがいに戦争してきたのだ」(48)

ダ・ガマがカリカットに到着したときの機嫌は最悪で、さらにこっぴどく港を大砲で攻撃した。一一月一日、彼はイスラム教徒の人質を何十人も帆に吊るしあげた。

［そして帆を切って降ろし］人質の頭、手、脚を切り離して、手紙とともに小船に乗せた。その手紙でダ・ガマは、もしこの者たちが［二年前の交易拠点で］ポルトガル人を殺した犯人ではないのに罰を受けたのだとしたら……裏切り行為の当事者にはさらに残酷な死が待っているであろう、と書いた。(49)

事件はこれで終わらなかった。ダ・ガマはよくこんな自慢話をしたという。略奪したダウ船の犠牲者の死体を吊るして射撃の的がわりにし、その後死体の断片を地元の支配者に送りつけてカレーの材料にしたらどうかといってやった、と。(50)彼らの残虐さは尋常ではなかった。当時のカトリック原理主義者の気質が拍車をかけたのだろう。中世のキリスト教徒は、非キリスト教徒が破滅するのは信仰上自明の理だと信じており、ユダヤ教徒、イスラム教徒、ヒンドゥー教徒は来世で永久に業火に焼かれる刑を宣告されるのだから、現世で同情してもしかたがないと考えていた。

ほとんどいわれのないポルトガルの残虐行為の結果、ダ・ガマとザモリンはついに全面戦争へと突入した。一五〇三年一月、ザモリンはダ・ガマを安全なコーチンからおびきだしてカリカットで急襲した。つづいて、インドの快速船が数度にわたって直接攻撃を仕掛けたが、いずれも撃退された。

冬のモンスーンの季節がさかりに近づいてきたのを見て、ダ・ガマの一行はようやく帰途についた。今度はカンナノールとコーチンに常駐部隊を残し、インド洋常駐艦隊として数隻の船も残した。出発した船は膨大なスパイスの重さに苦労しながら祖国へと向かった。ある試算によれば、コショウ約一七〇〇トン以外にもシナモン、クローブ、メース、ナツメグの計四〇〇トンが、メリ号での惨事のあとコーチンで積み込まれたそうだ。[51]ダ・ガマ本人も、四万ダカット相当のスパイスを携えてタホ川をさかのぼったとされている。

一四九八年に東アフリカとインドにダ・ガマが現れてから五年のあいだに、ポルトガルは信じられないほど儲かる貿易体制を確立したいっぽうで、ほぼすべての港に敵をつくった。彼らが多少手加減をしたところで、各地に散らばるイスラム商人の敵意を買っただろう。新しいスパイスルートは非常に長く脆かったため、防備を固めたポルトガルの駐屯部隊が守り、支えなければならなかった。彼らの文化と建築の名残りは、いまなおアゾレス諸島からマカオに至るまで各地に点在している。

この貿易帝国の建設は早々にはじまった。一五〇五年、フランシスコ・デ・アルメイダはインド初代副王に任命された。彼はまずキルワ（現在のタンザニア沿岸）に立ち寄るとそこを攻撃して制圧し、アラブ人の傀儡君主を据え、大規模な駐屯部隊を残していった。次にモンバサを略奪した。アルメイダがインドに船で向かっているあいだに、モンバサの駐屯部隊はモザンビークの島を掌握した。数カ月もしないうちに、ポルトガルは東アフリカの主要港を支配した。こうした港や交易拠点は、アフリカ産の金とインド産のスパイスの取引場所にもなった。金はグジャラート製の織物と交換された。織物、金、スパイスの三角貿易は目新しいものではなく、アラブとアジアの商人は何世紀にもわたってその仕事に精を出していた。しかしヨーロッパ人にとっては、儲けの大きいインド航路がさらにいくつか手に入るばかりでなく、喜望峰を回る危険な旅を避けられるというメリットもあった。

アルメイダはインドに着任すると、マラバル海岸沿いの港を手際よく制圧しはじめた。最初は、イスラム教徒の二大勢力であるマムルーク朝エジプトとグジャラートのイスラム君主が抵抗した。一五〇八年、両者はチャウル（現在のムンバイの南に位置する）に共同機動部隊を配備し、ポルトガル船を急襲して徹底的に打ちのめした。このときアルメイダの息子が殺された。一年後、アルメイダはディーウ（現在のムンバイの真北に位置する）でイスラム共同部隊の戦艦を撃破して息子の仇を討ち、インド洋でヨーロッパの制海権を脅かす存在を一つ排除した。ここでまたしても、金銭が信仰心を踏みにじる事件が起きた。ヴェネツィア共和国がキリスト教諸国に背いてイスラム軍の艦隊を支持し、グジャラート―マムルーク共同部隊に軍事顧問を送り込んだのである。

東アフリカとインドでの軍事活動につづき、ポルトガルにとって第三の戦いを指揮したのは、かのアフォンソ・デ・アルブケルケだった。アルブケルケの名は、ヨーロッパ人によるインド洋征服を象徴するものだ。この伝説の司令官はソマリアの港数カ所と交易の中枢となる二つの島——紅海に面した多くの文化の玄関口であるソコトラ島とペルシア湾の番犬ホルムズ島——を矢継ぎ早に掌握した。砂、石、塩、硫黄で有名な、からからに乾燥したホルムズ島は、ヨーロッパの強国をその後何度も悩ませることとなる。有能なアルブケルケが副王になるべくインドに派遣されると、ポルトガル人はホルムズ島の住民に追い返されてしまった。そのためアルブケルケは数年後に島を奪還しなければならなかった。

インド洋におけるポルトガルの事業は一筋縄ではいかなかった。アルブケルケがインドに到着した一五〇八年、アルメイダは地位の継承を認めず、アルブケルケは数カ月にわたって身動きがとれない状態に陥った。その後、別の船がポルトガルから書簡を携えやってきて、アルブケルケの副王就任を正式に承認した。金も権力もあり、敵意むきだしのカリカットは徹底抗戦していたし、すでにポルトガルの手中にあるコーチンは港に適さないことがわかった。アルブケルケの視線がついにゴアに向けられた。彼は一五一〇年にゴアを占領し、インドにおける「ポルトガル海洋帝国」の首都とした。この名前は、アジアとアフリカにおけるポルトガルの植民地帝国の全体につけられたものだ。

次はアデンの掌握だった。アデンはアルブケルケ陣営の頭痛の種であると同時に、海洋帝国の心臓部を貫く杭だった。沿岸部の死火山の頂に建設されたこの城壁都市は、「悲しみの門」ことバブ・エル・マンデブ海峡を見下ろす位置にある。ヨーロッパ向けのアジアの貿易品の大半は、この海峡を通過した。アビシニアからは奴隷、象牙、コーヒー、そしてアデン向けの食糧が運ばれた。東からは、山あいの渓谷経由で、香料と最高品種のアラブのウマが届いた。北行きの船荷は喫水の深い大型船に積まれて紅海をわたり、途中ジェッダに寄航した。そこで、コショウ、クローブ、ナツメグ、高品質のグジャラート産綿、中国産の絹と磁器に加え、その他異国の品々が、紅海の北半分とスエズ湾の浅瀬や礁をかわして航行できる小型船に移された。[52]

ポルトガルはインドのスパイス貿易の中心地とホルムズ海峡を押さえていたが、アデンだけは支配圏外だった。だからこそ、頭が柔軟なイスラム教徒とヒンドゥー教徒の商船はポルトガルの勢力圏を簡単に迂回し、無防備な紅海を航行してエジプトへと行けたのだ。結局アデンを押さえなければ、ポルトガルのスパイス貿易独占はない。

アルブケルケはその任務を果たせなかった。当初、彼はバブ・エル・マンデブ海峡を封鎖するにはソコトラ島を占拠するだけで十分だと踏んでいた。しかし、目的を達するにはソコトラ島は海峡から離れすぎていた。彼はソコトラ島を掌握後わずか数年で放棄し、一五一三年にアデンに直接攻撃をしかけたものの惨敗を喫した。その後、向かい風が吹きはじめる前に、紅海を離れてインドへと戻った。紅海での急襲は失敗に終わったが、約三〇〇年前の一一八三年にルノー・ド・シャティヨン率いる十字軍が北からの短期的な攻撃を仕掛けて以来はじめて、この重要航路でヨーロッパの軍事力を広く誇示する一件となった。同様の事件が起きるのは、これまた三〇〇年以上も先のことである。

依然としてインド副王アルブケルケの狙いは、アデン掌握は無理でもバブ・エル・マンデブ海峡を支配下に置いたうえで、紅海のアビシニア側にあるマッサワ島を手中に収めることだった。アデンやその周辺で戦略上重要な港の例に漏れず、マッサワ島を長きにわたって支配していたのはイスラム勢力だった。八世紀にアビシニアのキリスト教徒から奪って以来のことである。アルブケルケは一五一五年にポルトガル国王にこうしたためた。自分がマッサワ島を押さえれば、近隣を治めているプレスター・ジョンの力で、この島は食糧の補給と軍備が途絶えることもなく、イスラム勢力を駆逐できる、と。

インド洋では、アデンと紅海以外に問題はありません。謹んで申しあげますが、われわれはプレスター・ジョンの港であるマッサワに注力すべきかと存じます。(53)

アルブケルケはこの手紙を書いた三カ月後に死んだ。アデン掌握を果たせなかったポルトガルは次善策に落ち着いた。冬のモンスーンの季節になると、商船とメッカの巡礼客を乗せた船が通るのを見計らって、インドから海軍を派遣してバブ・エル・マンデブ海峡の封鎖に乗りだしたのである。しかし海峡が大きすぎること、自由に使える軍艦が少ないこと、派遣の費用が膨大なことなどの理由から、この海上封鎖は一度も成功しなかった。ポルトガルがスパイス貿易を独占する機会は一五三八年に潰えた。オスマン帝国がアデンを併合したのだ。歴史家によれば、ポルトガル船の船長や植民地の役人にとっては完全支配を実現するよりも、アジアの商人がバブ・エル・マンデブ海峡を通過するのを黙認していたほうがうまみが大きかったはずだという。もしポルトガルのアデン支配が実現していたら、苛酷で、危険で、誰にとってもありがたみのない場所となっていただろう。(54)

偉大なオスマン帝国のピーリー・レイース提督は、イスラム教徒版アルブケルケだ。ポルトガルにとって不幸なことに、レイースのほうが百戦錬磨の強者だった。スルタンに仕えていた数十年間、レイースは紅海、インド洋、ペルシア湾でヨーロッパのライバル国を苦しめ、裏をかき、出し抜いた。だが、ペルシア湾北部におけるポルトガルとの戦いの支援を拒んだため、オスマン帝国領バスラの総督によって公開斬首された。九〇歳だった。レイースにつづく提督も、先代からの伝統に倣い、東アフリカからアラビア南部やオマーン、さらにはマラバル海岸にあるポルトガルの拠点を襲っては制圧した。あるときなど、たった一隻のトルコの軍艦が、東アフリカのスワヒリ語圏の港に置かれたポルトガルの要塞と交易拠点から、ポルトガルの成り金を事実上一掃したことがあった。(55)だがポルトガルも、さらに強力なオスマン帝国も、アジア―ヨーロッパ間の海上交通路を支配することはかなわなかった。やがて、ポルトガルは新たな敵と相見《あいまみ》えることになる。

一五〇五年、いとこ同士で若き下級貴族のフェルナン・デ・マガリャンイスとフランシ

図表7・3　アフォンソ・デ・アルブケルケはインド洋にポルトガル海洋帝国を築いた。マラッカとホルムズの要衝を掌握したが、バブ・エル・マンデブ海峡を通過するイスラム船に積まれたスパイスの流れを止めることはできなかった。

図表7・4　16世紀、オスマン帝国のピーリー・レイース提督は、数十年にわたる在任期間中、インド洋、紅海、ペルシア湾に広く薄く展開していたポルトガル軍を苦しめつづけた。

図表7・5　一山当てようと兵士になったポルトガル人、フェルナン・デ・マガリャンイスは、ポルトガル国王マヌエル1世に相手にされなかったので、トルデシリャス条約によってスパイス諸島はスペイン圏にあるとスペイン国王を説得し、歴史上初の世界周航を成し遂げた。彼はこんにち、英語圏ではフェルディナンド・マゼランとして知られている。

スコ・セランは、インドで一山当てようと、アルメイダ艦隊の無数の兵士と船乗りに混じってポルトガルを出発した。彼らのその後の冒険は、現代では夢物語のように聞こえるかもしれないが、当時にしては珍しいことではなかった。生涯を通じて、二人はたがいのアイデアと経験を頼りにした。やがて二人は歴史の流れを変える存在になる。

ポルトガル出立から数年間、マガリャンイスはいくつもの戦いに参加し、ときには傷も負った。そうした戦いの一つに一五〇六年のカンナノールの海戦がある。アルメイダがザモリンとマルムーク朝のスルタンの共同艦隊による攻撃を撃退した戦いだ。このときマガリャンイスは傷病兵として故郷に戻されたが、東洋での冒険とチャンスの味を覚えたあとでは、ポルトガルは貧しく息が詰まりそうだった。次のインド行き艦隊で、マガリャンイスもセランもふたたび海に戻った。

今回は一五〇五年の編成よりずっと小規模だった。しかし、その重要性が減じるものではなかった。ポルトガル国王は、一行の総指揮官であるロペス・デ・セケイラにマラッカとの交易を確立するよう命じた。アデンがインド洋の西端でヨーロッパ、エジプト、トルコへの商品の流れを管理する場所だとすれば、マラッカはインド洋の東端でスパイス諸島からの賜物と中国や日本からの贅沢品が通過する細い漏斗だった。一五〇九年四月、二人を乗せた小型艦隊はコーチンに到着し、食糧を補給して船を修理すると、八月一九日に夏のモンスーンに乗って東に進み、ヨーロッパの船乗りにとって未知の海域に突入した。マラッカに到着したのはわずか二三日後の九月一一日のことだった。

その日はポルトガル側もアジア側も、驚愕と期待と好奇心と恐怖がないまぜになった落ち着かない気分だったに違いない。すでにインドの数々のすばらしさを体験していたヨーロッパ人たちも、輝くばかりの熱帯の美しさ、豊かさ、威容を誇る商船、無数の商人と店、そして当時屈指の貿易港で交わされるさまざまな言語に感じられる多様な文化は、予想だにしていなかっただろう。いずれそれがすべて彼らのものとなること、そのために恐ろしい代償を払う羽目になることなど、もちろん夢にも思っていなかったはずだ。マラッカの貴族と商人の集団も、それまでにヨーロッパ人を目にした回数は片手で数えられるほどだった。とはいえ、ポルトガル人の残酷さは当然耳に入っていた。

表向きは万事が穏やかで友好的だった。船上と船の修理場で何カ月も鬱屈とした日々を送っていたポルトガルの船乗りが、世界で最も活気ある港町の水分をたっぷり含んだ食事、甘い飲み物、異国情緒あふれる女性に大喜びしたことは想像にかたくない。しかし、港にのんびり係留していたポルトガル船五隻のうち、一隻の船長であるガルシア・デ・ソウザは、にこやかな微笑みを浮かべながら地元の商品を持ってカタマラン船（双胴船）から船によじ登ってくる何百というマラッカ人に危惧の念を抱いていた。奇襲攻撃のにおいをかぎとったデ・ソウザは、経験豊富で信頼もおけるマガリャンイスを指揮船に差し向け、総指揮官セケイラに注意を促そうとした。マガリャンイスが指揮船に着くと、セケイラたちがチェスをしている後ろで現地人がその様子を眺めていた。手には簡単に人を殺せるマレー式短剣が握られていた。マガリャンイスは気をつけるようセケイラに耳打ちした。セケイラは見物客に離れるようにといった。

まさにそのとき、攻撃の合図である狼煙《のろし》が宮殿からあがった。艦隊は間一髪で難を逃れた。セケイラやマガリャンイスなどのポルトガル人は、マレー人の襲撃者が短剣を使う前に個室に閉じ込め、甲板にいた現地人を海に投げ込み、近づいてくるカタマラン船を銃撃した。

マラッカの熱帝の愉しみにつられて上陸していた乗組員は、マガリャンイスたちほどついていなかった。多くは逃走したが、マレー人がすでに乗組員のボートを盗んでいたため徒労に終わった。上陸していたポルトガル人で生き残ったのはたった一人、フランシスコ・セランだった。海岸で現地人にとり囲まれているところを、手漕ぎボートで助けにきていたマガリャンイスに救助されたのだ。生き残り組は急いで港を離れた。

それまで、マガリャンイスはさんざん実戦を積んでそれなりの成果も出していたが、インドにおけるポルトガル海洋帝国の兵士としてはずば抜けた存在ではなかった。しかしマラッカの一件で称賛を浴びて一気に株をあげた。一五一〇年、アルブケルケは自らマガリャンイスを士官に任命し、マガリャンイスはインド副王の艦隊に同行することになった。翌年、一行はマラッカを掌握した。コンスタンティノープルやヴェネツィアと並ぶ豊かな町を手に入れたのである。ヨーロッパの国らしく海上の難所に執着したおかげで、ポルトガルは知らず知らずのうちに中国、日本、そしていうまでもなくスパイス諸島のうまみある取引をがっちりつかんだ。スパイス諸島は、マラッカの東に一八〇〇マイル（約二八八〇キロメートル）にわたって広がるモルッカ諸島に点在している。

この圧倒的勝利の瞬間に、いとこ同士の二人は別々の道を選んだ。マガリャンイスはこれで十分だと思った。マラッカで手に入れたスパイスやその他の戦利品の分け前で金持ちになり、名声も手に入れたと考えた。そこで命あるうちに手を引き、マラッカで買ったマレー人の奴隷を連れて祖国に戻った（この奴隷についてはのちに触れる）。いっぽうのセランはもう一度運試しをすることにし、アルブケルケの艦隊から独立した三隻のうち一隻の指揮官となった。三隻の総司令官はアントニオ・デ・アブレウで、一行はスパイス諸島に向かった。

アブレウとセランと乗組員一行は自分たちの幸運が信じられなかった。バンダ諸島とアンボイナ島で、ブレスレットや鈴などの細々《こまごま》とした品物と交換したクローブ、メース、ナツメグで船倉をいっぱいにし、すぐさま帰路についた。ところがアブレウは貪欲だった。船に荷物を積み込みすぎたため、セランが指揮をとる船が破損し、座礁してしまったのだ。(56) セランは生存者をしっかりと誘導し、アンボイナまで戻った。軍の規則に従えば、セランは時間をかけてマラッカに戻り、ポルトガル国王に自らの処遇を委ねることになるはずだった。だがこの時点で、いとこと同様にセランも限界にきていた。それまで国王のさらなる栄光のために、しかたなく何度も身を危険にさらしてきた。しかし、アンボイナの熱帯風景や人懐こい住民たちにくらべ、国王に仕える過酷さは、疲れきった彼にはもう我慢ならなかった。彼がポルトガルの地を踏むことは二度となかった。現地に溶け込み、テルナテ島の王の軍事顧問の職を得て、若い妻とたくさんの子供と奴隷に囲まれて幸せに暮らしたという。

とはいえ、セランは母国と完全に縁を切ったわけではなかった。その証拠に、彼はいとこに手紙を送りつづけた。なんといっても命を救ってくれた恩人だ。スイスのベルンで国際郵便条約が締結され、万国郵便連合が結成される何世紀も前に、セランの手紙は、「風の下の国」であり西洋の意識の蚊帳の外にある国からヨーロッパに届いていた。セランは、一緒に地上の楽園で暮らそうと敬愛するいとこを誘うだけでなく、航海と貿易に関する詳細かつ正確な情報も知らせた。まもなく、マガリャンイスはスパイス諸島の知識ではヨーロッパで誰にもひけをとらないほどになり、その知識を活用しようと考えた。セランへの手紙で、「ポルトガルの支援がなくても、別の方面の支援で」セランと再会することを約束した。(57)

一五一二年にリスボンに戻ると、マガリャンイスは自分が母国ですっかりよそ者になってしまったことに気づいた。スパイス貿易がもたらした莫大な富ですこぶる活気づいた街では、彼も植民地戦争に従軍した名もなき一介の退役軍人にすぎなかった。宮廷の身分の低い居候でいることに飽きて居心地も悪くなったので、彼はモロッコに向かう軍とともに出航し、以前にもまして激しい戦闘に加わってふたたび深手を負った。今度は膝の負傷で戦えなくなり、一生足をひきずることになった。そのうえ補給係将校として窃盗罪に問われた彼は、軍法会議にかけられそうになったので、こっそり脱けだして祖国に向かい、マヌエル一世に自分の言い分を申し立てようとした。しかし国王は耳を傾けることなく、モロッコに戻って裁判に出るよう命じた。マガリャンイスは命令に従って裁判を受け、無罪となった。

自尊心の高い当時の征服者なら誰しもそうであるように、マガリャンイスも何人《なんぴと》を前にしても怖気づくことはなかった。たとえ国王を前にしてもだ。国王と国家のために残酷な悪魔に何度も対峙したこの忠臣は、口をつぐんで年金で暮らす生活を選ばずに、自分の話を聞いてくれるようマヌエル一世に再度申し入れた。すると今度は認められた。この対面が行なわれたのは、マヌエル一世の父親ジョアン二世がコロンブスの願いをはねつけたのと同じ部屋だったらしい。国王がマガリャンイスにとった態度は、ポルトガルにとって高くつくことになる。

コロンブスと違い、マガリャンイスは発見や征服といった壮大な計画をもってはいなかった。彼の望みは、雀の涙ほどの年金額をあげてもらうこと、宮廷での地位を威張り散らしている青二才よりあげてもらうことだった。また自分の勇敢さ、王室への献身、能力、長年の経験にふさわしい唯一の地位も求めた。インド行きの船の船長の地位である。

この三つの望みすべてを冷淡に拒絶され、驚いたマガリャンイスは国王に問うた。ポルトガルが自分を必要としないなら、ほかに働く場所を探してもよろしいか、と。マヌエル一世は、この無作法で要求ばかりする成り上がり者を一刻も早く追い払いたかったので、お前がどこに落ち着こうとポルトガルにとっては痛くも痒くもないといい渡した。

マガリャンイスは、それから一年以上も涼しい顔で宮廷に居座った。機が熟すのを待っているあいだに王室の蔵書にじっくりと目を通し、ポルトガルによるアジアとブラジルへの最近の航海図と記録から重要な情報を頭に叩き込んだ。なかでも興味を引かれたのが南米沿岸だった。

マガリャンイスはまた、優秀な地理学者で天文学者のルイ・ファレイロと手を組んだ。ファレイロは、マガリャンイスの傑出した一連の技量を即座に見抜き、彼に足りないもの──航海の専門知識──を補った。どちらが史上初の世界周航を企画したのかはいまも謎だが、二人とも南米の先端の南緯約四〇度のあたりに「南の海峡」の存在を予想していた。そこを抜ければ、喜望峰の場合と同じように、だが反対方向から、インド諸国に到達できるはずだ。

コロンブスが地球の円周を短く見積もっていたように、マガリャンイスもこの航路に対して必要以上に楽観的だった。のちに彼の名が冠されることになる海峡とその下の岬は、比較的穏やかな南緯四〇度を過ぎて一〇〇〇マイル（約一六〇〇キロメートル）ほどの荒々しい海域に位置していたのだ。コロンブスの場合と同じく、この不正確な予測のおかげで、かえってマガリャンイスは計画を進める勇気を持てた。(58) 最終的に、フェルナン・マガリャンイスもスペイン王室の支援と励ましを得ることになった。スペインで彼は名前をカスティーリャ風の綴りと発音のフェルナンド・デ・マガリャネスに変えた。英語の発音ではフェルディナンド・マゼランだ。

今度はスペイン国王を納得させるのは簡単だった。二〇年ほど前、アフリカにおけるポルトガルの権益を保護するため、トルデシリャス条約によって、ローマ・カトリック教会が定めた従来の境界線が西に八〇〇マイル（約一二八〇キロメートル）移された。ポルトガルは報いを受けるときが来たと、マゼランはスペイン国王に進言した。同条約が地球を二分しているなら、東半球の境界線も西に八〇〇マイル移動しているはずだ。これは現在では東経約一三五度にあたる。マゼランが熟考した末に出した見解によれば、スパイス諸島はスペイン圏に移ることになる。一五一七年秋にスペインに到着して数カ月足らずで、彼は計画の後ろ盾を得た。二年後、さまざまな国の乗組員とともに大西洋へと出帆した。それは数ある発見をもたらしたあらゆる航海のなかでも最もすばらしく、同時に最も犠牲者の多い旅だった。

乗組員約二六五人のうち、フィリピン人やポルトガル人に殺されず、壊血病で死なず、脱走もせずに、世界一周を終えたのはわずか三一人だった。歴史上でも稀にみる悲しき偶然に見舞われ、いとこ同士の二人が数週間のうちに、たった数百キロしか離れていない場所で相次いで殺された。マゼランはマクタン島の海岸でフィリピン人に槍で刺し殺された。セランは、クローブの二大産出地であるテルナテ島とティドレ島の昔からの争いに巻き込まれ、ティドレ島のスルタンの手にかかって毒殺された。

この航海でなにより興味をそそられるのは、「マラッカのエンリケ」と称される奴隷の物語だ。彼はマゼランによって一五一二年にリスボンに連れてこられた。世界周航の旅で、彼は大西洋上でも太平洋上でも主人に仕え、主人が死んだら自由の身になれると約束されていた。マゼランが殺されても解放されなかったことに腹を立てたエンリケは脱走した。彼の出生地と脱走後の消息は不明だが、彼はおそらく世界一周を達成した史上初の人物だろう。

世界周航に出発した五隻のうちわずか二隻が、文字どおり骨と皮だけになった乗組員に操られ、捕虜となった地元の水先案内人に導かれてようやくティドレ島にたどり着いた。船倉をクローブでいっぱいにしたせいで、船がかなり水面下に沈んでいるのを見て、スルタン（セランを毒殺した人物）は出港の号砲は撃たないほうがいいと助言した。大砲の衝撃で船体が破損するおそれがあったからだ。

この二隻のうち、たった一隻、ヴィクトリア号だけが世界一周を成し遂げた。それでも、ティドレ島で積んだ二六トンものクローブで航海全体の費用がまかなえた。[59]スペイン国王は損傷した船を無事スペインに戻した船長のファン・セバスチャン・デ・エルカーノに、年金、そしてシナモンの小枝二本とナツメグ三個とクローブ十数個をデザインした紋章を与えた。

一六世紀はじめ、スパイス諸島——火山活動の活発な小さい島々——を誰が支配するかがスペインとポルトガルにとっては死活問題だった。そんな折、マゼランが使命を帯びて出港したという知らせがリスボンに届くと、ポルトガル国王マヌエル一世は、儲けの大きいスパイス貿易の独占が危機にさらされることを怖れて我を失った。マゼランのルートはいっさい外に漏れなかったため、一行を乗せたスペイン船が東に向かっているのか、西に向かっているのか、マヌエル一世はどこに船を送るべきかもわからなかった。そこで国王はマゼラン一行のスペイン船を発見できればという願いを込めて、アルゼンチンに、喜望峰に、マラッカにと、いたるところに船隊を送り、ようやくマゼランの船隊の一隻、トリニダード号を発見した。トリニダード号はヴィクトリア号よりも徹底した修繕が必要で、ティドレ島に停泊していた。そのため冬のモンスーンに間に合わず、東風に乗って命がけで太平洋を横断せざるをえなくなった。日本北部にあたる緯度にまで達したものの、疲労困憊していた乗組員は諦めてモルッカ諸島に戻った。そこで彼らはポルトガルに捕まって牢獄に入れられた。ポルトガルはヴィクトリア号を捕らえることはできなかった。トリニダード号に最初から乗り込んでいた船乗りのうち、スペインに帰国できたのはわずか四人だった。

マヌエル一世は余計な心配をしなくてもよかったのだ。スペインはティドレ島に小さな交易拠点を残してはいたが、トリニダード号とヴィクトリア号の水先案内人は、マゼランとファレイロの当初の予測が間違っていることに気づいていたはずである。スパイス諸島は、残念ながらポルトガル圏に位置していた（フィリピンも実はそうだった。だからスペインのフェリペ二世が侵攻して一五六五年にスペイン領にしたのである）。経度が正確に測量されるのはさらに二五〇〇年後のことで、その頃にはナツメグもメースもクローブもありふれた安価な商品となっており、重要視されることはなかった。

スペイン国王は世界周航の悲惨さを知り、たとえ長くて危険で高くつく喜望峰回りのルートであれ世界一周にくらべたらましであることを悟った。ポルトガルは喜望峰ルートを支配していたので、スペインが太刀打ちできないくらい有利だった。結局、外交上の要件とスパイス諸島へ船を派遣する膨大な費用が障害となり、スペインはスパイス貿易への参入を諦めた。スペインのカルロス一世はポルトガルの新国王ジョアン三世の妹と結婚したばかりでポルトガルとの友好関係を維持しなければならないうえ、軍事費がかさんで慢性的な財政赤字を抱えていた。西の国境で現金と平和の両方が必要だったため、一五二九年にスペインはスパイス諸島に関する権益をポルトガルに三五万ダカットで売却した(60)。

　ポルトガルはスペインとの競争からは自由になったものの、依然としてアジアの貿易大国と戦わなければならなかった。ポルトガルは人口が少なく資源も乏しいので、インド洋全体を監視するという事業にまで手が回らなかった。比較的範囲の狭いスパイス諸島に限っても、数枚の金貨か数袋のナツメグで悪事に目をつぶる腐敗した役人があまりにも多すぎた。結果的に、人材不足のポルトガルは、モルッカ諸島にみすぼらしい交易拠点をわずか一カ所運営するのがやっとだった。こうした状況だったから、ヨーロッパに入ってきたクローブのうちポルトガル船で運ばれたものは八分の一にすぎなかった(61)。シナモンは独占するのがさらに難しく、コショウにいたっては独占不可能だった。というのも、コショウは西ガーツ山脈全域だけでなく、スマトラにも生育していたからだ。

　船倉をスパイスで満たしたイスラム商船がエジプトへ、そして最終的にヨーロッパへと向かうのをポルトガルが阻止するには現実には紅海を封鎖するしかなかったが、これまで見てきたように、これも無理だった。アルメイダとアルブケルケがインド洋西部に拠点を設けて以来一〇年間、ポルトガルはバブ・エル・マンデブ海峡の交通を阻止してきたように見えた。ところが、役人も海軍士官も簡単に腐敗した。あるヴェネツィアの外交官が次のように語っている。

［スパイスを差しだせば］紅海を……支配しているポルトガル兵は見逃してくれた。彼らは、自らの利益を得るためなら国王の命令にも背く。［ポルトガル兵が］その地域で生計を立てるには、シナモン、クローブ、ナツメグ、メース、ショウガ、コショウ、その他の薬を売るしかないのだ(62)。

ヴェネツィア共和国が自国の外交官に、ポルトガルの動向を監視するよう命じたのも当然の成り行きだった。当時ポルトガルは、トメ・ピレスの言葉を借りれば、マラッカ海峡やほかの場所で貪欲かつ冷酷な手をヴェネツィアのか細い喉にかけていたのである。ヴェネツィア商人は、ダ・ガマがポルトガルに戻ったと聞いて怖れおののき、最悪の事態が現実のものになったのを目の当たりにした。ヴェネツィアのスパイス貿易は急速に廃れた。おそらく一四九八年から数十年間で当初の取引量の四分の一程度にまで減っただろう。しかし、取引量が落ちたのはポルトガルの海上封鎖のせいではなかった。むしろ、大量のスパイスがすでに喜望峰を回ってリスボンへ、そこからアントワープへと流通していたのが理由だった。アントワープは、右肩上がりに繁栄しつつあるヨーロッパ北部でハプスブルク家が交易の中心としていた都市だった。ダ・ガマが一四九七年にリスボンから初航海に出発したとき、ヨーロッパでのコショウの年間消費量は九〇〇〇トンに満たなかったが、一五六〇年には二七二〇トンから三一七〇トンにのぼった(63)。

もしかすると、ヴェネツィアのスパイス貿易にとって一番の痛手は、喜望峰ルートをめぐる争いではなく、勢力を拡大しつづけるオスマン帝国との関係が悪化したことかもしれない。一六世紀はじめの数十年間、トルコ人はヴェネツィアの快速ガレー船に贅沢品を積んで地中海西部を通って外洋へ出ていた(64)。それでも、一五〇〇年代に入ってすぐポルトガルが勢力を拡大したとき、ほんの束の間ではあるが、エジプトへのスパイスの流通が完全に途絶えたことがあった(65)。その時期以外であれば、カイロとアレクサンドリアにはいつでもスパイスが山積みにされ、適正価格で買えることをヴェネツィア商人は知っていた。もっとも、そこまで行ければの話だが。

一五六〇年代には、ヴェネツィアはトルコと交易を再開した。バブ・エル・マンデブ海峡、紅海、さらにエジプト自体がオスマン帝国の支配下に置かれ、ヨーロッパでも贅沢品の需要が高まっていた。そのため、ダ・ガマが喜望峰ルートを開く前よりも、ヴェネツィア経由のコショウの流通量は増えていたのかもしれない。オスマン帝国との関係を修復していたのはヴェネツィアだけではなかった。フランスとドイツもオスマン帝国との関係は良好で、両国の船がやがてヴェネツィアのガレー船を駆逐しはじめた(66)。

ヴェネツィア共和国がポルトガルのことを懸念していたように、ポルトガルも強大なイスラムの交易網にやきもきしていた。こんにち、一六世紀のインド洋でポルトガルの唯一最大の敵がスマトラ西部の都市国家アチェだったとは想像もできないだろう。現在のアチェといえば、二〇〇四年に津波被害に遭った辺鄙《へんぴ》な土地として知られている程度だ。だが一五〇〇年代半ばには、アチェは活気あふれる交易拠点であり、インド洋と太平洋の大部分に散っていったオーストロネシア語族の祖先から航海の伝統を受け継ぐ土地だった。アチェはまた、一三世紀に真っ先にイスラム教に改宗していたため、マラッカでわざわざ異教徒のポルトガル人相手に取引したくないアジア商人には魅力的だった。アチェの繁栄が、ポルトガルのインド洋支配を困難にした主な理由である。アジアの商船はマラッカやゴアを避け、腐敗した貪欲なスルタンの領土には寄港せず、正直な取引ができる貿易港へと向かった。一六世紀半ば、アチェはその条件にぴったりだったのである(67)。

アチェはインド洋の端から端まで、さらにはその先の地域にも影響をおよぼした。商圏の東端では、スパイス諸島でポルトガルとの争いで優位に立ち、マラッカには櫂を備えた快速船から何度も攻撃をしかけ、多数の死者を出して住民を恐怖に陥れた。商圏の西端では、オスマン帝国と親密な関係を築き、ポルトガルを慄然とさせた。

冷戦時代にスパイがミサイルや核施設をこっそり調べたのと同じように、中世でも密偵が波止場や倉庫をうろついていた。一五四六年、ヴェネツィア共和国に潜入していたポルトガルの密偵二人が、約三〇〇〇トンのスパイス——ヨーロッパの約一カ月分の消費量に相当するヴェネツィア向けの荷——がカイロに届いたとの報告を寄せた。その荷の大半はアチェからのものだった。アチェからは毎年、西欧諸国に約三一七〇トンものコショウが輸出されていた。これはヨーロッパの全消費量に匹敵した。そのうちの一部がオスマン帝国に回るにせよ、これはアチェ、ひいてはヴェネツィアのインド洋におけるスパイス貿易の支配力が、ポルトガルの支配力を上回っていた可能性を物語っている。[68]

ポルトガルの密偵は「アチェ人にとってこの程度の貿易や航海は日常茶飯事である」と報告している。そのせいで各地のスパイス市場が飽和状態になり、価格は下落した。またこの密偵は、アチェ人がコンスタンティノープルにいるオスマン帝国のスルタンに特使を送り、真珠、ダイヤモンド、ルビーと引き換えに鉄砲鍛冶を派遣するよう依頼したとも伝えた。あるポルトガル人によると、アチェのスルタンであるリヤット・シャー・アルーカッハールは「どうすればマラッカを完膚なきまでに破壊できるかを考えながら毎晩寝返りを打っていた」という。[69]

アチェ—オスマン帝国—ヴェネツィアの交易軸を破壊しないかぎり、ポルトガルの交易が衰退するのは必然だった。そこでポルトガルは紅海の邪魔者を片づけ、アチェに侵攻するという壮大な計画を立てた。アチェ侵攻には、マニラに駐屯している憎きスペイン艦隊の協力を仰がなければならない。しかしそうした努力はすべて無に帰した。もともとポルトガルにはスパイス貿易の支配権を維持するだけの人的資源も、船も、財力もなかったのだ。あるポルトガル人は、クローブ、ナツメグ、メースを大量に積んだジャワ人の船がマラッカ海峡経由でアチェに向かっていたが、「われわれはその船を止められなかった。船の通行を阻止するための軍艦はその近辺に一隻も配備されていなかったからだ」と述べている。(70) さらに悪いことに、スマトラ南部からスンダ海峡（スマトラ島とジャワ島のあいだ）の北へと抜ける代替ルートは、ポルトガルの勢力がまったくおよばなかった。

一六世紀に入ると、ポルトガルはスパイス貿易の覇権をしだいに失っていったが、はるか東方では、たとえ一過性にせよ事態は好転していた。貿易への情熱は、ときとして戦争や人種差別によりかき消されてしまう。何世紀にもわたり、中国と日本の貿易は、日本の海賊行為や沿岸襲撃のせいで発展できずにいた。明の歴代皇帝は日本との貿易を禁じ、日本の銀山が産出する銀の輸出市場を干上がらせた。輸出市場を失った日本の銀山労働者は、価格の下落にともなう賃下げの被害をこうむった。そのうえ、日本人は自国産の絹より中国産を好んだ。しかしこれまた貿易禁止のため、中国の絹製品は日本ではきわめて高価だった。(71) 中国と日本がたがいに取引できなくても、両者は少なくともポルトガルとは取引できた。

それにしても大きな取引だった。アルブケルケが一五一一年にマラッカを掌握するかしないかのうちに、ポルトガルは中国と活発に貿易をはじめた。そのわずか一〇年後、彼らは広東を征服しようとしたが、明の小型沿岸艦隊に追い払われた。一五五七年、ポルトガルはマカオに小さな足がかりを築くと、その後五〇〇年にわたってその地を支配した。

インドにおけるポルトガル海洋帝国がマカオに拠点を設けたのとほぼ同時期に、ポルトガル商人は九州で取引をはじめた。ヴァスコ・ダ・ガマの息子ドゥアルテが船長をつとめる一隻の船によって、膨大な量の銀が日本からマカオに運ばれた。中国のポルトガル商人地区は大いに活気づいた。ある者はこう回想している。

一〇日だか一二日だか前に、日本から巨大船が到着した。その船がたっぷりと荷を積んでいたので、いまや中国にいるポルトガル船はこぞって日本に行こうとしている。中国の沿岸部で冬を越して、日本には次の五月に向かう予定である。日本に向かうのにモンスーンを利用できる季節だからだ。(72)

ポルトガルはスパイス貿易と同じくらい大儲けした。一五七一年、インドにおけるポルトガル海洋帝国は、貿易を促進するために長崎にイエズス会士が運営する恒久的な港湾施設をつくった。当初、ポルトガル国王はインドから日本やマカオへの航海を、自国の役人や功績のあった士官への褒美として許可制にしていた。ポルトガルは銀と絹の日中貿易の可能性をすぐさま見抜き、最大限の利益を手にしようと、限られた数の船にだけ(最初は年間に一隻だけだったが、一七世紀初頭のあいだに年間数隻にまで少しずつ増やした)このルートを通行する免許を与えたのだ。この特権を享受するための許可証《カルタズ》は何万クルセードもした（一クルセードはおよそ一ダカット、現在の価値に換算すると約八〇ドル）。その代わり、許可を得た者はマカオで未加工の絹布や絹製品を、長崎では銀を、舷縁《げんえん》いっぱいまで積み込めた。マカオでも長崎でも、地元商人がこの「巨大船」を待っており、どちらの港も貿易で繁栄した。一往復するだけで利益は二〇万ダカットにものぼると見込まれた。スペインにスパイス諸島の権益を永久放棄させるために、ポルトガルがスペインに支払った金額の半分以上にもなる。

はじめのうちは、船の大きさは当時の典型的な商船と同じくらいで、たいていは約五〇〇トンの武装商船だった。それが一六世紀から一七世紀にかけてどんどん大型化し、ついには二〇〇〇トンという巨大船になった。当時としては最大級だ。商品と一緒に船に乗り込み実際に取引にあたったポルトガル商人は、おそらく許可証を持っている船長にいくらか金をつかませたのだろう。初期に日本を訪れたオランダ人は、長崎に「巨大船」が到着したあとの出来事をこう記録している。

マカオから来る船にはたいてい二〇〇人を上回る商人が乗船していて、すぐに上陸する。それぞれが使用人や奴隷と一緒に泊まる家を借りる。彼らはいくら金を使おうとまったく意に介さないし、高くて買えないものもない。長崎に七、八カ月滞在しているあいだに二五万から三〇万［オンスの銀］を超える金額を使うこともある。おかげで長崎の民衆の懐は大いに潤う。だから、長崎の人びとはポルトガル商人にいまでもきわめて友好的だ。[73]

アジアの他地域でもそうだったように、キリスト教に改宗させようとする異常なまでの熱意のせいで、ポルトガルは最後には破滅した。江戸幕府は、この「巨大船」貿易が確立した直後にはじまったが、長崎から九州全体に広まったイエズス会の活動を通じてキリスト教への改宗者が増えるのを苦々しく思っていた。一六三七年から翌年にかけてキリスト教徒が起こした島原の乱のあと、江戸幕府は宣教師を追いだした。ポルトガルの使節団が命令を撤回するようマカオから訴えにきたが、彼らも斬首された。[74]

「巨大船」貿易以外では、ポルトガルはインド諸国の海上貿易をうまく支配できなかった。彼らは保護してやるという名目で商船から金をとるしかなく、ときには略奪行為にすらおよんだ。ポルトガルによる「保護」制度は、「許可証《カルタズ》」にちなんで名づけられた。アジア商船は「許可証」を無理やり買わされ、これがないと捕まったり、もっとひどい仕打ちを受けたりした。

ポルトガルは「許可証」制度を強制するだけの力を持っていなかった。許可証自体の値段は安く、ポルトガルが勢力を振るっている港にアジアの商船を寄港させるための手段にすぎなかった。真の目的は、そこで関税を払わせることだ。一五四〇年にグジャラートの船が捕まった。許可証に明記されている最終目的地はペルシア湾となっているのに、その船がインド洋で通過していた位置が最終目的地から大きく逸れているというのがその理由だった。関税率の低さ——荷物総額の約六%——が、インド洋の海上交通を支配できなかったポルトガルの無能ぶりを露呈している。[75] アジアの商人は、ホルムズ海峡―グジャラート―マラバル―マラッカという海峡ルートの許可証をしぶしぶ購入したが、アデンとアチェを直接行き来すればそんなものは必要ないことにすぐ気づいた。このルートなら一度のモンスーンで行ける距離であり、かなり南なのでポルトガルの監視の目は届かなかったのである。[76]

ポルトガル国王とそのお気に入りの一握りの商人は、スパイス、絹、銀の貿易で大儲けしたが、イベリア地方の伝統でもあるかのようにポルトガルは昔と変わらず貧しかった。王室の浪費と莫大な軍事費のせいだった。こんにちでも、ヨーロッパのこの一小国が、はるかブラジルから東のマカオに至る大海原で海軍力を振るえたなどとは想像もつかない。自国の支配下になかったカリカットをはじめ、マラバルの交易拠点からイスラム商人を全員駆逐しようとしたなどということが現実にあったとは信じられない。

ポルトガルが許可証などという不経済な保護制度や戦艦や要塞港ではなく、貿易に資源を注いでいたら、喜望峰経由で十分な量のスパイス、絹、上質の綿、磁器、真珠を運ぶことでヨーロッパ随一の富裕国になっていたに違いない。王族とそのお気に入りの商人や船長は、スパイス貿易で莫大な富を築いたが、国家自体は世界帝国につきものの膨大な軍事費のせいで破綻していた。ポルトガルは「ジェノヴァ人のインド諸国」として知られるようになった。このたとえは、慢性赤字を抱え、主な債権者だったイタリア商人とフッガー家の経営するドイツの銀行に支援を受けていたことに由来する。(77)

一六世紀になっても、ポルトガルは零細農家ばかりの貧しい国家だった。余分な資本も機能する金融市場もほとんどなかったため、遠征隊は船、船乗り、銀、貿易品などを用意するための資金を調達できなかった。現金がひどく不足していたので、人材と船に必要な金を払ったあとは、インド諸国に到着したときにスパイスと交換する銀などの商品を用意できないことも珍しくなかった。一五二三年のあるとき、ヨーロッパ諸国がアジアでポルトガルに挑戦状をつきつける数十年前のことだが、テルナテ島にあるポルトガル王家の交易拠点には資金がなかったため、モルッカ諸島の安価なクローブでさえ大きな荷を買えないことがあった。(78)代わりにその積荷を買いとったのはポルトガルのある民間商人だった。八〇年後、オランダ人が大量の上質なフランドルの織物と銀貨をもって現れると、コショウやスパイスを扱う地元商人はそちらに殺到した。アムステルダムでも、マドリッドでも、リスボンでも、オランダが船に積んでいた銀貨のほとんどは、スペインによってメキシコシティとリマで鋳造されたものであることは一目瞭然だった。

さらに悪いことに、フランシスコ・セランのようなインドにおけるポルトガル海洋帝国の一介の兵士であっても、富や権力を手に入れることはできたが、そこに至るまでは長い茨の道であり、そうなれるかどうかも定かではなかった。インドのポルトガル海洋帝国はセランのいとこのマゼランのような優秀な人材の士気を挫いただけでなく、高官になってもわずか三年の任期しか与えなかった。野心があり勇敢で、運よくこうした地位につけたとしても（もしくは、最初から地位を買うだけの金があったとしても）、限られた任期で最高の結果を出さざるをえないため、彼らは三年のあいだ私的金融取引に熱中し、地元の商人、自国の軍隊、さらには国王からも金を絞りとった。

一五一二年に船が沈没してセランがテルナテ島に漂着したとき、スルタンは彼をまるで神のようにもてなした。というのも、ほかの地域、とくにティドレ島のスルタンとの戦いを支援するために、はるかかなたから「鉄人」がテルナテ島にやってくると自ら予言していたからだ。一〇年後、ティドレ島はまったく同じ理由でマゼラン船隊の乗組員を歓迎した。このスペイン人たちが島を去ると、ポルトガル人はイベリア半島の隣国に協力した罰としてティドレの王宮を焼き払った。

その後数十年間にわたり、歴代の残虐なポルトガル人総督がモルッカ諸島北部を苦しめた。その一人、ジョルジェ・デ・メネゼスは、補給船が到着しなかったために軍に命じてテルナテ島を略奪した。テルナテ島民が身を守るためにポルトガル兵数人を殺すと、メネゼスはテルナテ島の役人を人質にとった。おそらくは暴力行為がエスカレートしないよう歯止めをかける意図があったのだろう。メネゼスはいわれもなく人質の両手首を切り落とし、腕を後ろで縛って、そこに犬をけしかけた。この犠牲者は海へと逃げ込み、犬を一匹ずつ口でくわえて溺死させたものの、波とともに海に消えた。

ポルトガルのキリスト教に対する異常な熱意は、スパイス諸島のイスラム教徒のスルタンには受け入れられなかった。彼らはイエズス会士が島民をキリスト教徒に改宗させていくのに危機感を募らせた。島民はキリスト教の儀式も、テルナテ島の強欲なイスラム教徒の支配者から教会が守ってくれることもあっさり受け入れたといわれている。(79) 一五三〇年代半ばにはポルトガルのおかげで不可能が可能になった。テルナテ島とティドレ島がついに同盟を結び、近隣諸国とともにポルトガルに対して反乱を起こしたのである。この活劇の中心人物はテルナテ島のスルタン・アイルンだった。一五四六年にポルトガルによって傀儡君主にさせられてからの二五年間は、ポルトガルの意のままに権力の座に就かされたり下ろされたりしていた。さらには、不本意ながらもインドのポルトガル海洋帝国の客人としてゴアで数年間過ごしたこともあった。(80) アイルンも当初はキリスト教への改宗を考えたが、ポルトガルの残酷さに次第に反旗を翻すようになった。憎しみが自身のイスラム教徒という自負心をさらに強め、モルッカ諸島以外のイスラム教徒の支持を得るまでになった。

事態は一五七〇年にポルトガルがアイルンを暗殺したところで頂点に達した。アイルンの後継者は息子のバブラだった。父の復讐を誓ったバブラはすぐにモルッカ諸島全体の、さらにはモルッカ諸島を越えて、イスラム教徒の指導者たちの中心的存在になった。イスラムによる反乱という空気がますます強まっていた。危機感を抱いたイエズス会士の報告によれば、遠くはアチェやトルコの導師《イマーム》が、モルッカ諸島で聖戦《ジハード》を戦えば天国で報われると信仰篤き者たちに説いていたという。モルッカ諸島の住民は、ポルトガル人に負けず劣らず残虐だった。地元のキリスト教徒の妊婦の子宮から胎児を引っ張りだし、母親もろともバラバラに切り刻んだのだ。この反乱によって、ポルトガル人はモルッカ諸島のほぼ全域から一掃された。バブラの軍は一五七五年にインドにおけるポルトガル海洋帝国の要塞を制圧し、王宮にした。一五八三年に没したときには、バブラはスパイス諸島の大部分を支配するまでになり、すっかり裕福になっていた。

現代との相似点を指摘するのはたやすいことだ。聖戦士が蜂起して、従来の敵同士が力を合わせ、戦略物資を牛耳ろうとする遠くのキリスト教勢力と戦う。しかし一六世紀後半のモルッカ諸島の状況ははるかに複雑だった。なにより目立つ違いは、モルッカがほかのヨーロッパ人を、ポルトガルに対抗するための同盟国になりうる国として温かく迎え入れていた点だ。その筆頭がフランシス・ドレークで、一五七九年に世界周航の途中でバブラとさまざまなことを話し合っている。ドレークはバブラが支配する広大な国について事細かに記録を残しており、それによれば、贅沢を愛し、一〇〇人を超える正室と側室がいたというから、バブラはどう考えても敬虔なイスラム教徒ではなかった。二〇年後、オランダから最初の遠征隊が到着したときも、バブラとその後継者たちは憎きポルトガルの対抗勢力になってくれるよう彼らを口説いた。(81) ところが、オランダはポルトガルにもまして残虐であることがじきに判明する。

ポルトガルはアジアの国々だけでなく、自国民も搾取した。兵卒の生活はとくに悲惨で、インドに着いたとたんに何千人もの兵卒が職を捨てて修道院へ逃げ込んだ。ポルトガル軍の新兵は宿泊場所を与えられないことも珍しくなく、モンスーンの時季になると、彼らが裸になって道端で物乞いをしている光景が見られた。(82) 熱帯病や栄養不足のためにゴアの王立病院で死んだ数万人は運がいいほうだったのだろう。

最終的に、ヨーロッパ北部で起こった出来事がスパイス帝国ポルトガルの運命を決定した。一七世紀はじめには、ポルトガル、スペイン、オランダが三つ巴になり、富と権力を求めて争うこととなる。三国とも地球の風のメカニズムに関して新たな知見を獲得し、その結果、貿易ルートによって一周できるようになった地球をめぐり、商業的にも軍事的にも覇を競うことになったのである。

78. Prakash, 54.
79. John Villiers, "Las Yslas de Esperar en Dios: The Jesuit Mission in Moro 1546–1571," *Modern Asian Studies* 22, no. 3 (1988, special issue): 597.
80. Paramita R. Abdurachman, "'Niachile Pokaraga': A Sad Story of a Moluccan Queen," *Modern Asian Studies* 22, no. 3 (1988, special issue): 589.
81. Andaya, 116–141.
82. Disney, 20–21.

90.

62. Frederic C. Lane, "The Mediterranean Spice Trade: Further Evidence of Its Revival in the Sixteenth Century," *American Historical Review*, 45: 3 (April 1940): 589 に引用。

63. Ibid., 587.

64. Frederic C. Lane, "Venetian Shipping during the Commercial Revolution," 228–234.

65. Om Prakash, "European Commercial Enterprise in Precolonial Europe," in *The New Cambridge History of India* (Cambridge: Cambridge University Press, 1998), II: 5, 45.

66. Ibid., 581, 587–588. 反対意見は以下を参照。C. H. H. Wake, "The Changing Pattern of Europe's Pepper and Spice Imports, ca. 1400–1700," *Journal of European Economic History* 8 (Fall 1979): 361–403. だが、ウェイクですら、16 世紀には紅海とヴェネツィア経由でのスパイスの流入がかなりあったと認めている。

67. M. N. Pearson, *The New Cambridge History of India* (Cambridge: Cambridge University Press, 1987), I: 1, 44.

68. Boxer, *The Portuguese Seaborne Empire*, 59.

69. Charles R. Boxer, "A Note on Portuguese Reactions to the Revival of the Red Sea Spice Trade and the Rise of Atjeh, 1540–1600," *Journal of Southeast Asian History* 10 (1969): 420.

70. Ibid., 425.

71. Charles R. Boxer, *The Great Ship from Amacon* (Lisbon: Centro de Estudos Históricos Ultramarinos, 1959), 1–2.

72. Ibid., 22.

73. Ibid., 15–16.

74. Ibid., 16–18.

75. M. N. Pearson, *The New Cambridge History of India*, I: 1, 37–39.

76. M. A. P. Meilink-Roelofsz, *Asian Trade and European Influence in the Indonesian Archipelago Between 1500 and About 1630* (The Hague: Martinus Nijhoff, 1962), 144.

77. Ibid., 43.

Cabral to Brazil and India (London: Hakluyt Society, 1937), xxiii–xxviii, 83–85.
47. Subrahmanyam, 205 に引用。
48. Ibid., 214.
49. Ibid., 215.
50. Boxer, *The Portuguese Seaborne Empire*, xxiii.
51. Ibid., 227.
52. Genevieve Bouchon and Denys Lombard, "The Indian Ocean in the Fifteenth Century," in *India and the Indian Ocean*, ed. A. D. Gupta and M. N. Pearson (Calcutta: Oxford University Press, 1987), 55–56.
53. Silverberg, 216 に引用。
54. Pearson, "India and the Indian Ocean in the Sixteenth Century," 67–68.
55. Ibid., 87.
56. セランがもともと乗っていた船は老朽化のため前進できなくなった。このとき彼の指揮下で破損した船は、途中で購入した地元のジャンク船だった。Leonard Y. Andaya, *The World of Maluku* (Honolulu: University of Hawaii Press, 1993), 115 を参照。
57. Zweig, 52［『ツヴァイク全集 16』前掲書］に引用。
58. Zweig, 33–69.［『ツヴァイク全集 16』前掲書］
59. 船団のうち 1 隻は反乱後、帰国した。1 隻は荒れた海で遭難した。1 隻は（ダ・ガマの航海と同様に）乗組員をまとめるため、遺棄された。そして、もう 1 隻、トリニダード号はポルトガル人に拿捕された。世界周航を達成したヴィクトリア号の船員 31 名のうち 13 人はカーボヴェルデ諸島でポルトガル人に捕らえられたが、その後スペインへ帰国した。Tim Joyner, *Magellan* (Camden, ME: International Marine, 1992) を参照。とくに乗組員の名簿と詳細に関しては 252–265 を参照。
60. Ibid., 192–240.
61. Pearson, "India and the Indian Ocean in the Sixteenth Century,"

24. バイキング以前に新大陸への航海があったことをうかがわせる痕跡は枚挙にいとまがない。たとえば、ベネズエラではローマ帝国の硬貨が発見されているし、コロンブス来航以前の中南米の人工遺物にはアジア特有の織物の柄がみられる。Stephen Jett, *Crossing Ancient Oceans* (New York: Springer, 2006) を参照。
25. Zweig, 26. [『ツヴァイク全集 16』前掲書]
26. Acemoglu et al., 1231-1294.
27. A. R. Disney, *Twilight of the Pepper Empire* (Cambridge, MA: Harvard University Press, 1978), 21.
28. Boxer, *The Portuguese Seaborne Empire,* 20-22.
29. Morison, 368-374.
30. M. N. Pearson, "India and the Indian Ocean in the Sixteenth Century," in *India and the Indian Ocean,* 78.
31. *Roteiro*, xix.
32. Ibid., 20-21.
33. Ibid., 25.
34. Ibid., 26.
35. Ibid., 35.
36. Ibid., 45.
37. Sanjay Subrahmanyam, *The Career and Legend of Vasco da Gama* (Cambridge: Cambridge University Press, 1997), 121-128.
38. Ibid., 121.
39. *Roteiro*, 48.
40. Ibid., 60.
41. Ibid., 62.
42. Ibid., 68.
43. Ibid., 173.
44. Earl J. Hamilton, "American Treasure and the Rise of Capitalism," *Economica* 27 (November 1929): 348.
45. Boxer, *The Portuguese Seaborne Empire*, 206.
46. William Brooks Greenlee, trans., *The Voyage of Pedro Álvares*

15. Howe, 105.
16. Samuel Eliot Morison, *Admiral of the Ocean Sea* (Boston: Little, Brown, 1970), 24-26, 41.
17. この作り話では、コロンブスが最初の大西洋横断の航海から戻った直後、会食の席で彼の快挙をやっかむ貴族たちから、そもそも貿易風に乗って西へ向かえば誰だって新大陸に行き着けるとけちをつけられる。そこで、コロンブスは彼らにこう尋ねる。「みなさんのなかに、この卵を立てられる方はおられますか？」貴族たちは一人ずつ試みては失敗し、とうとうそんなことは不可能だと決めつける。すると、コロンブスは卵の先端を軽くつぶしてテーブルに立ててみせ、こういう。「みなさんが不可能だとおっしゃったことが、いともたやすくできたではありませんか。世の中にこれほど簡単なことはない。誰にでもできますとも――やり方を教わった後ならば！」http://www.mainlesson.com/display.php?author=olcott&book=holidays&story=egg.
18. Ibid., 33-34, 64.
19. 思いこみの激しい人間にしては珍しく、コロンブスはどんな相手でも敵に回すことはほとんどなかった。ジョアン２世に最初の提案を拒絶されてからもなお、くり返し宮廷に出向いては交渉をつづけた。やはりコロンブスの地中海航海時代の雇い主の一人だったジェノヴァの有力な商人の一族チェントゥリオーネ家が、彼の新大陸への３度目の航海の費用を出している。Fernández-Armesto, 9［『コロンブス』前掲書］を参照。
20. コロンブスの動機に関する史料をめぐる議論の全体像については以下を参照。Cecil Jane, *Select Documents Illustrating the Four Voyages of Christopher Columbus* (London: Hakluyt Society, 1930), xiii-cl.
21. C. Varela, ed., *Cristóbal Colón: Textos y documentos completos* (Madrid: 1984), 256. Fernández-Armesto, 134［『コロンブス』前掲書］に引用。
22. Fernández-Armesto, 97［『コロンブス』前掲書］に引用。
23. Ibid., 54-108.

ガマの兄パウロあるいはアルヴァロ・ヴェリョに命じられて書いた可能性が高い）が記したこの日誌は、ダ・ガマの第1回航海の最も重要な一次記録である。

2. Robert B. Serjeant, *The Portuguese off the South Arabian Coast: Hadrami Chronicles* (Oxford: Clarendon, 1963), 43.
3. 彼が実際に伝説のスパイスを発見したのは確かである。国務省長官の覚書きに、モルッカ諸島のオウムや、真っ黒な肌をした島の先住民についてニッコロ・デ・コンティが述べた正確な描写が書き留められているからだ。N. M. Penzer, ed., and John Frampton, trans., *The Most Noble and Famous Travels of Marco Polo Together with the Travels of Niccolò de' Conti* (London: Adam and Charles Black, 1937), 133 および Howe, 70–74 を参照。
4. Ehrenkreutz, 338–339.
5. Charles E. Nowell, "The Historical Prester John," *Speculum*, 28: 3 (July 1953): 434–445.
6. Robert Silverberg, *In the Realm of Prester John* (Garden City, NY: Doubleday, 1972), 3–7, 引用は 45 より。
7. Ibid., 43.
8. Ibid., 2.
9. Pearson, 83.
10. Alberto Magnaghi, *Precursori di Colombo? Il tentativo di viaggio transoceanio dei genovesi fratelli Vivaldi nel 1291* の Dana B. Durand による書評。*Geographical Review*, 26: 3 (July 1936): 525–526.
11. Felipe Fernández-Armesto, *Columbus* (Oxford: Oxford University Press, 1991), 9. ［邦訳：フェリペ・フェルナンデス＝アルメスト著『コロンブス——不可能を征服した男』永井淳訳、草思社、1977 年］
12. J. H. Plumb による C. R. Boxer, *The Portuguese Seaborne Empire*, xxvi の序文より。
13. Silverberg, 194–195.
14. Boxer, 28–29.

chants in Crisis (New Haven: Yale University Press, 1976), 5.

34. Dols, 58–59.
35. Horrox, 18.
36. Ibid., 25. 都市人口の数値に関しては以下を参照。Daron Acemoglu et al., "Reversal of Fortune: Geography and Institutions and the Making of the Modern World Income Distribution," *Quarterly Journal of Economics*, 117 (November 2002): 1231–1294.
37. Dols, 60.
38. Ibid., 65.
39. Ibid., 57.
40. David Neustadt (Ayalon), "The Plague and its Effects upon the Mamluk Army," *Journal of the Royal Asiatic Society* (1946): 67–73, 引用は 72 より。
41. Dols, 188 に引用。
42. 歴史上の、あるいは世界の経済・人口に関する統計資料として最も容易に利用でき、最も信頼できるのは、経済史家アンガス・マディソンのエクセル形式のウェブサイトである。http://www.ggdc.net/Maddison/Historical_Statistics/horizontal-file.xls.
43. Abu-Lughod, 236–239; Dols 197, 265.
44. McNeill, 130. [『疫病と世界史』前掲書]
45. Ibid., 7–8.
46. Ibn Khaldun, trans., Franz Rosenthal, *The Muqaddimah: An Introduction to History* (New York: Pantheon, 1958), 64. [イブン・ハルドゥーン著『歴史序説』森本公誠訳、岩波書店、2001年(アラビア語原典からの和訳)]

第7章

1. Anon. (作者不詳), "*Roteiro*": ed. E. G. Ravenstein, *A Journal of the First Voyage of Vasco da Gama* (London: Hakluyt Society, 1898), 75. この日記を以降、Roteiro すなわち「航海日誌」と呼ぶ。ダ・ガマの船に乗っていた氏名不詳の船員(サン・ラファエル号の代書人ジョアン・ディ・サが、同じ船の乗組員だった

ほかに、地上性齧歯類が菌を長期間保持しつつペルシアから北上してカスピ海地域まで生息域を広げたか、菌が人間をまったく介さずにネズミやタルバガンに感染してゆっくりと中国から西へ移動したかの可能性が考えられる。

21. Horrox, 17.
22. Ibid.
23. Mark Wheelis, "Biological warfare at the 1346 Siege of Kaffa." Emerg. Infect. Dis.（オンラインでの連載）September 2002（2005年12月15日にアクセス）: 8. 以下のURLで参照可能。http://www.cdc.gov/ncidod/EID/vol8no9/01-0536.htm.
24. Horrox, 36.
25. Ibid., 39. ガブリエル・デ・ムシは最初と2番目の記述をきわめて巧みにすり合わせたようだ。なぜなら、彼は生まれ故郷の町であるイタリアのピアチェンツァを1度も出たことがなかったからだ。ヨーロッパへのペストの伝播においてカッファの占める重要性については、疑問も呈されてきた。ペスト菌は、少なくとも10年がかりで、ノミ、ネズミ、地上性齧歯類、ウマ、ラクダ、人間のあいだを行ったり来たりしながら、中央アジアを横断して西へ向かった。当時、モンゴル人が黒海のほかの港の多くを支配しており、それらの港もペストの伝染経路となった可能性がある。
26. Allan Evans, *Genova marinara nel duecento: Benedetto Zaccaria, ammiraglio e mercante* の書評。*Speculum* 11, no. 3（July 1936）: 417.
27. マーク・ウィーリスの未発表原稿より。
28. McNeill. 179, 182.［『疫病と世界史』前掲書］
29. Horrox, 20.
30. Ibid., 9–13.
31. Ibid., 209–210.
32. Ibid., 13–18.
33. Frederic C. Lane, *Venice: A Maritime Republic* (Baltimore: Johns Hopkins University Press, 1973), 19. B. Z. Kedar, *Mer-*

推測される遺体の歯髄から最近分離された微生物の培養菌のなかに、サルモネラ菌の一種が確認され、病原体は腸チフス菌だった可能性が示された。M. J. Papagrigorakis et al., "DNA examination of ancient dental pulp incriminates typhoid fever as a probable cause of the Plague of Athens," *International Journal of Infectious Diseases* 10, no. 3 (May 2006): 206-214.

8. J. F. Gilliam, "The Plague under Marcus Aurelius," *The American Journal of Philology* 82, no. 3 (July 1961): 225-251. McNeill, 131［『疫病と世界史』前掲書］も参照。
9. この病気には、さらに急速に死に至る３番目の「敗血症ペスト」と呼ばれる型があり、局所症状がないまま血流によって臓器が冒される。現代の世界ではまれだが、黒死病の時代には一般的だったようだ。ウィーリスの未発表原稿より。Wu, 3, 317, 325も参照。
10. Ibid., 178-179.
11. Procopius, *The History of the Persian Wars*, II: 16, from *The History of the Warres of the Emperour Justinian* (London: printed for Humphrey Moseley, 1653).
12. Ibid.
13. Ibid.
14. Ibid., 23: 31.
15. Dols, 21-27.
16. Josiah C. Russell, "That Earlier Plague," *Demography* 5, no. 1 (1968): 174-184.
17. McNeill, 147-148.［『疫病と世界史』前掲書］
18. Ibid., 138-139, 142.
19. Ibid., 173-176.
20. マーク・ウィーリスの未発表原稿および談話より。この一連の出来事に関しては推測の域を出ない。医学史家たちの指摘によれば、1331年の中国での流行については記録に乏しく、1338年のイシク・クルでの大流行を示す証拠の大半は人類学的なものである。8年後にペストがカッファにまで蔓延した経緯としては

32. Michael W. Dols, *The Black Death in the Middle East* (Princeton: Princeton University Press, 1977), 21, 56–57.
33. Ehrenkreutz, 343.
34. Howe, 98–99.
35. S. D. Goitein, "New Light on the Beginnings of the Karim Merchants," *Journal of Economic and Social History of the Orient* 1 (August 1957): 182–183.
36. Labib, 84.
37. Ibid., 83.
38. Walter J. Fischel, "The Spice Trade in Mamluk Egypt," *Journal of Economic and Social History of the Orient* 1 (August 1957): 161–173.

第6章

1. 20世紀前半にもなお、こうしたペストの流行があった。当時、中国の漢民族が満州に大挙して移住し、値上がりしていた毛皮をとるために動物を狩った。移住者に感染したペストは大流行となり、約6万人の死者を出した。Wu Lien-Teh et al., *Plague* (Shanghai Station: National Quarantine Service, 1936), 31–35を参照。
2. Ibid., 74–75.
3. マーク・ウィーリスの談話より。
4. Wu, 289–291およびRosemary Horrox, *The Black Death* (Manchester, England: Manchester University Press, 1994), 5も参照。
5. A. B. Christie et al., "Plague in camels and goats: their role in human epidemics," *Journal of Infectious Disease*, 141: 6 (June 1980): 724–726.
6. Hippocrates, *Of the Epidemics*, I: 1, http://classics.mit.edu/Hippocrates/epidemics.1.i.html. 2005年12月23日にアクセス。[邦訳：ヒポクラテス著「流行病 一」、『古い医術について 他八篇』所収、小川政恭訳、岩波文庫、1963年]
7. Thucydides, 2: 47–54. [『歴史2』前掲書]。この戦争の犠牲者と

14. Ibid., 122–143.
15. Howe, 33.
16. David Ayalon, *The Mamluk Military Society* (London: Variorum Reprints, 1979), IX: 46.
17. Daniel Pipes, *Slave Soldiers and Islam* (New Haven: Yale University Press, 1981), 78.
18. Lynn White, Jr., *Medieval Technology and Social Change* (Oxford: Clarendon, 1962), 10–25. ［邦訳：リン・ホワイト・Jr. 著『中世の技術と社会変動』内田星美訳、思索社、1985 年］。この論文に対する批評は以下を参照。P. H. Sawyer and R. H. Hilton, "Technical Determinism: The Stirrup and the Plough," *Past and Present*, 24 (April 1963): 90–100.
19. Andrew Ehrenkreutz, "Strategic Implications of the Slave Trade between Genoa and Mamluk Egypt in the Second Half of the Thirteenth Century," in A. L. Udovitch, ed., *The Islamic Middle East, 700–1900* (Princeton, NJ: Darwin, 1981), 337.
20. David Ayalon, "The Circassians in the Mamluk Kingdom," *Journal of the American Oriental Society*, 69 (July-September 1949): 146.
21. David Ayalon, "Studies on the Structure of the Mamluk Army-I," *Bulletin of the School of Oriental and African Studies, University of London*, 15 (1953): 206–207.
22. Ayalon, "The Circassians in the Mamluk Kingdom," 146.
23. Pipes, 83.
24. Ibid., 83–84.
25. Ayalon, *The Mamluk Military Society*, Xb: 6.
26. Ibid., Xb: 15.
27. Ibid., Xa: 197, 221.
28. Ehrenkreutz, 336.
29. Saunders, 165.
30. Ibid., 47, 49.
31. Ayalon, *The Mamluk Military Society*, VIII: 49.

38 (1975): 250–275. 引用部分に関しては以下を参照。Stefan Zweig, *Conqueror of the Sea* (New York: Literary Guild of America, 1938), 5. [邦訳：シュテファン・ツヴァイク著『ツヴァイク全集16　マゼラン　アメリゴ』関楠生／河原忠彦訳、みすず書房、1972年（ドイツ語原典からの和訳）]

2. Frederic C. Lane, "Venetian Shipping during the Commercial Revolution," *The American Historical Review*, 38: 2 (January 1933): 228.
3. Abu-Lughod, 52–68. [『ヨーロッパ覇権以前』前掲書]
4. Andrew Dalby, *Dangerous Tastes* (Berkeley: University of California Press, 2000), 16, 78. [邦訳：アンドリュー・ドルビー著『スパイスの人類史』樋口幸子訳、原書房、2004年]
5. Pliny, 12: 30. [『プリニウス博物誌』前掲書]
6. Joanna Hall Brierly, *Spices* (Kuala Lumpur: Oxford University Press, 1994), 4–8.
7. John Villiers, "Trade and Society in the Banda Islands in the Sixteenth Century," *Modern Asian Studies*, 15, no. 4 (1981): 738.
8. Warmington, 227–228.
9. Dalby, 40. [『スパイスの人類史』前掲書] に引用。
10. Chau Ju-Kua, 209. [『諸蕃志』前掲書]。Geoffrey Hudson, "The Medieval Trade of China," in D. S. Richards, ed., *Islam and the Trade of Asia* (Philadelphia: University of Pennsylvania Press, 1970), 163も参照。
11. Turner, 85, 92.
12. Ibn Khurdādhbih, *Al-Masālik Wa'l-Mamālik* ("Roads and Kingdoms") in *Arabic Classical Accounts of India and China* (Shimla: Indian Institute of Advanced Study, 1989), 7. Henry Yule, ed., *The Book of Marco Polo* (London: John Murray 1921), ii: 272.
13. Geffroi de Villehardouin and Jean, Sire de Joinville, trans. Frank T. Marzials, *Memoirs of the Crusades* (New York: Dutton, 1958), 42.

58. Ibid., 186.
59. Gavin Menzies, *1421: The Year China Discovered America* (New York: Morrow, 2003). ［邦訳：ギャヴィン・メンジーズ著『1421──中国が新大陸を発見した年』松本剛史訳、ヴィレッジブックス、2007年］。メンジーズの説に対する鋭い批判は以下の記事を参照。Robert Finlay, "How Not to (Re)Write World History: Gavin Menzies and the Chinese Discovery of America," *Journal of World History*, 15: 2 (June 2004): 229-242. この記事の抜粋によれば「……迂遠な論証、奇抜な憶測、誤った情報源、ずさんな調査の寄せ集めにもとづいている。本書に描かれた旅は実際には行なわれなかった」。
60. Ma Huan, 6-7, 10-11. ［『瀛涯勝覧』前掲書］
61. *The Suma Oriental of Tomé Pires and The Book of Francisco Rodrigues*, I: 42.
62. Ibid., I: 41-42.
63. Ibid., II: 234.
64. Ibid., II: 268.
65. Abu-Lughod, 309. ［『ヨーロッパ覇権以前』前掲書］
66. Robert Sabatino Lopez, "European Merchants in the Medieval Indes: The Evidence of Commercial Documents," *Journal of Economic History*, 3 (November 1943): 165.
67. *The Suma Oriental of Tomé Pires and The Book of Francisco Rodrigues*, II: 270.
68. Ibid., II: 253.
69. Ibid., II: 273-274.
70. Risso, 54.
71. C. R. Boxer, *The Portuguese Seaborne Empire* (New York: Knopf, 1969), 45.

第5章

1. E. Ashtor, "Profits from Trade with the Levant in the Fifteenth Century," *Bulletin of the School of Oriental and African Studies*,

42. Lee, 209.
43. Rustichello, 204. [『完訳　東方見聞録』前掲書]
44. Lee, 216; Dunn, 260.
45. Patricia Risso, *Merchants of Faith* (Boulder, CO: Westview, 1995), 19-20.
46. Pearson, 18.
47. Louise Levathes, *When China Ruled the Seas* (Oxford: Oxford University Press, 1994), 42-43. [邦訳：ルイーズ・リヴァシーズ著『中国が海を支配したとき——鄭和とその時代』君野隆久訳、新書館、1996年]
48. M. H. Moreland, "The Ships of the Arabian Sea around AD 1500," *The Journal of the Royal Asiatic Society of Great Britain and Ireland* (January 1939): 67.
49. Ibid., 68.
50. Ibid., 182-192.
51. William J. Bernstein, *The Birth of Plenty* (New York: McGraw-Hill, 2004). [邦訳：ウィリアム・バーンスタイン著『「豊かさ」の誕生——成長と発展の文明史』徳川家広訳、日本経済新聞出版社、2006年]
52. Ma Huan, *Ying-Yai Sheng-Lan* (Cambridge: Cambridge University Press for the Hakluyt Society, 1970), 6. [邦訳：馬歓著『瀛涯勝覧』小川博訳注、吉川弘文館、1969年]
53. Joseph Needham, *Science and Civilization in China* (Cambridge: Cambridge University Press, 1971), IV: 3: 480-482. [邦訳：ジョゼフ・ニーダム著『中国の科学と文明　第4巻』芝原茂ほか訳、思索社、1991年]。艦隊の最大級の船の正確な大きさをめぐっては議論があり、せいぜい300フィート（約91メートル）が限度だったとする学者もいる。Ma Huan, 31を参照。
54. Levathes, 73-74. [『中国が海を支配したとき』前掲書]
55. Ma Huan, 108-109. [『瀛涯勝覧』前掲書]
56. Ibid., 139.
57. Levathes, 119, 140-141. [『中国が海を支配したとき』前掲書]

異国文物の研究』伊原弘監修、吉田真弓訳、勉誠出版、2007 年]
21. Chau Ju-Kua, 7. [『諸蕃志』前掲書]
22. Ibid., 146–147.
23. Ibid., 22–23.
24. Howe, 37–39 に引用。
25. Ibid., 39.
26. Richard F. Burton, trans., *The Book of the Thousand Nights and a Night* (London: Burton Club, 1900), 6: 25. [邦訳:リチャード・F・バートン著『千夜一夜の世界』大場正史訳、桃源社、1980 年]
27. M. N. Pearson, "Introduction I: The Subject," in Ashin Das Gupta, ed., *India and the Indian Ocean 1500–1800* (Calcutta: Oxford University Press, 1987), 15.
28. *The Book of the Thousand Nights and a Night*, 5. [『千夜一夜の世界』前掲書]
29. Ibid., 32–33.
30. Ibid., 34
31. Igor de Rachewiltz, *Papal Envoys to the Great Khans* (London: Faber and Faber, 1971), 202.
32. Chaudhuri, *Trade and Civilization in the Indian Ocean*, 29.
33. Samuel Lee, trans., *The Travels of Ibn Battuta* (Mineola, NY: Dover, 2004), 108.
34. Ross E. Dunn, *The Adventures of Ibn Battuta* (Berkeley: University of California Press, 1989), 196.
35. Lee, 108–109.
36. Labib, 90.
37. Dunn, 191.
38. Rustichello, 204. [『完訳 東方見聞録』前掲書]
39. Dunn, 223.
40. Lee, 204–205.
41. C. Defrémery and B. R. Sanguinetti, *Voyages d'Ibn Battuta* (Paris: 1979), 4: 282–283. Dunn, 258 に引用。

第4章

1. Rustichello, vii-xxiv. ［『完訳　東方見聞録』前掲書］
2. これらの数値は、ずっとあとに、S・D・ゴイテインやフレデリック・レインといった現代の歴史学者たちによって明らかにされた。彼らはカイロとヴェネツィアの商人の会計簿や手紙から科学捜査のような厳密さで数値を選り分けた。
3. Chau Ju-Kua, *Chu-Fan-Chi*, ed. and trans., Friedrich Hirth and W. W. Rockhill (New York: Paragon, 1966), 14. ［邦訳：趙汝适著『諸蕃志』(関西大学東西学術研究所訳注シリーズ5)、藤善真澄訳注、関西大学出版部、1991年］
4. Ibid., 27に引用。
5. Friedrich Hirth, "The Mystery of Fu-lin," *Journal of the American Oriental Society*, 33 (1913): 193-208.
6. Chau Ju-Kua, 15. ［『諸蕃志』前掲書］
7. Ibid., 205.
8. Hourani, 64に引用。
9. S. Maqbul Ahmad, ed., *Arabic Classical Accounts of India and China* (Shimla: Indian Institute of Advanced Study, 1989), 36.
10. Ibid., 46.
11. Ibid., 51-52.
12. Ibid., 38-40, 46-47, 49, 56.
13. Buzurg Ibn Shahriyar, trans., L. Marcel Devic, *The Book of the Marvels of India* (New York: Dial, 1929), 23.
14. Ibid., 74.
15. Ibid., 93.
16. Ibid., 92-95.
17. Ibid., 45.
18. Ibid., 44-52.
19. Hourani, 77.
20. Edward H. Schafer, *The Golden Peaches of Samarkand* (Los Angeles: University of California Press, 1963), 16. ［邦訳：エドワード・H・シェーファー著『サマルカンドの金の桃――唐代の

24. グルームはそのルートがメッカの100マイル（約160キロメートル）ほど東を通ると述べているが、ホジソンはメッカがまさに主要な南北の隊商路上にあるとしている。Groom, 192および Marshall G. S. Hodgson, *The Venture of Islam* (Chicago: University of Chicago Press, 1974), I: 152を参照。
25. J. J. Saunders, *A History of Medieval Islam* (New York: Routledge, 1965), 22.
26. Bulliett, 105-106.
27. Rodinson, 32.
28. Saunders, 13-14.
29. Karen Armstrong, *Muhammad* (New York: Harper San Francisco, 1993), 65-86.
30. Rodinson, 36. 著者のイスラム教に関する洞察は、自身の信奉するマルクス主義にも無神論にも影響されていない。
31. コーラン　4章29節。
32. イブン・アッバース（Ibn Abbas）の言葉（3: 34: 311）、ハキーム・ビン・ヒザーム（Hakim bin Hizam）の言葉（3: 34: 296）。出典は http://www.usc.edu/dept/MSA/fundamentals/hadithsunnah/bukhari/034.sbt.html#003.034.264.
33. Ibid., ジャービル・ビン・アブドッラー（Jabir bin Abdullah）の言葉（3: 34: 310）。
34. Saunders, 47.
35. Ibid., 91.
36. Hourani, 57-61.
37. Bengt E. Hovén, "Ninth-century dirham hoards from Sweden," *Journal of Baltic Studies*, 13: 3 (Autumn 1982): 202-219.
38. Edwin O. Reischauer, "Notes on T'ang Dynasty Sea Routes," *Harvard Journal of Asiatic Studies*, 5 (June 1940): 142-144.
39. Saunders, 115-122.
40. Hourani, 52.
41. Subhi Y. Labib, "Capitalism in Medieval Islam," *The Journal of Economic History*, 29: 1 (March 1969): 93-94.

弱く、ラクダのスーラ病の病原菌を媒介するツェツェバエに刺されやすいことがあげられる。

6. Bulliet, 37-78, 87-89, 281.
7. Ibid., 141-171.
8. 国連食糧農業機関（FAO）の URL は以下のとおり。http://www.fao.org/AG/AGAInfo/commissions/docs/greece04/App40.pdf. オーストラリアのラクダの頭数は以下の記事より引用。Simon Worrall, "Full Speed Ahead," *Smithsonian*, 36: 10（January 2006）: 93.
9. Janet Abu-Lughod, *Before European Hegemony*（Oxford: Oxford University Press, 1989）, 176. ［邦訳：ジャネット・L・アブー＝ルゴド著『ヨーロッパ覇権以前——もうひとつの世界システム（上・下）』佐藤次高ほか訳、岩波書店、2001 年］
10. Nigel Groom, *Frankincense and Myrrh*（Beirut: Librairie du Liban, 1981）, 5, 148-154, 177-213.
11. 旧約聖書『箴言』7 章 16-20 節。
12. 旧約聖書『民数記』16 章 18 節。「彼らはおのおの火皿を取り、それに火を入れ、香を載せ、モーセとアロンと共に、会見の幕屋の入り口に立った」（聖書協会共同訳）
13. Pliny, 45（12: 64）. ［『プリニウス博物誌』前掲書］
14. Ibid., 43（12: 58）.
15. T. E. Page et al., eds., *Theophrastus, Enquiry into Plants*（Cambridge, MA: Harvard University Press, 1949）, 237-239.
16. Groom, 136.
17. Ibid., 6-7.
18. Pliny, 12: 111-113. ［『プリニウス博物誌』前掲書］
19. Ibid.,（12: 65）.
20. Ibid., 43（12: 59）.
21. Groom, 149-162.
22. Maxime Rodinson, *Mohammed*（New York: Pantheon, 1971）, 11-14.
23. Ibid., 39-40.

の内海は別としてインド洋では見られない」。K. N. Chaudhuri, *Trade and Civilization in the Indian Ocean* (New Delhi: Munshiram Manoharlal, 1985), 14 を参照。

5. McNeill, 112. [『疫病と世界史』前掲書]
6. Thucydides, I: 2. [邦訳:トゥキュディデス著『歴史1』藤縄謙三訳、京都大学学術出版会、2000年]
7. Ellen Churchill Semple, "Geographic Factors in the Ancient Mediterranean Grain Trade," *Annals of the Association of American Geographers*, 11 (1921): 47-48, 54.
8. アマシスはギリシア名。エジプト名はクネムイブラー・イアフメス2世。
9. Herodotus, 172. [『歴史』前掲書]
10. Ibid., 49.
11. Donald Kagan, *The Peloponnesian War* (New York: Viking, 2003), 8-9, 65, 85-86.
12. Thucydides, VI: 20. [『歴史2』前掲書]
13. Semple, 64に以下の書物からの引用がある。Xenophon, *Hellenes*, II: 2: 3. [邦訳:クセノポン著『ギリシア史』根本英世訳、京都大学学術出版会、1998年]

第3章

1. Leila Hadley, *A Journey with Elsa Cloud* (New York: Penguin, 1998), 468.
2. Bertram Thomas, *Arabia Felix* (New York: Scribner, 1932), 172-174.
3. Richard W. Bulliet, *The Camel and the Wheel* (New York: Columbia University Press, 1990), 28-35.
4. Jared Diamond, *Guns, Germs, and Steel* (New York: Norton, 1999), 168-175. [邦訳:ジャレド・ダイアモンド著『銃・病原菌・鉄——1万3000年にわたる人類史の謎(上・下)』倉骨彰訳、草思社、2000年]
5. ラクダがロバのかわりに広い地域で使われない理由は、湿度に

真一郎責任編集、岸本良彦ほか訳、八坂書房、2009 年]
40. Ibid., 61 (12: 83).
41. Warmington, 261-318.
42. Ibid., 273.
43. Dennis Flynn and Arturo Giráldez, "Path dependence, time lags, and the birth of globalization: A critique of O'Rourke and Williamson," *European Review of Economic History*, 8 (April 2004): 81-86.
44. Rustichello (筆録), Marco Polo (口述), *The Travels of Marco Polo* (New York: Signet Classics, 2004), xxiv. [邦訳：マルコ・ポーロ著『完訳　東方見聞録 (1・2)』愛宕松男訳注、平凡社、2000 年]
45. Flynn and Giráldez, 85. 強調は著者による。

第 2 章

1. Thucydides, *History of the Peloponnesian War*, VII: 68. [邦訳：トゥキュディデス著『歴史 2』城江良和訳、京都大学学術出版会、2003 年]
2. Tomé Pires, *The Suma Oriental of Tomé Pires and The Book of Francisco Rodrigues*, Armando Cortesão, ed., (Glasgow, Robert Maclehose, 1944), II: 87.
3. Thucydides, VII: 87. [『歴史 2』前掲書]
4. 海路と海峡の支配権への固執は、ヨーロッパ特有の変化に富む山岳地形から生まれたという考え方は、チャウドゥーリーの以下の記述に最もよく現れている。「説明を要する現象は、平和な（アジア式）貿易体制ではなく、武装した（ヨーロッパ式）貿易体制だ。歴史家たちはまだ、この現象について包括的かつ説得力ある説明を試みていない。だが地中海地域では、ギリシア・ローマ時代どころか、おそらくさらに昔から、財源と政治的和解の両方を支配するには重要な航路における支配権の行使が必要不可欠だった。そのような地理的、政治的、経済的な要因と歴史的な経験の組み合わせは、ペルシア湾とインドネシア諸島

24. Stein, 88.
25. Ibid., 117-169.
26. George F. Hourani and John Carswell, *Arab Seafaring* (Princeton, NJ: Princeton University Press, 1995), 7.
27. Shelley Wachsmann, "Paddled and Oared Boats before the Iron Age," in Robert Gardiner, ed., *The Age of the Galley* (Edison, NJ: Chartwell, 2000), 21-22.
28. 旧約聖書『列王記上』9章26-28節。
29. 「オフィル」をインドの地名とするかどうかに関しては議論がある。イエメン、スーダン、エチオピアといった説を唱えた歴史家もいる。Maria Eugenia Aubert, *The Phoenicians and the West*, 2nd ed. (Cambridge: Cambridge University Press, 2001), 44-45を参照。
30. Harden, 157-179.
31. Herodotus, 255. [『歴史』前掲書]
32. 紀元前205年、ヘロドトスの『歴史』が書かれてから2世紀以上を経てようやく、エラトステネスが地球の円周を正しく算出した。アレクサンドリアとシエネの太陽の角度の差から円周が計算され、赤道はアレクサンドリアよりさらに南とされた。
33. Hourani and Carswell, 8-19.
34. Ibid., 19.
35. Carol A. Redmount, "The Wadi Tumilat and the 'Canal of the Pharaohs,'" *Journal of Near Eastern Studies*, 54: 2 (April 1995): 127-135; Joseph Rabino, "The Statistical Story of the Suez Canal," *Journal of the Royal Statistical Society*, 50: 3 (September 1887): 496-498.
36. Jack Turner, *Spice* (New York: Vintage, 2004), 69-70.
37. Warmington, 183, 303-304.
38. Sonia E. Howe, *In Quest of Spices* (London: Herbert Jenkins, 1946), 26に引用。
39. Pliny, *Natural History* (Bury St. Edmunds: St. Edmundsbury, 1968), v 4, 21. [邦訳:プリニウス著『プリニウス博物誌』大槻

Arizona Press, 1999), 83-84.

12. Christopher Edens, "Dynamics of Trade in the Ancient Mesopotamian 'World System,'" *American Anthropologist*, 94 (March 1992): 118-127.
13. Jacquetta Hawkes, *The First Great Civilizations: Life in Mesopotamia, the Indus Valley, and Egypt* (New York: Knopf, 1973), 110-111, 138-139. [邦訳：ジャケッタ・ホークス著『古代文明史1・2』小西正捷訳、みすず書房、1978-1980年]
14. Ibid.; A. L. Oppenheim, "The Seafaring Merchants of Ur," *Journal of the American Oriental Society*, 74: 1 (January-March 1954): 10-11も参照。
15. Robert Raymond, *Out of the Fiery Furnace* (University Park: Pennsylvania State University Press, 1968), 1-18; R. F. Tylcote, *A History of Metallurgy* (London: Metals Society, 1976), 9, 11.
16. Donald Harden, *The Phoenicians* (New York: Praeger, 1962), 171.
17. Christoph Bachhuber, "Aspects of Late Helladic Sea Trade," master's thesis (修士論文), Texas A&M University, December 2003, 100.
18. James D. Muhly, "Sources of Tin and the Beginnings of Bronze Metallurgy," *American Journal of Archaeology*, 89 (April 1985): 276. Peter Throckmorton, "Sailors in the Time of Troy," in *The Sea Remembers* (New York: Weidenfeld and Nicholson, 1987), 32も参照。
19. Oppenheim, 8.
20. H. E. W. Crawford, "Mesopotamia's Invisible Exports in the Third Millennium BC," *World Archaeology*, 5 (October 1973): 232-241.
21. Edens, 130.
22. Ibid., 118-119.
23. Albano Beja-Pereira et al., "African Origins of the Domestic Donkey," *Science*, 304 (June 18, 2004): 1781-1782.

20. パトリシア・リッソの談話より。
21. John Maynard Keynes, *The General Theory of Employment Interest and Money* (New York: Harcourt, 1936), 383. [邦訳：ジョン・メイナード・ケインズ著『雇用、利子および貨幣の一般理論（上・下）』間宮陽介訳、岩波書店、2008 年]

第1章

1. Daniel Boorstin, *Hidden History* (New York: Harper and Row, 1987), 14. [邦訳：ダニエル・ブアスティン著『アメリカ人が知らなかった「アメリカ」』高橋健次訳、集英社、1991 年]
2. Robert L. O'Connell, *Soul of the Sword* (New York: Free Press, 2002), 9-23.
3. Ibid.
4. Mellars, 12-27.
5. Herodotus, *The Histories* (Baltimore: Penguin, 1968), 307. [邦訳：ヘロドトス著『歴史』松平千秋訳、岩波書店、2007 年]
6. P. F. de Moraes Farias, "Silent Trade: Myth and Historical Evidence," *History in Africa*, 1 (1974): 9-24.
7. Colin Renfrew, "Trade and Culture Process in European History," *Current Anthropology* 10 (April-June 1969): 151-169. 同じ内容で、より読みやすく入手も容易なのが以下の記事である。J. E. Dixon, J. R. Cann, and Colin Renfrew, "Obsidian and the Origins of Trade," *Scientific American*, 218 (March 1968): 38-46.
8. Detlev Ellmers, "The Beginnings of Boatbuilding in Central Europe," in *The Earliest Ships* (Annapolis, MD: Naval Institute Press, 1996), 10, 11, 20.
9. Phyllis Deane, *The First Industrial Revolution* (Cambridge: Cambridge University Press, 1965), 82. [邦訳：フィリス・ディーン著『イギリス産業革命分析』石井摩耶子／宮川淑訳、社会思想社、1973 年]
10. Herodotus, 92-93. [『歴史』前掲書]
11. Gil J. Stein, *Rethinking World Systems* (Tuscon: University of

が予測不能であることを全面的に認識しはじめた。奇妙な偶然だが、カオス理論の提唱者ブノワ・マンデルブロは綿花の価格推移の傾向をナイルの洪水の発生傾向と結びつけ、このひらめきを得た。

11. 近代以前に本位貨幣だった金貨の大半と同様、ディナール金貨の重さは約8分の1オンスで、現在の貨幣価値に換算すると約80ドルに相当する。したがって、年収100ディナールは、現代ならば年収8000ドル程度に相当する。
12. Adam Smith, *An Inquiry into the Nature and Causes of the Wealth of Nations* (Chicago: University of Chicago Press, 1976), I: 17. ［邦訳：アダム・スミス著『国富論――国の豊かさの本質と原因についての研究』山岡洋一訳、日本経済新聞出版社、2007年ほか］
13. Paul Mellars, "The Impossible Coincidence. A Single-Species Model for the Origins of Modern Human Behavior in Europe," *Evolutionary Anthropology*, 14: 1 (February, 2005): 12-27.
14. Thomas L. Friedman, *The World Is Flat* (New York: Farrar, Straus and Giroux, 2005). ［邦訳：トーマス・フリードマン著『フラット化する世界――経済の大転換と人間の未来』伏見威蕃訳、日本経済新聞出版社、2008年］
15. Warmington, 35-39; William H. McNeill, *Plagues and Peoples* (New York: Anchor, 1998), 128. ［邦訳：ウィリアム・H・マクニール著『疫病と世界史』佐々木昭夫訳、中央公論新社、2002年］
16. Warmington, 279-284. *The Classical Review*, 41 (January 1991): 264-265に掲載されたイアン・キャラペイス（Ian Carapace）による *Roman Coins from India* (Paula J. Turner) の書評も参照。
17. Alfred W. Crosby, *The Columbian Exchange* (Westport, CT: Greenwood, 1973), 75-81.
18. Ibid., 88に引用。
19. Ibid., 21に引用。

原　注

はじめに

1. T. E. Page et al., eds., *The Scriptores Historiae Augustae* (Cambridge, MA: Harvard University Press, 1932), II: 115, 157. ［邦訳：アエリウス・スパルティアヌスほか著『ローマ皇帝群像』南川高志ほか訳、京都大学学術出版会、2004 年］
2. G. G. Ramsay, trans., *Juvenal and Perseus* (Cambridge, MA: Harvard University Press, 1945), 105.
3. William Adlington, trans., *The Golden Ass of Apuleius* (New York: AMS, 1967), 233. ［邦訳：アープレーイユス作『黄金の驢馬』呉茂一／国原吉之助訳、岩波文庫、2013 年］
4. E. H. Warmington, *The Commerce between the Roman Empire and India* (New Delhi: Munshiram Manoharlal, 1995): 147–165, 174–175, 180–183. ローマ帝国の木綿については 210–212 頁を参照。産業革命以前の綿布生産に要した多大な労力に関しては本書下巻 104–105 頁を参照。
5. 現代との比較は困難だが、古代世界では、熟練労働者の平均日当はおよそ 1 ギリシア・ドラクマだった。1 ギリシア・ドラクマは重さが約 8 分の 1 オンス（1 金衡オンスは 31.103 グラム）の小さい銀貨だった。金と銀の価格比は 12 対 1 だったから、1 オンスの金や絹は労働者の 96 日分の賃金に相当した。
6. S. D. Goitein, *A Mediterranean Society* (Berkeley: University of California Press, 1967), I: 347–348.
7. Ibid., 298.
8. Ibid., 299–300.
9. Ibid., 340–342.
10. Ibid., 219. 20 世紀に入ってようやく経済学者たちは、市場価格

ヴァスコ・ダ・ガマの第1回航海　Sanjay Subrahmanyam, *The Career and Legend of Vasco da Gama* (Cambridge: Cambridge University Press, 1997), 90–91をもとに作成。

出典リスト

図表

図表1・1　*The Earliest Ships*, Conway Maritime Press.

図表1・2　Torgny Säve-Söderbergh, *The Navy of the Eighteenth Egyptian Dynasty* (Uppsala: Uppsala Universitets Arsskrift, 1946), 14.

図表3・1　*The Pastoral Tuareg*, Thames & Hudson.

図表3・2　Field Museum, Chicago 提供。

図表4・1　David Koontnikoff 提供。

図表5・1　Granger Collection, New York 提供。

図表6・1　Michael Anderson ed., *British Population History from the Black Death to the Present Day* (New York: Cambridge University Press, 1996), 77.

図表7・2　National Maritime Museum, Greenwich, England 提供。

図表7・3　Granger Collection, New York 提供。

図表7・4　business-with-turkey.com 提供。

図表7・5　Granger Collection, New York 提供。

地図

古代のスエズ運河　Joseph Rabino, "The Statistical Story of the Suez Canal," *Journal of the Royal Statistical Society* 50, no. 3 (September 1887): 496-497 をもとに作成。

香料の栽培地とルート　Nigel Groom, Frankincense and Myrrh (Beirut: Librairie du Liban, 1981), 99, 192 をもとに作成。

黒死病第二波　Élizabeth Carpentier, "Autour de la Peste Noire: Famines et Épidémies dans l'Histoire du XIVe Siècle," *Annales: Economies, Sociétés, Civilizations* (1962), 1062-1092 をもとに作成。

本書は、二〇一〇年四月、日本経済新聞出版社より『華麗なる交易——貿易は世界をどう変えたか』として刊行された。文庫化に際しては、上下分冊とし、タイトルを改めた。

専制国家史論 足立啓二

封建的な共同団体性を欠いた専制国家・中国。歴史的にこの国はいかなる展開を遂げてきたのか。中国の特質と世界の行方を縦横に考察した比類なき論考。

暗殺者教国 岩村忍

政治外交手段として暗殺をくり返したニザリ・イスマイリ教国。広大な領土を支配したこの国の奇怪な活動を支えた教義とは？（鈴木規夫）

増補 魔女と聖女 池上俊一

魔女狩りの嵐が吹き荒れた中近世、美徳と超自然的力により崇められる聖女も急増する。女性嫌悪と礼賛の熱狂へ人々を駆りたてたものの正体に迫る。

ムッソリーニ ロマノ・ヴルピッタ

統一国家となって以来、イタリア人が経験した激動の歴史。その象徴ともいうべき指導者の実像とは。既成のイメージを刷新する画期的ムッソリーニ伝。

中華人民共和国史十五講 王丹 加藤敬事訳

八九年天安門事件の学生リーダー王丹。逮捕・収監後、亡命先で母国の歴史を学び直し、敗者たちの透徹した認識を復元する、鎮魂の共和国六〇年史。

増補 中国「反日」の源流 岡本隆司

「愛国」が「反日」と結びつく中国。この心情は何に由来するのか。近代史の大家が20世紀の日中関係を解き、中国の論理を描き切る。（五百旗頭薫）

ツタンカーメン発掘記（上） ハワード・カーター 酒井傳六／熊田亨訳

黄金のマスク、王のミイラ、数々の秘宝。エジプト考古学の新時代の扉を開いた世紀の発見の全記録。上巻は王家の谷の歴史と王墓発見までを収録。

ツタンカーメン発掘記（下） ハワード・カーター 酒井傳六／熊田亨訳

王墓発見の報が世界を駆けめぐり発掘された遺物が注目を集める中、ついに黄金の棺が開かれ、カーターは王のミイラと対面する。（屋形禎亮）

王の二つの身体（上） E・H・カントーロヴィチ 小林公訳

王の可死の身体は、いかにして不可死の身体へと変容するのか。異貌の亡命歴史家による最もラディカルな「王権の解剖学」。待望の文庫化。

王の二つの身体（下）
E・H・カントーロヴィチ
小林公訳
王朝、王冠、王の威厳。権力の自己荘厳のメカニズムを冷徹に分析する中世政治神学研究の金字塔。必読の問題作。全2巻。

世界システム論講義
川北稔
近代の世界史を有機的な展開過程として捉える見方、それが〈世界システム論〉にほかならない。第一人者が豊富なトピックとともにこの理論を解説する。

裁判官と歴史家
カルロ・ギンズブルグ
上村忠男／堤康徳訳
一九七〇年代、左翼闘争の中で起きた謎の殺人事件。冤罪とも騒がれるその裁判記録の分析に著者が挑み、歴史家のとるべき態度と使命を鮮やかに示す。

中国の歴史
岸本美緒
中国とは何か。独特の道筋をたどった中国社会の変遷を、東アジアとの関係に留意して解説。初期王朝から現代に至る通史を簡明かつダイナミックに描く。

大都会の誕生
喜安朗
川北稔
都市型の生活様式は、歴史的にどのように形成されてきたのか。この魅力的な問いに、碩学がふたつの都市の豊富な事例をふまえて重層的に描写する。

共産主義黒書〈ソ連篇〉
ステファヌ・クルトワ／ニコラ・ヴェルト
外川継男訳
史上初の共産主義国家〈ソ連〉は、大量殺人・テロル・強制収容所を統治形態にまで高めた。レーニン以来行われてきた犯罪を赤裸々に暴いた衝撃の書。

共産主義黒書〈アジア篇〉
ステファヌ・クルトワ／ジャン＝ルイ・マルゴラン
高橋武智訳
アジアの共産主義国家は抑圧政策においてソ連以上の悲惨を生んだ。中国、北朝鮮、カンボジアなどでの実態は我々に歴史の重さを突き付けてやまない。

ヨーロッパの帝国主義
アルフレッド・W・クロスビー
佐々木昭夫訳
15世紀末の新大陸発見以降、ヨーロッパ人はなぜ次々と植民地を獲得できたのか。病気や動植物に着目して帝国主義の謎を解き明かす。（川北稔）

民のモラル
近藤和彦
統治者といえど時代の約束事に従わざるをえなかった18世紀イギリス。新聞記事や裁判記録、ホーガースの風刺画などから騒擾と制裁の歴史をひもとく。

増補 普通の人びと
クリストファー・R・ブラウニング
谷喬夫 訳

ごく平凡な市民が無抵抗なユダヤ人を並べ立たせ、ひたすら銃殺する――なぜ彼らは八万人もの大虐殺に荷担したのか。その実態と心理に迫る戦慄の書。

匪賊の社会史
エリック・ホブズボーム
船山榮一 訳

抑圧的権力から民衆を守るヒーローと讃えられてきた善きアウトローたち。その系譜や生き方を追い、暴力と権力のからくりに迫る幻の名著。

20世紀の歴史(上)
エリック・ホブズボーム
大井由紀 訳

第一次世界大戦の勃発が20世紀の始まりとなった。この「短い世紀」の諸相を英国を代表する歴史家が渾身の力で描く。全二巻、文庫オリジナル新訳。

20世紀の歴史(下)
エリック・ホブズボーム
大井由紀 訳

一九七〇年代を過ぎ、世界に再び危機が訪れる。不確実性がいやますなか、ソ連崩壊が20世紀の終焉を印した。歴史家の考察は我々に何を伝えるのか。

アラブが見た十字軍
アミン・マアルーフ
牟田口義郎／新川雅子 訳

十字軍とはアラブにとって何だったのか？ 豊富な史料を渉猟し、激動の12、13世紀をあざやかに、しかも手際よくまとめた反十字軍史。

バクトリア王国の興亡
前田耕作 作

ゾロアスター教が生まれ、のちにヘレニズムが開花したバクトリア。様々な民族・宗教が交わるこの地に栄えた王国の歴史を描く唯一無二の概説書。

ディスコルシ
ニッコロ・マキァヴェッリ
永井三明 訳

ローマ帝国はなぜあれほどまでに繁栄しえたのか。その鍵は〝ヴィルトゥ〟。パワー・ポリティクスの教祖が、したたかに歴史を解読する。

戦争の技術
ニッコロ・マキァヴェッリ
服部文彦 訳

出版されるや否や各国語に翻訳された最強にして安全な軍隊の作り方。この理念により創設された新生フィレンツェ軍は一五〇九年、ピサを奪回する。

マクニール世界史講義
ウィリアム・H・マクニール
北川知子 訳

ベストセラー『世界史』の著者が人類の歴史を読み解くための三つの視点を易しく語る白熱の入門講義。本物の歴史感覚を学べます。文庫オリジナル。

古代ローマ旅行ガイド　フィリップ・マティザック　安原和見訳

タイムスリップして古代ローマを訪れるなら？ そんな想定で作られた前代未聞のトラベル・ガイド。必見の名所・娯楽ほか情報満載。カラー頁多数。

アレクサンドロスとオリュンピアス　森谷公俊

彼女は怪しい密儀に没頭し、残忍に邪魔者を殺す悪女なのか、息子を陰で支え続けた賢母なのか。大王母の激動の生涯を追う。（澤田典子）

古代地中海世界の歴史　本村凌二　中村るい

メソポタミア、エジプト、ギリシア、ローマ――古代に花開き、密接な交流や抗争をくり広げた文明を一望に見渡し、歴史の躍動を大きくつかむ！

増補 十字軍の思想　山内進

欧米社会にいまなお色濃く影を落とす「十字軍」の思想。人々を聖なる戦争へと駆り立てるものとは？ その歴史を辿り、キリスト教世界の深層に迫る。

向う岸からの世界史　良知力

「歴史なき民」こそが歴史の担い手であり、革命の主体であった。著者の思想史から社会史への転換点を示す記念碑的作品。（阿部謹也）

増補 魔都上海　劉建輝

摩天楼、租界、アヘン。近代日本が耽溺し利用し侵略した街。驚異的発展の後なお郷愁をかき立ててやまない上海の歴史の魔力に迫る。（海野弘）

子どもたちに語るヨーロッパ史　ジャック・ル・ゴフ　前田耕作監訳　川崎万里訳

歴史学の泰斗が若い人に贈る、とびきりの入門書。地理的要件や歴史、とくに中世史を、たくさんのエピソードとともに語った魅力あふれる一冊。

隊商都市　ミカエル・ロストフツェフ　青柳正規訳

通商交易で繁栄した古代オリエント都市のペトラ、パルミュラなどの遺跡に立ち、往時に思いを馳せたロマン溢れる歴史紀行の古典的名著。（前田耕作）

法然の衝撃　阿満利麿

法然こそ日本仏教を代表する巨人であり、ラディカルな革命家だった。鎮魂慰霊を超えて救済の原理を指し示した思想の本質に迫る。

ちくま学芸文庫

交易《こうえき》の世界史《せかいし》 上《じょう》
シュメールから現代《げんだい》まで

二〇一九年八月十日 第一刷発行
二〇二二年三月十五日 第三刷発行

著者 ウィリアム・バーンスタイン
訳者 鬼澤忍（おにざわ・しのぶ）
発行者 喜入冬子
発行所 株式会社 筑摩書房
東京都台東区蔵前二―五―三 〒一一一―八七五五
電話番号 〇三―五六八七―二六〇一（代表）

装幀者 安野光雅
印刷所 株式会社精興社
製本所 株式会社積信堂

ISBN978-4-480-09936-5 C0122